प्रतिनिधि कहानियाँ

बलवंत सिंह

संपादन
कृष्णा सोबती

राजकमल पेपरबैक्स

पहला पुस्तकालय संस्करण
राजकमल प्रकाशन प्राइवेट लिमिटेड द्वारा
1997 में प्रकाशित

राजकमल पेपरबैक्स में
पहला संस्करण : 2008
पाँचवाँ संस्करण : 2024

राजकमल पेपरबैक्स : उत्कृष्ट साहित्य के जनसुलभ संस्करण

राजकमल प्रकाशन प्रा.लि.
1-बी, नेताजी सुभाष मार्ग, दरियागंज
नई दिल्ली-110 002
द्वारा प्रकाशित

शाखाएँ : अशोक राजपथ, साइंस कॉलेज के सामने, पटना-800 006
पहली मंजिल, दरबारी बिल्डिंग, महात्मा गांधी मार्ग, प्रयागराज-211 001
1, अनमोल सोराबजी संतुक लेन, धोबी तालाव, मरीन लाइंस, मुम्बई-400 002

वेबसाइट : www.rajkamalprakashan.com
ई-मेल : info@rajkamalprakashan.com

बी.के. ऑफसेट
नवीन शाहदरा, दिल्ली-110 032
द्वारा मुद्रित

मूल्य : ₹ 199

PRATINIDHI KAHANIYAN
Representative Stories of Balwant Singh
Edited by Krishna Sobti

ISBN : 978-81-267-1464-3

प्रतिनिधि कहानियाँ

बलवंत सिंह

जन्म : 1926। **जन्म-स्थान** : गुजराँवाला, पश्चिमी पंजाब (अब पाकिस्तान)।

शिक्षा : इलाहाबाद विश्वविद्यालय से स्नातक।

हिंदी कथा-साहित्य में अकेले ऐसे कृतिकार जिन्होंने पंजाब के ऐतिहासिक काल से लेकर आधुनिक मनोभूमि के विराट चित्र अपनी कृतियों में प्रस्तुत किए हैं। इनकी कितनी ही औपन्यासिक कृतियों को महाकाव्य कहा जा सकता है। जनजीवन के सामाजिक यथार्थ की ऐसी विश्वसनीयता हिंदी साहित्य में प्रायः विरल है। परिवेश ऐतिहासिक हो या समसामयिक–उनकी रचनाओं में संवेदना का तरल प्रवाह विद्यमान है। 12-13 वर्ष की आयु में पहली गद्य रचना। 1964 तक व्यवसाय।

प्रमुख प्रकाशित पुस्तकें : रात चोर और चाँद, काले कोस, रावी पार, सूना आसमान, साहिबे-आलम, राका की मंज़िल, चकपीराँ का जस्सा, दो अकालगढ़, एक मामूली लड़की, औरत और आबशार, आग की कलियाँ, बासी फूल (उपन्यास); पहला पत्थर, चिलमन, मेरी प्रिय कहानियाँ, प्रतिनिधि कहानियाँ (कहानियाँ); अमृता प्रीतम (आलोचना)।

निधन : 27 मई, 1986

आवरण : मुग्धा साधवानी

पर्ल एकाडमी, नई दिल्ली से स्नातक। डिज़ाइनर और कला-प्रेमी। कैलीग्राफी में पारंगत। हिन्दी और अंग्रेजी की 300 से भी अधिक किताबों का आवरण तैयार कर चुकी हैं। कैरियर की शुरुआत पेंगुइन बुक्स, इंडिया के साथ करने के बाद फिलहाल स्वतंत्र रूप से काम कर रही हैं।

भूमिका

रचनात्मक चमत्कारों के अनोखे कहानीकार बलवंत सिंह मात्र पाठकों की दो-तीन पीढ़ियों के ही प्रिय नहीं, वह कहानी लिखनेवाले कथाकारों के भी आदरणीय हैं। उनकी गिनती मंटो, बेदी, अश्क और चुग़ताई जैसे शीर्षस्थ कहानीकारों में होती है।

कहानी कहने में सिद्धहस्त बलवंत सिंह जन्मजात कहानीकार हैं। उनकी कहानियों की संख्या सैकड़ों में है। उनकी श्रेष्ठ कहानियाँ समग्र भारतीय भाषाओं की कहानियों में विशिष्ट होकर उभरती हैं।

उनका कहानीकार अपनी कलात्मक चेष्टाओं में कहानी का प्रतिद्वंद्वी नहीं, उसकी संगति का एकसाथ दोस्त और अभिभावक होकर कहानी की संभावनाओं को उसके लक्ष्य तक पहुँचाता है। आपको अंत तक एहसास तक नहीं होता कि कहानीकार अतिरिक्त अधिकार से कहीं कोई हस्तक्षेप कर रहा है। कथ्य और शैली का कोई अतिरिक्त आग्रह न होते हुए भी बलवंत सिंह ज्यामिति कोण से कहानी को उठाकर जिस मितव्ययिता से गूँथते हैं वह अपनी बनावट और बुनावट में एक मुकम्मल सफ़र का गतिवान अनुभव प्रस्तुत करता है। चुस्त-दुरुस्त भाषा के संवाद की रवानगी कहानी के कहानीपन को बदस्तूर अपनी जगह पर रखे रहती है। उसमें कोई ख़लल पैदा करने की छूट बलवंत सिंह न अपने को और न कहानी को देते हैं।

'साधारण' जन के क्रियाकलाप कहानी में कुछ ऐसे घटित होते हैं कि आपको लगेगा ही नहीं कि आप कहानी पढ़ रहे हैं। इनसान की नीयत और नियति की बृहत्तर प्रक्रिया में, कुछ कर गुज़रने के शुद्ध आवेग में पात्र कभी घिर जाते हैं—कभी दूसरों को घेर लेते हैं। तार्किकता और तर्कहीनता दोनों के भ्रम-विभ्रम कहानी का मिज़ाज तय करते हैं। बलवंत सिंह प्रकृति और वातावरण को कुछ ऐसे आँकते हैं कि इन दोनों का फैलाव-विस्तार पात्रों को उभारने का संयोग बने।

खेतों की मुँडेरों पर से दीखते बबूल, कीकर, कच्चे घरों से उठता धुआँ, रात के सुनसान में सरपट भागते घोड़े, छवियाँ, लशकाते डाकू, घरों से पेटियाँ धकेलते चोर, कनखियों से एक-दूसरे को रिझाते जवान मर्द और औरतें, भोले-भाले बच्चे, लंबे सफ़र समेटते डाची सवार—समय और स्थितियों से सीनाज़ोरी करते बलवंत सिंह के पात्र पाठक को देसी दिलचस्पियों से घेरे रहते हैं। कुछ कर गुज़रने के लिए जिस साहस की ज़रूरत इन्हें है उसे कलात्मक ऊर्जा से मंज़िल तक पहुँचाने का फ़न लेखक के पास मौजूद है। बलवंत सिंह के यहाँ धुँधलके और ऊहापोह की झुरमुटी कहानियाँ नहीं, दिन के उजाले में, रात के एकांत में स्थितियों को चुनौती देते साधारण जन और उनका असाधारण पुरुषार्थ है। बलवंत सिंह सिर्फ़ आदमी को ही नहीं रचते, कहानी की शर्त पर उसके खेल और कर्म को भी तरतीब देते हैं। वे शोषण और संघर्ष का नाम नहीं लेते, इसे केंद्र में लेते हैं। यही कारण है कि उनके यहाँ नुमाइशी पात्र नहीं, जीते-जागते हाड़-मांस के साधारण खुरदरे लोग मिलते हैं। वह अपनी कोशिशों की छोटी-सी कामयाबी और बड़ी नाकामयाबी को भी जिए जाते हैं, किसी अगले मौक़े की उम्मीद में। समाज का यह नीम शिक्षित वर्ग अपनी ज़िंदगी की मामूली स्थितियों और सरगर्मियों के साथ जब अपने 'ठेठ' में बलवंत सिंह के हाथ में पहुँचता है तो कुछ ऐसे बदलता सरकता है जैसे सपनों की तलाश में किसी ने छोटी-सी करवट ली हो।

सर्जक के रूप में कहानी के रोमान और ज़िंदगी की हक़ीक़त को एक-दूसरे में लीन कर नई गूँज पैदा करनेवाले कहानीकार आज भी बलवंत सिंह से कुछ सीख सकते हैं। अकारण नहीं, इन्हीं विशेषताओं के बल पर वह अपने समकालीनों में विशेष माने जाते रहे हैं। वह न सामाजिक कथ्य से आक्रांत हैं, न शैलीगत दबाव से आतंकित हैं—फिर अपनी सजग चौकन्नी निगाह में अक्सर चूकते नहीं। उनकी शिल्पगत क्षमता और संवेदन सामर्थ्य द्वंद्वात्मक रफ़्तार में अभिव्यक्त होती है।

काको के प्रेमी, ग्रंथी, पंजाब का अलबेला, दीमक, समझौता, खुद्दार सूरमासिंह, काली तित्तरी, जग्गा और *देवता का जन्म* जैसी कहानियों से उनकी लेखकीय तराश का अंदाज़ा लगाया जा सकता है। उनके प्रशंसकों का कहना यह भी है कि उनकी खूबियाँ ऊँचे दर्जे की हैं मगर खामियाँ भी आले पाये की हैं। हिंदी-उर्दू में लिखनेवाले बलवंत सिंह हमेशा एक ही बैठक में कहानी लिख डालने के आदी थे।

बरसों पहले, 1958 के आसपास इलाहाबाद में बलवंत सिंह से पहली बार

मिलना मेरे लिए एक अद्‌भुत यादगार घटना थी। कहीं से उनका पता लिया, ताँगा किया और चौक चलने को कहा। बड़े मियाँ कुछ सोचने लगे। फिर पीछे मुड़कर बड़े क़ायदे से घूरा। वहाँ न जाइए, नाम-पता दीजिए, हम उन्हें यहीं लिवा जाते हैं।

नहीं बड़े मियाँ, वहाँ तो हमें ही जाना होगा। आप नहीं समझेंगे, वे बहुत बड़े अदीब हैं। हुआ करें, वह जगह ठीक नहीं। वहाँ आपका क्या काम। इस बार हमारी बारी थी खफ़ा होने की।

चलना हो तो चलिए, नहीं तो और ताँगे बहुतेरे।

ताँगा सिविल लाइन्स से चला और चौक में इम्पीरियल होटल के सामने जा रुका।

देखके आते हैं, आप अभी ताँगे में ही बैठिए।

बड़े मियाँ ऊपर से उतरे और लगभग धमकाते हुए बोले, खड़ी सीढ़ियाँ हैं, अँधेरी, सँभलकर चढ़िएगा।

सीढ़ियाँ ख़ास ही थीं ! सँकरी-घिसी हुई। अँधेरों की वीरानी-सी मोटी रस्सी भी लटक रही थी। ऊपर पहुँचते-न-पहुँचते कई खुले भिड़े दरवाज़े हमें घूरने लगे ! इम्पीरियल होटल क्या है यह फ़ौरन समझ में फैल गया और बलवंत सिंह की दुनिया हमारे ज़ेहन में उभरने लगी। चोर, डाकू, दल्ले, उठाईगीर, औरतों को ख़रीदने-बेचनेवालों के लिए सही जगह है। और हम—हम क्या कर रहे हैं यहाँ ! हमने अपने को शाबाशी दी—अपने प्रिय लेखक बलवंत सिंह को मिलने आए हैं। कहानी के उस्ताद हैं वह ! इम्पीरियल होटल के दफ़्तर में पहुँचकर भी बलवंत सिंह के लिए न हमारा जोश कम हुआ और न कोई संकोच ही हुआ ! दुनिया देख ली इनकी, अब लेखक को भी देख लें।

निहायत करीने से रखा हुआ बलवंत सिंह साहिब का कमरा। किताबें, संगीत-ग्रामोफ़ोन रिकाड्‌र्स की लंबी कतार, कोने की मेज़ पर चाय-कॉफ़ी का सामान। हल्के नीले साफे में उनकी शख़्सियत कमरे को शीर्षक की तरह उभार रही थी। भारी गोरा चेहरा, मिलनसार मगर अजीब-सी पेचीदा हँसी। बलवंत सिंह हमें नीचे तक छोड़ने आए तो हम दिल-ही-दिल उन पर फ़िदा हो-हो गए ! सिर्फ़ इसलिए कि ताँगेवाले बड़े मियाँ को हमारे लिए कुछ इत्मीनान हो कि हम ख़तरनाक जगह पर ज़रूर थे, पर किसी ख़तरे में नहीं थे। बलवंत सिंह से अंतिम बार दिल्ली में मिलना हुआ तो अपनी बीमारी को लेकर बेहद परेशान थे। सिर्फ़ हाँ-हूँ और खीज की 'न'। लगा कुछ भी कारगर न होगा। उत्साह से उनके कहानी-संग्रह और उपन्यासों के नाम-संदर्भ दोहराए। *रात, चाँद और*

चोर, काले कोस, दो अकालगढ़, चक्कपीराँ का जस्सा, साहबे आलम, पात्रों का एक भरा-पूरा परिवार। सहसा देखा, बलवंत सिंह अपने में हो गए हैं—कमरे से अलग कहीं खो गए हैं। सच तो यह कि उनके साथ था ही कौन। हम जैसे पाठकों की कृतज्ञता भी ऐसी कि लेखक की रचनाओं के सामने लेखक को ही गौण कर दें—अकेला कर दें।

साहित्यकारों के विलगते-जुड़ते मौसम के साथ फिर लौटे हैं बलवंत सिंह। नए सिरे से उनकी पहचान करनेवाले असंख्य पाठक अब उनके साथ हैं। इस शताब्दी के वयस्क दशकों की हिंदी कहानी का जायज़ा लेने के लिए बलवंत सिंह को पढ़ना ज़रूरी होगा, और भी ज़रूरी होगा उस समय और समाज से परिचित होना जिसके मिज़ाज और व्यवहार में आनेवाले वक़्त की आहट थी। उड़ान थी।

कृष्णा सोबती

कथा-क्रम

ग्रंथी

"सतनाम !" यह शब्द सदैव की भाँति ग्रंथी के मुँह से निकला और उसके क़दम रुक गए।

"ग्रंथीजी ! सौ मर्तबा कहा है कि यूँ दनदनाते हुए न बढ़े आया करो। ज़रा परे खड़े रहा करो। किस वक़्त आदमी न मालूम कैसी हालत में होता है···।" नल के समीप बैठी हुई औरत ने अपनी पिंडली, शलवार के पायँचा से खिसकाकर ढाँप लिया और एड़ियाँ रगड़ने लगी। ग्रंथी कब का पीछे हट चुका था। औरत ने मुफ़्त में रामायण छेड़ दी। ग्रंथी का मुँह ऊपर को उठा हुआ था। मुँह ऊपर उठाए रखने की उसे आदत-सी हो गई थी।

यह 'सौ मरतबा' की भी खूब रही। कही तो यह बात उसको पहले भी कई बार गई थी, परंतु यदि बाहर खड़े रहने पर उसकी धीमी आवाज़ सुन ली जाय तो वह कदापि इस प्रकार दनदनाता हुआ अंदर प्रवेश न करे। उसकी आवाज़ अच्छी-ख़ासी थी, लेकिन ज़ोर से आवाज़ देने पर भी उसे टोका गया था–"यह क्या बदतमीज़ी है। इस क़दर गला फाड़ने की भी क्या ज़रूरत है ?" अब अगर वह उसकी मनपसंद आवाज़ में, बड़े संगीतपूर्ण ढंग से, सुबह से शाम तक खड़ा-खड़ा 'सतनाम, सतनाम' कहता रहे तो कोई उसकी आवाज़ न सुन पाए और न उसको रोटी दे। गुरुद्वारे के मुसाफ़िर भी एक मुसीबत ही थे। न वे रोज़-रोज़ आवें, न उसको रोटियाँ माँगनी पड़े ! अपने लिए तो वह कभी रोटियाँ माँगने न आए···। एड़ियाँ रगड़-रगड़कर पाँव धोनेवाली की सूरत तो देखो ! यह तो ख़ैर, उस आफ़त की परकाला की सूरत भी भला देखने योग्य थी, जिसने उस पर बदनीयती का अपराध थोपा था ? सबसे मोटी बात जो उसके बारे में कही जा सकती थी वह यह थी कि उसने अमुक औरत की ओर कुदृष्टि से ताका। और यही अभियोग उस पर लगाकर वह तूमार बाँधा गया कि बस ! इतने में फ़तहसिंह चौकीदार ने आँगन में प्रवेश किया।

औरत ने स्वच्छंदता से कहा, "आ फ़तिया ! क्या बात है ?" चौकीदार

फ़त्ती ने ग्रंथी की ओर चुभती हुई नज़रों से देखा, "क्या सरदारजी घर पर नहीं हैं ? वह आएँ तो कहना कि रात को कुएँ पर आ जाएँ।" लस्सी का कटोरा देने पर वह उसे एक ही साँस में चढ़ा गया। फिर ग्रंथी के कंधे से कंधा भिड़ाकर बाहर निकल गया··· औरत की भृकुटी चढ़ गयी।

ग्रंथी इन सब बातों का मतलब समझता था···। आज उसको एक अघटित अपराध की सज़ा मिलनेवाली थी।

उस रात गाँव के बड़े कुएँ पर गाँव-भर के प्रमुख लोग जमा हुए। ग्रंथी पर जिरह-बहस की गई और अगर कोई बात उसके पक्ष में निकलती तो वे झल्ला उठते। सब लोग उससे ख़फ़ा थे। किसी की असली शिकायत यह थी कि वह उनके घरवालों को प्रसाद हमेशा कम दिया करता था, किसी के घर में जाकर उसकी पत्नी ने काम करने से इनकार कर दिया था, किसी के बच्चों को उसने गुरुद्वारे की फुलवाड़ी उजाड़ने से मना किया था। लेकिन उस पर अभियोग यह लगाया गया कि लाजो एक दिन गुरुद्वारे में माथा टेकने के लिए गई तो उसने उसका हाथ पकड़ लिया। लाजो को अच्छा नहीं समझा जाता था। उसका पति मर गया था ! अब वह अपने तीन भाइयों के साथ रहती थी। तीनों भाई बेकार थे। जो भी काम हाथ लगता, कर लेते। एक भाई ने पंसारी की दूकान खोल रखी थी। कभी वे जलेबियाँ बनाते, कभी ताँगा तैयार करते, हाथ लगने पर अच्छे पैमाने पर चोरियाँ भी करते और कभी किसी आरोही की घोड़ी छीन लेते।

"क्यों लाजो ! क्या यह बात सही है कि ग्रंथी ने तुम्हारा हाथ पकड़ा ?"

लाजो ने बड़े विस्तार के साथ बताया कि किस तरह ग्रंथी ने उसका हाथ पकड़ा और फिर किस तरह उसने उसको गले लगाने की कोशिश की।

"ग्रंथीजी, तुमको कुछ कहना है ?"

"मैंने इसका हाथ नहीं पकड़ा।"

लाजो चमककर कुछ कहनेवाली थी कि उसको रोक दिया गया। "तो ग्रंथीजी, आज तुमने लाजो का हाथ पकड़ा, कल किसी और का आँचल खींचोगे। गाँव की बहू-बेटियों की इज़्ज़त तुम्हारे हाथों सुरक्षित नहीं।"

"मैंने इसका हाथ नहीं पकड़ा···।"

"तुमने काम तो वह किया है कि तुमको···। ख़ैर कल संक्रांति का काम भुगताकर परसों यहाँ से चले जाओ।"

ग्रंथी वापस आकर बिस्तर पर लेट गया। नींद न आती थी। कितने ही दिनों ठोकरें खाते रहने के बाद वह इस गुरुद्वारे का ग्रंथी हुआ था। यहाँ उसे हर प्रकार का सुभीता था। एक ओर ऐतिहासिक इमारत थी, दूसरी ओर कई इमारतें बन रही थीं। चक नंबर 35 और चक नंबर 36 का यह संयुक्त गुरुद्वारा था। दोनों गाँव एक-दूसरे के बिलकुल समीप होने के कारण अलग गुरुद्वारे की ज़रूरत मालूम न होती थी। फलस्वरूप चढ़ावा भी ज़्यादा चढ़ता था।

थोड़ी देर तक उसकी पत्नी उसके समीप बैठी रही। वह उदास थी। लेकिन उसको अपने पति पर भरोसा था। वह जानती थी कि उसके पति पर जो अभियोग लगाया गया था, वह सरासर झूठा था। वे दोनों इस विपत्ति का मूल कारण भी जानते थे। लेकिन लाचार थे। अगर इस जगह रहने का मतलब यह था कि बात-बात पर बेइज़्ज़ती सही जाए, उसकी पत्नी दूसरों के घरों में जाकर न केवल सेवा-टहल करे बल्कि उनकी खुशामद भी करे, तो इससे अच्छा यही था कि वे इस गुलामी से मुक्त होकर अपने गाँव चले जाएँ ···। लेकिन वह इसके बाद क्या करेगा, यह बात उसकी समझ में न आती थी।

गर्मियों की चाँदनी रात में वह खुले आकाश के नीचे चारपाई पर लेटा सही अर्थों में तारे गिन रहा था। उसने तारों की ओर कभी ध्यान ही न दिया था, परंतु तारों की दुनिया भी कितनी सुंदर और अनोखी थी। दूर तक फैले हुए अगणित तारों को आकाशगंगा कहा जाता है। मरने के बाद मनुष्य की आत्मा आकाशगंगा से होकर जाती है। न जाने वह रास्ता कैसा होगा ? कैसी जगह होगी ? पेड़ होंगे या रेत के टीले ? जब आत्मा थक जाती होगी तो उसको विश्राम की अनुमति मिलती भी होगी या नहीं ? उस रास्ते का आख़िर कहाँ अंत होता होगा ?

उसकी आँख लग गई। जब जागा तो तारे झिलमिला रहे थे और वायु में शीतलता थी। जाड़े में बूढ़ा बैल सींग हिला रहा था, और उसके गले में पड़ी हुई घंटियाँ बज रही थीं। गुरुद्वारे के अंदर उसके छोटे-से घर के आँगन में उसकी पत्नी दही बिलो रही थी। दही बिलोने की आवाज़ इस बात का प्रत्यक्ष प्रमाण था कि अब सुबह होनेवाली थी।

वह उठा। लाठी उठाकर वह बबूल के पेड़ की ओर चला गया। एक कोमल-सी डाल काटकर उसने तीन दातूनें बनाईं—अपने लिए, अपनी बीवी के लिए और अपनी नौ-वर्षीया बच्ची के लिए। एक झाड़न कंधे पर डाले वह खेतों में से होता हुआ बाड़े में वापस आया और बैल की रस्सी खोलकर रहट की ओर बढ़ा।

पुरानी चाल का वह रहट ज़मीन से बहुत ऊँचा था। एक ऊँचा, गोल चबूतरा, जहाँ से गोबर मिली मिट्टी नीचे गिरती रहती थी। चबूतरे के दोनों ओर गारे की बेडौल-सी टेढ़ी-मेढ़ी दो दीवारें खड़ी थीं। उन पर दरख़्त काटकर एक लंबा-सा लट्ठा लटका दिया गया था। उसके बीचोबीच चर्ख़ी की लकड़ी घुसी हुई थी। पास ही दूसरी चर्ख़ी उसमें दाँत जमाए खड़ी थी। निचली चर्ख़ी के पास लकड़ी का हुक़्क़ा था, जो उसको पीछे की ओर घूमने से रोकता था। जब बैल को जोत दिया गया और चर्ख़ियाँ घूमने लगीं तो हुक़्क़ा कट-कट बोलने लगा। कुएँवाली बड़ी चर्ख़ी भी घूमी। रस्सियों से बँधी हुई टिंडें (मिट्टी की छोटी-छोटी हाँडियाँ) पानी की ओर लपकीं। जो टिंडें रात की भरी बैठी थीं उन्होंने पानी उँडेल दिया। झाल में से पानी की धारा तेज़ी से निकली। कुआँ अजीब स्वर में रूँ-रूँ की आवाज़ निकालने लगा। कभी ऐसा जान पड़ता जैसे गा रहा हो। कभी रोने की आवाज़ निकलने लगती और कभी उसमें से हृदयविदारक आर्त्तनाद-सा पैदा होता ···। अँधेरे में यह अजीब-अजीब आवाज़ें; छोटी-बड़ी घूमती हुई चर्ख़ियाँ ऐसी दिखाई देती थीं मानो कोई अनोखा जानवर रेंक रहा हो।

इस कोलाहलमय वातावरण में सजीवता की लहर दौड़ गई। इधर-उधर से दो-चार कुत्ते भूँकने लगे।

ग्रंथी ने झाल की तरफ़ तख़्ता लगाकर पानी रोक लिया जिससे वह टोंटियों की तरफ़ चला जाय। जब खेत को पानी देना होता तो पानी को ढाल की ओर जाने दिया जाता। चहारदीवारी पर बैठकर उसने दातून की। दातून की कूँची से दाँत और मसूढ़े साफ़ किए फिर दातून बीचोबीच से फाड़कर उसे कमान की तरह से मोड़ लिया और ज़बान पर रगड़ा।

कुएँ पर झुके हुए शहतूत के दरख़्त पर पक्षी पर फड़फड़ाने लगे।

दातून फेंककर उसने कपड़े उतारे। टोंटी के मुँह से लकड़ी हटा दी। मुँह और दाढ़ी धोकर 'वाह गुरू, वाह गुरू' का जाप करता पानी की धार के नीचे बैठ गया। यह रोज़ की क्रिया थी। कल वह उस जगह को छोड़कर चला जाएगा, इस समय उसे यह बात अविश्वसनीय लग रही थी।

कच्छा निचोड़कर उसने बग़ल में दबाया। पानी से भरी बाल्टी उठाकर वह अंदर चला गया। बड़े आँगन में उसकी पत्नी झाड़ू दे रही थी। कच्छा झटककर रस्सी पर डालने के बाद उसने भूमि पर पानी छिड़कना शुरू किया। आज संक्रांति थी।

सफ़ाई और छिड़काव के बाद टाट बिछाया गया। ग्रंथसाहब पर सिल्क

के रूमाल डाल दिए गए। चौकी भी साफ़ करके निकट ही धर दी गई। फिर वह अंदर से हारमोनियम, तबला, ढोलक, चिमटा इत्यादि गाने-बजाने के साज़ उठा लाया। उसकी पत्नी पास खड़ी दातून कर रही थी। उन्होंने एक-दूसरे की ओर ताका। दोनों के अंदर यह विचार था कि जब उनको यहाँ रहना ही नहीं है तो उनकी बला से, वे काम भी क्यों करें ? लेकिन यह गुरूघर का काम था। यह तो गुरुद्वारे की सेवा थी। किसी पर क्या एहसान था। अपनी करनी ही सुधारने का सवाल था। और दोनों के दिलों में आशा की एक हलकी-सी किरण भी मौजूद थी कि शायद कोई ऐसा संयोग हो जाय कि उनका जाना रुक जाय।

लड़की आज अच्छे-अच्छे कपड़े पहने फूली न समाती थी। कितनी भोली थी वह।

धूप निकल आई। उसकी पत्नी मुँह पर छड्डी मलकर धूप में जा बैठी। ग्रंथी ने बड़े-बड़े मटकों में पानी भरना शुरू किया कि संगत को यदि प्यास लगी तो पानी की तकलीफ़ न हो। गुरुद्वारे का बूढ़ा बैल कमज़ोर हो चुका था। काम कम करता और आराम ज़्यादा। यह तो हो नहीं सकता था कि संगत को पानी पिलाने को वह बैल शाम तक कुएँ के आगे जोते रखे।

शंख हाथ में लिए वह गुरुद्वारे की टूटी-फूटी चहारदीवारी के बाहर निकल आया। दरवाज़े के पास दरख़्त का एक भारी-भरकम तना पानी के गढ़े में धँसा पड़ा था। आसपास गुरुद्वारे के वे खेत थे, जिनमें उसने खुद हल चलाया था, बीज बोया था, चाँदनी और अँधेरी रातों में पानी से सींचा था। नलाई भी की थी। उन खेतों से उसका कितना गहरा संबंध था। उसका पसीना इन खेतों की भुरभुरी मिट्टी में सूख चुका था। अब वह अपनी गाढ़ी कमाई का किसी प्रकार हक़दार न था। पास ही बरगद का एक बूढ़ा वृक्ष था जिसके संबंध में एक कहावत प्रसिद्ध थी कि गुरुओं के समय में एक बहुत ही धार्मिक पुरुष इस गुरुद्वारे में सेवा किया करता था। उसने अपनी उम्र इसी जगह गुरू के चरणों में बिता दी। यहाँ तक कि वह बूढ़ा हो गया···। लेकिन उसकी संगत और सेवा में फ़र्क़ न आया। उसका हृदय उसी प्रकार श्रद्धा से परिपूर्ण था। एक बार की बात है कि गर्मियों में दोपहर को वह खेतों की नलाई कर रहा था। उसकी पगड़ी के अंदर उसके उलझे हुए बाल पसीने से तर हो रहे थे। उसे प्यास लगी। उसने टिंड में पानी भरकर रस्सी का बँधना बनाकर बड़ के पेड़ में लटका रखा था। जब उसने टिंड को छुआ तो वह इतनी ठण्डी थी जैसे बर्फ़। कितना शीतल जल है, उसने सोचा गुरुसाहब सच्चे बादशाह इसी

ओर आनेवाले हैं। क्यों न यह जल उन्हीं के लिए रहने दूँ। वह इसमें से पानी पी लेंगे तो बचे हुए जल से अपनी प्यास बुझा लूँगा। ··· निःसंदेह गुरूजी दौरा करते हुए उस ओर को आनेवाले थे। लेकिन उनके आने में अभी बहुत समय था। वह निश्चिंत भाव से दरबार में बैठे संगतों को दर्शन दे रहे थे। अचानक गुरूसाहब उठ बैठे और तुरंत प्रस्थान का आदेश दिया। सभी हैरान थे कि आख़िर इसमें भेद क्या है ? यह बैठे-बिठाए अकस्मात् इतनी जल्दी काहे की पड़ गई। गुरूसाहब सच्चे बादशाह बोले—एक सिक्ख हमारी प्रतीक्षा कर रहा है। वह प्यासा है। जब तक मैं वहाँ जाकर पानी न पियूँगा वह प्यासा ही रहेगा ···। गुरूसाहब घोड़ा सरपट दौड़ाते हुए उस जगह पहुँचे, जाते ही पानी माँगा। सिख ने वह टिंड आगे बढ़ा दी। वह कितना सुखी था। उसकी आँखों में खुशी के आँसू आ गए।

ग्रंथी दरख़्त के तने पर खड़ा हो गया। जब उसने शंख मुँह में लगाया तो सोचने लगा—गुरूसाहब दिलों का हाल जानते हैं। उन्हें मेरी निर्दोषिता ज्ञात है। वह यहाँ से नहीं जाएगा। उसे विश्वास था कि अवश्य ही कुछ-न-कुछ युक्ति निकल आएगी।

शंख फूँकने के बाद वह देर तक गाँव की ओर निहारता रहा, मानो वह भी किसी के आने की बाट जोह रहा हो। कितनी तेज़ धूप हो गई थी और लोग अभी घर से भी न निकले थे। मटियाले-मटियाले मकान, मकानों से सिर निकाले हुए हरे पेड़ ···। कच्ची सड़कों से आगे ढाल पर भंगियों के काले-कलूटे, नंग-धड़ंग बच्चे खेल रहे थे। तीन बछड़े इधर-उधर चौकड़ियाँ भरते फिरते थे।

वह गुरुद्वारे की छोटी-सी फुलवारी में गया। अंगूर की बेलें आड़ी-तिरछी लकड़ियों पर से गिर पड़ी थीं। एक कोने में से उसने उलझी हुई रस्सियाँ उठाईं। बेलों को लकड़ियों के साथ लगा-लगाकर रस्सियों के टुकड़ों से कुछ ढील दे-देकर बाँधने लगा।

उसकी मोटी-मोटी उँगलियाँ अपने काम में निपुण थीं। पास ही धनिया और मिर्चों की क्यारी थी। वह उसके किनारे पंजों पर बैठ गया, बीच-बीच में खट्टी-मिट्ठी बूटी के छोटे-छोटे पौधे भी थे। उसने सँभालकर उन्हें उखाड़ना शुरू किया। बच्चे उन बूटियों को बड़ी रुचि से खाते थे। अनार के पेड़ चुपचाप समाधि लगाए हुए साधुओं की भाँति दिखाई दे रहे थे। हवा बंद थी। पेड़ों की पत्तियाँ तक नहीं हिलती थीं। मालूम होता था जैसे परमात्मा से उनकी लौ लगी हो। बाग़ का कितना भाग बेकार पड़ा हुआ था। उसका विचार था कि वह झाड़ियों और मदार के पेड़ों से उस हिस्से को साफ़ करके वहाँ

तरकारियाँ बोए—मटर, टमाटर, गोभी···।

हर पेड़ और पौधे को देखता हुआ वह बाहर निकला। फिर उसी तने पर खड़े होकर उसने दूसरी बार शंख बजाया। कोई सूरत नज़र न आती थी। मर्द तो ख़ैर खेतों में काम कर रहे थे, लेकिन औरतें घरों में घुसी पड़ी थीं। बीवी से कहने लगा, "दो मरतबे शंख फूँक चुका हूँ, कोई आदमी नज़र नहीं आता। कम-से-कम औरतों को तो आना चाहिए।"

उसकी बीवी चुप रही। औरतों के बारे में वह जानती थी। एक तो हर औरत के चार-चार, पाँच-पाँच बच्चे थे। उनको नहलाना-धुलाना, फिर हर औरत को अपना भी बनाव-शृंगार करना था। यही वह जगह थी जहाँ अपने गहनों और कपड़ों का प्रदर्शन किया जा सकता था। दुनिया-भर की बातें यहाँ की जाती थीं। अनेक गूढ़ समस्याओं को यहीं बैठकर सुलझाया जाता था।

छोटी बच्ची ने खुशी में ढोलकी थपथपानी शुरू की। ग्रंथी चमेली के चारों ओर ईंटों के उखड़े हुए जंगले को सुधारने लगा। कहीं कोई ईंटें गिरी पड़ी थीं, कहीं कोई टहनी ईंटों से उलझकर रह गई थी। किसी जगह पेड़ इतने फैल गए थे कि जंगले को और बड़ा करने की ज़रूरत हो गई थी।

लोहे के डोल भर-भरकर उसने फूलों को पानी देना शुरू किया। बिचारे गेंदे के फूल तो निरे अनाथ ही थे। कोई उनकी देखरेख न करता था। बेचारों को सूखी और कड़ी भूमि पर ही पनपना पड़ता था। कूड़ा-करकट भी उन्हीं पर फेंक दिया जाता। इस पर भी जब फूल जाते तो हर तरफ़ पीला ही पीला दीख पड़ता। फूलों के हार गूँथे जाते, बच्चे झोलियाँ भर-भरकर घरों को ले जाते, कुछ ग्रंथसाहब के सामने भी चढ़ा दिए जाते। बड़ी दुर्गति होती बेचारों की। वह जब कभी गेंदे के किसी फूल की ओर देखता तो उसे उनके अनाथ होने का ख़याल आने लगता, जैसे कि वह खुद अनाथ था। वह पौधे के समीप बैठ जाता। फूल हवा में इधर-उधर झूमने लगते। वह प्यार से फूल को दोनों हाथों में ले लेता, मानो वह किसी बालक का शशि-मुख हो। उसे एक बात याद आ जाती। एक बार गुरू अर्जुनदेवजी के लबादे की झपट में आकर फूल की पंखड़ी भूमि पर गिर पड़ी तो गुरूसाहब की आँखों में आँसू उमड़ आए। यह सोचते-सोचते न जाने किस भाव से प्रभावित होकर ग्रंथी की करुणा उमड़ उठी। वह कुछ समझ न सकता था। वह जानता था कि उसकी अक्ल मोटी थी, लेकिन फिर भी वह जाने किस भाव में मग्न हो जाता था।

भट्टी के पास उसने कड़ाह-प्रसाद (हलुवा) की कुछ सामग्री इकट्ठी कर दी। लकड़ियाँ और मोटे-मोटे उपले भी एक ओर ढेर कर दिए और फिर शंख लेकर

दरख़्त के तने पर जा खड़ा हुआ। तीसरी बार शंख फूँककर वह देर तक उसी तने पर खड़ा रहा। धूप चिलचिला रही थी। आँखें धूप में तपती हुई हवा की गर्मी सहन न कर सकती थीं। उसने आँखों पर हाथ रखकर गाँव पर नज़र जमा दी। शायद कोई सूरत नज़र आ जाय। उसे काम को समाप्त करने की चिंता हो रही थी।

कुछ नीले-पीले दुपट्टे हवा में लहराए। कुछ किशोर अवस्था के लड़के और लड़कियाँ अठखेलियाँ करते दिखाई देने लगे। रंग-बिरंगे रूमालों से ढँकी हुई थालियाँ हथेलियों पर धरे पवित्र आत्मा बूढ़ी औरतें पीछे-पीछे चली आ रही थीं। धीरे-धीरे दोनों गाँवों के लोग चींटियों की तरह रेंगते हुए निकले, और छोटी-छोटी टोलियों में गुरुद्वारे की ओर बढ़े।

ग्रंथी ने हाथ-पैर धोकर पगड़ी सँभाली। गले में पीले रंग का लंबा-सा कपड़ा डालकर 'वाह गुरू, वाह गुरू' कहता गुरु ग्रंथसाहब के पास जा बैठा।

गुरु ग्रंथसाहब पर से रूमाल हटाकर बड़ी सावधानी से लपेट, जिल्द के नीचे दबा दिया और पवित्र ग्रंथ को खोल आँखें बंद कर चौरी हिलाने लगा।

लंबे-लंबे घूँघट निकाले हुए औरतें चहारदीवारी के अंदर दाख़िल हुईं। उनमें से कोई-कोई नई-नवेली दुल्हनें थीं, जिन्होंने कुहनियों तक चूड़ियाँ पहन रखी थीं। लाल रंग की कमीज़ और शलवार में गठरी-सी बनी हुई वे बीर-बहूटियों जैसी दिखाई दे रही थीं। गुरु ग्रंथसाहब के सामने पैसे, बताशे, फूल, थालियों में चावल, दाल, आटा इत्यादि रख वे माथा टेकतीं और एक तरफ़ बैठ जातीं। लड़कों में किसी ने हारमोनियम पकड़ लिया, एक लड़का धौंकनी को हिला-हिलाकर हवा देने लगा। दूसरा अपनी उँगलियों से लकड़ियों के काले-सफ़ेद स्वरों को बुरी तरह दबाने लगा। एक ने ढोलकी बजानी शुरू कर दी। दो लड़के बड़े-से चिमटे को बजाने लगे। छेने भी छनछनाकर बोलने लगे। इधर औरतों ने आपस में बातें शुरू कर दीं। उनकी आवाज़ हर नियंत्रण से मुक्त दूर तक सुनी जा सकती थी। कुछ लड़कों ने इधर-उधर भागना शुरू किया। नई इमारत की ईंटों की थाक लगी हुई थी। लड़कों ने ईंटों की रेलगाड़ी बनाई। एक लंबी लाइन में ईंटें एक के पीछे एक, कुछ-कुछ अंतर पर रख दी गईं। फिर एक को जो ठोकर लगाई तो सारी ईंटें धड़ाधड़ गिरने लगीं। लड़के उछल-उछलकर शोर मचाने लगे। उनकी ढीली-ढाली पगड़ियाँ खुल गईं। उन्होंने फिर बाँधने की जगह उन्हें अपनी बग़लों में दबा लिया और बाग़ का चक्कर लगाने निकल गए। आज वे निडर हो रहे थे। वे अपनी माताओं के साथ थे। ग्रंथी का पहले तो आज कुछ डर भी न था, दूसरे वह उस समय

तो आँखें बंद किए ग्रंथसाहब के पास बैठा था।

अब मर्दों की आमद शुरू हुई। मोटे खद्दर के तहबंद बाँधे, घुटनों तक लंबे कुर्ते पहने, सिरों पर आठ-आठ, दस-दस गज़ की कलफ़ लगी पगड़ियाँ लपेटे, हाथों में लोहे और पीतल की मूठवाली लाठियाँ थामे और अपनी दाढ़ियों को खूब चिकना किए हुए आए और माथा टेक-टेककर वह इधर-उधर बैठने लगे। उनमें लंबे-तगड़े नवयुवक भी थे, जिनकी तहबंदों के रंगीन रेशमी इज़ारबंद जान-बूझकर घुटनों तक लटकाए हुए थे। पगड़ियों के शमले खूब अकड़े हुए थे। कुछ ऐसे छैल-छबीले भी थे जिन्होंने पगड़ी का पिछला छोर घुमा-फिराकर बड़ी युक्ति से अगले सिरे पर ला ठूँसा था, जैसे किसी पले हुए मुर्ग के सिर पर उसकी सजी बनी कलँगी।

मर्दों के पहुँच जाने पर कार्यक्रम शुरू हुआ। कुछ नौजवानों ने बढ़कर साज़ सँभाल लिए। एक-एक इलायची और लौंग मुँह में डालकर साज़ बजाने शुरू किए। हारमोनियम के साथ ताल पर ढोलक बजने लगी। चिमटेवाले ने झूम-झूमकर चिमटा बजाना शुरू किया। इधर छेने भी टकराए। हारमोनियमवाले ने मुँह खोलकर एक लंबा 'हो' निकालने के बाद गाया–

'इथे पैठ कसे नहीं रहना मेला दो दिन का।'

इतना कहकर वह लगातार मुँह हिलाने लगा। ढोलकीवाले की गर्दन हिलती थी तो चिमटेवाले का धड़। जब एक बार कार्यवाही शुरू हो गई तो मुख्य-मुख्य लोगों ने आपस में कानाफूसी शुरू कर दी। कई मामलों पर विचार होता जान पड़ता था।

शब्द कीर्तन के बाद गुरु ग्रंथसाहब की पवित्र वाणी पढ़कर उपस्थित सज्जनों को सुनाई गई। उसके बाद ग्रंथी चौकी पर से उतरा और अरदास के लिए गुरु ग्रंथसाहब के सामने हाथ बाँधकर खड़ा हो गया। दूसरों ने भी उसका अनुकरण किया। सब लोग हाथ जोड़कर खड़े हो गए। ग्रंथी ने आँखें बंद कर लीं और अरदास शुरू की :

"प्रथम भगवती सुमर के गुरुनानक लई ध्याय।
फिर अंगद गोरते अमरदास रामदासे हो सहाय ···"

इस तरह दसों गुरुओं को स्मरण किया गया और फिर–

"पंज प्यारे, चार साहबजादे (साहब अजीतसिंहजी, साहब जुझारसिंहजी, साहब जोरावरसिंहजी, साहब फ़तेहसिंहजी), चालीस मुत्ते, शहीदों, पुरीदों, सिदक रखनेवाले सिक्खों की कमाई का ध्यान धरके ख़ालसाजी बोलो वाह गुरू ···।"

ग्रंथी के वाह गुरू कहने पर उपस्थित लोग 'वाह गुरू वाह गुरू' कहते। इधर

उनकी आवाज़ गूँजती, उधर एक बड़े नगाड़े पर चोट पड़ती। और नगाड़े की आवाज़ लोगों की आवाज़ से घुल-मिलकर देर तक प्रतिध्वनित होती रहती। और दिलों पर एक आतंक-सा छा जाता। ··· "जिन लोगों ने धर्म के लिए जानें बलिदान दीं, चर्खड़ियों पर चढ़े, बदन के जोड़-जोड़ अलग कर दिए, जिनकी खालें खींच ली गईं, जिन्होंने खोपड़ियाँ उतरवाईं लेकिन अपना धर्म नहीं छोड़ा, जिन्होंने सूखी सिदक अपने सिर के पवित्र केशों को अपनी आख़िरी साँसों तक निभाया, उन सिंहों और सिंहनियों की कमाई का ध्यान करके खालसा साहब बोलो जी वाह गुरू ···।"

"वाह गुरू वाह गुरू ···।"

"जिन गुर्मुखों ने गुरुद्वारों के सुधार की ख़ातिर श्रीननकाना साहबजी में और श्रीतरनतारन साहब के सिलसिले में अपने जिस्मों पर तकलीफें सहीं, जीते-जी तेल में डालकर जला दिए गए, दहकती भट्ठियों में झोंक दिए गए और वह इस तरह शहीद हो गए, उन गुरू की सूरत रखनेवाले सिक्खों की कमाई का सदका ! खालसासाहब़ बोलो जी वाह गुरू ···।"

"वाह गुरू, वाह गुरू।"

" ··· जिन माओं, बीवियों ने अपने बच्चों और पतियों के टुकड़े-टुकड़े करवाकर अपनी झोलियों में डलवा लिए उनकी कमाई का सदका, खालसा साहब बोलो जी वाह गुरू ···।"

"वाह गुरू, वाह गुरू।"

लंबी अरदास के अंत में–

"(ए गुरूसाहब !) हमको क्रोध, लोभ, मोह और मद से बचाइए। आपके हुजूर अमृत बेले का अरदास, अगर भूल-चूक में कोई शब्द कम व बेश हो गया हो तो उसके लिए हम क्षमाप्रार्थी हैं, सबके काम सँवारिए, गुरुनानक नाम चढ़दी कलाँ, तेरे भाणे सबदा भलाँ।"

सबने झुककर मस्तक भूमि पर टेक दिए। ग्रंथी ने दिल ही दिल में कहा, 'वाह गुरू सच्चे बादशाह से दिलों का हाल छिपा नहीं।' फिर खड़े होकर 'जो बोले सो निहाल, सत श्री अकाल' की तीन ललकारें लगाईं। इसके बाद कड़ाह-प्रसाद बाँटा गया। धीरे-धीरे लोग प्रसाद हाथों में छिपाए व कटोरियों में लिए चले गए। कुछ ख़ास-ख़ास लोग बैठे रहे। जब एकांत हो गया तो उन्होंने ग्रंथी से कहा कि अगर प्रसाद बाक़ी हो तो लाया जाय। ग्रंथी ने प्रसाद उनको बाँट दिया। चेहरों को अपने चिकने हाथों से मलते हुए वह खाता लेकर बैठे। पौन घंटे की बहस के बाद हिसाब साफ़ हुआ। ग्रंथी से कह दिया कि

दूसरे दिन जाने के पहले वह चाभियाँ सरदार बग्गासिंह नंबरदार को दे जाय।

उनके चले जाने के बाद ग्रंथी की सारी आशाएँ समाप्त हो गईं। उसकी पत्नी ने घर का सामान बाँधना शुरू कर दिया। ग्रंथी के दिल में अब तक कुछ कसक-सी थी। वह उलझन से इधर-उधर घूमने लगा।

अपने दोनों हाथ पीठ पर बाँधे, तालाब के किनारे खड़ा होकर वह उसके हरे जल को देखने लगा। उसके किनारे टूट-फूट गए थे। एक-दो जगह से सीढ़ियों की ईंटें भी उखड़ गई थीं, काई जमी हुई थी। उस तालाब में कोई नहाता न था। न जाने कब से उसमें बरसात का पानी जमा था। बबूल के पीले-पीले फूलों की तह-सी जमी हुई थी और बरगद के बड़े-बड़े पीले रंग के पत्ते ध्वस्त जहाज़ के चूर-चूर तख़्तों के टुकड़ों की तरह तैर रहे थे।

उसके पास पुरानी समाधि थी, जिसकी दीवारों पर जगह-जगह से चूना उखड़ा हुआ था। उसकी दीवारों पर पुराने समय की रंगीन तस्वीरें भी थीं। कई जगह से रंग उखड़े हुए ज़रूर थे, लेकिन जहाँ कहीं भी बचे थे, अति चमकीले और मनोहर दीखते थे, विशेषकर गुरू नानकसाहब की छवि। वृक्ष की छाँह में बाबा नानकजी बैठे थे। एक ओर भाई बाला और दूसरी ओर भाई मर्दाना। पेड़ की डाल से पिंजड़ा लटक रहा था, जिसमें एक लाल चोंचवाला तोता साफ़ दिखाई दे रहा था। एकांत स्थान पर सातवें गुरूसाहब परमात्मा की याद में तल्लीन रहते थे। तीन-चार वर्ष पहले की बात थी कि एक सिक्ख इसी जगह में बैठकर नित्य भक्ति किया करता था। एक बार रात के वक़्त यकायक समाधि दिव्यमान हो गई। कण-कण दिखाई देने लगा। इतने में एक दिव्य मूर्ति प्रकट हुई ··· लेकिन वह सिक्ख दर्शन की ताब न ला सका। वह भागकर बाहर निकल आया। वह तुरंत गूँगा हो गया। इसके बाद किसी ने उसे बोलते नहीं सुना। ग्रंथी ने समाधि का द्वार खोलकर उसके गीले फ़र्श पर अपना पाँव रखा और चुपचाप खड़ा हो गया। इतने में उसकी पत्नी वहाँ आई और उसकी बेहाल सूरत देखकर कुछ परेशान-सी हो गई। वह अपने साथ उसे लिवा ले गई।

आँगन में हाथ की चर्ख़ीवाले कुएँ के चारों ओर बने हुए चौड़े चबूतरे पर नील रंग की लंबोतरी पगड़ियाँ बाँधे निहंग सिक्ख पत्थर के बड़े-से कूँडे में ठंडई घोंट रहे थे। पगड़ियों पर लोहे के चक्र, गले में लौह मणिकों की माला, लंबे-लंबे लबादे ···। लोग पारी-पारी बादाम, चारों मेवे, काली मिर्चें और थोड़ी-सी रंगवाली ठंडई की घुटाई कर रहे थे। एक अपने दोनों हाथों और पैरों से कूँडे को दोनों तरफ़ से जकड़े हुए था, और दूसरा घोंटने का एक लंबा-चौड़ा

डंडा, जो नीचे से कम मोटा और ऊपर से बहुत ज़्यादा मोटा था, हाथों में लिए घुमा रहा था। डंडे के ऊपर घुँघरू बँधे थे जो छन-छन बोल रहे थे। ग्रंथी कुछ देर तक उनको देखता रहा।

सूर्यदेव अस्ताचल को जा चुके थे। हवा बंद थी। उसकी पत्नी दूध दुहकर अंदर जा रही थी। उसने नित्य की तरह अपनी चारपाई बाड़े के पास डाल दी थी। वह जूते उतार दोनों घुटनों पर कुहनियाँ टेक चारपाई पर जा बैठा।

कौवों के झुंड-के-झुंड काँव-काँव करते गाँव का चक्कर लगा रहे थे। छोटी-सी नहर की ऊँची मेड़ चक्कर लगाती क्षितिज में गुम हो गई। दूर कुछ ऊँट बिना नकेल के इधर-उधर घूम रहे थे।

ग्रंथी खोई-खोई नज़रों से अस्ताचल की ओर इस प्रकार देख रहा था मानो वह किसी की प्रतीक्षा कर रहा हो। जैसे आकाश से कोई तेजस्वी मूर्ति प्रकट होनेवाली थी ···। अँधेरा बढ़ रहा था। पूर्ण चंद्रमा ऊपर उठ रहा था। इतने में बन्तासिंह कंधे पर फावड़ा रखे आ निकला। बन्तासिंह किसी औरत को भगाने के अभियोग में डेढ़ वर्ष का कठिन कारावास भुगतकर कल ही अपने गाँव वापस आया था। जेल की विपदाओं का उस पर कुछ भी प्रभाव नहीं हुआ था। वह वैसा ही हट्टा-कट्टा बना था। जब उसे सज़ा हुई थी उस समय ग्रंथी गुरुद्वारे में आया ही था। पास पहुँचकर बन्तासिंह ने ऊँचे स्वर में 'सत श्री अकाल' की हाँक लगाई और चारपाई पर बैठ गया। उसके फावड़े से गाढ़ी-गाढ़ी कीचड़ चमक रही थी।

इधर-उधर की बातों के बाद उसने पूछा, "ग्रंथीजी, सुना है आपके ख़िलाफ़ कुछ झगड़ा किया गया है। मैं तो कल रात वापस आया था। आज सुबह से मैं चक नंबर 156 में मामा से मिलने चला गया था। अब मैं सीधा खेतों की ओर चला आया। आख़िर माजरा क्या है ?"

बन्तासिंह की न सिर्फ़ अपने गाँव में धाक थी, बल्कि इलाक़े-भर में लोग उससे भय खाते थे। जब ग्रंथी ने बताया कि उसके बारे में आख़िरी फ़ैसला भी कर दिया गया था तो वह झुँझलाकर उठ खड़ा हुआ, "किसकी मजाल है कि तुमको यहाँ से निकाले ग्रंथीजी ? तुम इसी जगह रहोगे और डंके की चोट रहोगे। मैं देखूँगा कौन माई का लाल तुमको यहाँ से निकालने आता है ?"

यह सुनकर ग्रंथी ने, जो अब तक निर्जीव-सा बैठा था, आँखें झपकाईं। उसकी भौंहें काँपीं और वह दीन स्वर में बोला, "और सरदार बन्तासिंह, वाह गुरू जानता है कि मैंने लाजो को छुवा तक नहीं।"

सरदार बग्गासिंह के दो आदमी उधर से निकलते हुए यह बातें सुन रहे

थे। बन्तासिंह उनको सुनाकर ऊँचे स्वर में ललकारकर बोला, "ग्रंथीजी, तुम यह क्यों कहते हो कि तुमने उसका हाथ नहीं पकड़ा। तुम हज़ार बार उसका हाथ पकड़ सकते हो। मैं बग्गासिंह को भी देख लूँगा। बड़ा नंबरदार बना फिरता है। और जिन लोगों ने तुम्हारे ख़िलाफ़ पंचायत में हिस्सा लिया था, उनमें से एक-एक से निपट लूँगा···।" अपनी भरपूर आवाज़ में उसने मोटी-मोटी गालियाँ भी सुनाईं। "यह उसके बाप का घर नहीं है। वह गुरू का घर है। यहाँ किसी ग़रीब के साथ भी अन्याय नहीं हो सकता !"

यह ख़बर गाँव में आग की तरह फैल गई। सब लोग लाजो को गालियाँ देने लगे, "हरामज़ादी ने मुफ़्त में बेचारे ग्रंथी पर इल्ज़ाम लगा दिया।"

पहला पत्थर

तब शास्त्री और फ़्रीसी एक स्त्री को लाए जो व्यभिचार के अपराध में पकड़ी गई थी और उसको बीच में खड़ी करके कहा—

ऐ गुरु, यह स्त्री व्यभिचार करती हुई पकड़ी गई है।

मूसा के कानून के अनुसार ऐसी स्त्री का, पत्थरों से मारकर अंत कर देना उचित है सो तू इस स्त्री के बारे में क्या कहता है !

जब वे उससे पूछते रहे तो उसने सीधे होकर उनसे कहा—

'तुममें से जिसने कोई पाप न किया हो पहले वह इसे पत्थर मारे।'

—*यू हन्ना रसूल,* आयत 3, 4, 5, 7

रंदा हाथ से रखकर बाज़सिंह ने चौकन्ने तीतर की भाँति गर्दन दरवाज़े से बाहर निकाली और एक नज़र शाही अस्तबल पर डाली ···। कोई ख़ास चीज़ दिखाई नहीं पड़ी। यद्यपि उसे संदेह यही हुआ था कि घुक्की ही बड़े दरवाज़े में खड़ी किसी को आवाज़ें दे रही थी। उसने सोचा था कि रात के अंधकार में घुक्की के दर्शन ही हो जाएँगे। परंतु अफ़सोस कि सामने शाही अस्तबल के इधर घुक्की तो क्या, कोई भी आकृति दिखाई नहीं पड़ती थी। शाही अस्तबल वास्तव में कोई अस्तबल नहीं था, बल्कि यह सरदार वधावासिंह की शानदार हवेली थी, जिसे बाज़सिंह उर्फ़ बाज़ और उसके चेले-चाँटे शाही अस्तबल के नाम से पुकारते थे। क्योंकि हवेली की सबसे बड़ी खूबी थी—उसकी विशालता। हवेली बहुत बड़े संदूक के समान थी। छत इतनी लंबी-चौड़ी कि पूरी बारात के लिए चारपाइयाँ बिछ सकती थीं। कमरे पूरे हाल कमरे थे। दरवाज़े आठ-आठ फ़ीट ऊँचे थे। उन हाल कमरों में भीमकाय सरदार वधावासिंह फीलपाँव के कारण घायल शेर की भाँति ऐंठ-ऐंठकर चला करते थे। हवेली के एक भाग में लेबिल प्रिंटिंग प्रेस था। इसके अतिरिक्त नानक फ़र्नीचर मार्ट

भी उन्हीं की मिल्कियत थी। हवेली से इधर फर्नीचर का कारख़ाना अलग बना हुआ था। और बाज़सिंह अपनी हाथ की सफ़ाई और हरामज़दगी की चुस्ती के कारण सब कर्मचारियों का (चाहे वे प्रेस के हों या कारख़ाने के) उस्ताद समझा जाता था।

हवेली की बग़ल में बाज़ार की ओर कुछ साधारण ढंग की दूकानें और उनके पिछवाड़े मकान भी सरदार साहब ने बनवा डाले थे। आख़िर उनके पूर्वज जालंधर ही में रहते आए थे, इसलिए इतनी-सी जायदाद का बन जाना कोई असाधारण बात नहीं थी। सन् 1947 के आरंभ में जब पश्चिमी पंजाब में मुसलमान भाइयों ने अपने 'कराड़' और सिक्ख भाइयों का नाका बंद कर दिया तो शरणार्थियों की एक बड़ी संख्या पूर्वी पंजाब में आ गई। उनमें घुक्की का पिता मूलसिंह भी था। वधावासिंह ने बिलकुल बग़लवाली दूकान और मकान उसे किराये पर दे डाला और वह वहाँ पंसारी की दूकान करने लगा। उसकी पत्नी को मुसलमान भाइयों ने मार डाला था, लेकिन उसका अपनी तीन लड़कियों सहित सही-सलामत निकल आना एक चमत्कार से कम नहीं था। उनमें सबसे बड़ी लड़की का नाम घुक्की था।

घुक्की न केवल सुंदर थी, बल्कि बड़ी बाँकी भी थी, और मौक़ा पाकर सबसे पहले बाज़सिंह ने उसकी 'चुम्मी' ली। चुंबन लेने के सिलसिले में 'खुल जा समसम' का मंत्र तो बाज़ ने पढ़ा लेकिन फिर बाक़ी लोगों का रास्ता भी साफ़ हो गया। इसमें अमीर-ग़रीब का कोई भेद नहीं था। सरदार साहब के बेटे, उन बेटों के यार-दोस्त सब एकाध चुंबन की ताक में रहते थे। यह बात नहीं थी कि उनमें से हर एक का दाँव लग ही जाता था। कुछ तो दूर ही से चटख़ारे लेनेवालों में से थे, क्योंकि घुक्की लेबिल काटनेवाले चरन के कथनानुसार बड़ी चलती-पुर्ज़ी थी। पुट्ठे पर हाथ नहीं रखने देती थी किसी को। और तो और, स्वयं बाज़सिंह जो बड़ा ढीठ और साहसी आदमी समझा जाता था, 'चुम्मी' से आगे न बढ़ पाया था, तो भला दूसरों को घुक्की कहाँ पास फटकने देती !

निराश होकर बाज़सिंह होंठों पर ज़बान फेरते हुए कारख़ाने के दरवाज़े में ही खड़ा रह गया। उसके हाथ कुहनियों तक लकड़ी के बुरादे से सने थे। पैंतालिस वर्ष की अवस्था में भी उसका इकहरा शरीर मज़बूत था। सूरत 'घिनावनी' होने से बाल-बाल बची थी। मूँछों के बाल झड़बेरी के काँटों के समान कड़े हो गए थे। एक आँख में फूला था। होंठ मोटे-मोटे और ऊँट की कोहान-सी नाक के नथुनों में से भी बाल बाहर निकल आया करते थे, जिन्हें

वह चिमटी से खींच लिया करता था।

वहाँ खड़े-खड़े बाज़ ने देखा कि जिस हलचल का उसे अनुभव हुआ था वह बेमतलब नहीं थी क्योंकि हवेली के एक के बाद दूसरे चार दरवाज़ों से आगे पक्की सड़कवाले बरामदे में बिजली की रोशनी हो रही थी। लकड़ी के छोटे से फाटक में से कुछ सामान अंदर लाया जा रहा था जिससे प्रकट था कि कोई नया मेहमान आया है। वैसे तो सरदार साहब के यहाँ पहले ही मेहमान आया-जाया करते थे, लेकिन पश्चिमी पंजाब में दंगे होने के कारण मेहमानों की खूब रेल-पेल हो गई थी।

कुछ समय पहले उनके एक हिंदू दोस्त रिटायर्ड पुलिस अफ़सर अपने बाल-बच्चों सहित आ गए। उनका आपस में बड़ा गहरा मेल-जोल था। उनके साथ एक नवयुवक भी था, जिसका नाम चमन था। उसकी गर्दन मोर के समान थी और आँखें सुरमई थीं। वह भी घुक्की को दिलचस्पी से देखा करता था और बाज़ के चेले-चाटों का ख़याल था कि घुक्की भी उस पर मरती है। बाज़ के मन में ईर्ष्या नहीं उत्पन्न हुई। वह इन चीज़ों से बहुत ऊँचा था। वह कहता, "अरे हमारा क्या, हमने आते ही घुक्की की चुम्मी लेकर उसे कानी कर डाला। अब चाहे टुंडा लाट भी चुम्मी लिया करे, हमारे ··· से।" और वह अपनी अच्छी और फूली पड़ी आँखों से सबके चेहरों का निरीक्षण करता।

दूसरे मकान में चले जाने के बाद भी चमन का आना-जाना जारी था। बाज़ ने घुक्की से अधिक उसकी छोटी बहन निक्की को अपने आकर्षण का केंद्र बना लिया था।

दरवाज़े में खड़े-खड़े पहले तो उसके मन में आया कि जाकर नए मेहमानों को देखे, शायद कोई लौंडिया भी हो, लेकिन आजकल काम बहुत आया हुआ था जिसे जल्दी-से-जल्दी ख़त्म करना ज़रूरी था।

'हटाओ !' उसने मन-ही-मन कहा, 'सुबह सबकुछ सामने आ जाएगा।'

आँख खुली तो बाज़ ने जलता-फुंकता सूरज अपने माथे पर नाचता पाया।

इधर यह हड़बड़ाकर उठा, उधर बड़ी सरदारिनी भूरी भैंस की भाँति कद्दू-कद्दू भर छातियाँ थलथलाती, सीनाज़ोरी दिखाती, आग जलाने के लिए बुरादा लेने को उसकी ओर बढ़ी।

बड़ी सरदारिनी के शरीर का प्रत्येक अंग अपनी चरम सीमा को पहुँच चुका था। यानी जो चीज़ जितनी मोटी, जितनी ढीली, जितनी फैली, जितनी

भद्दी हो सकती थी, हो चुकी थी। चलती तो ऐसा प्रतीत होता मानो तंदूर ढाँकने के चापड़ को टाँग लग गई हो।

ऐसी डील-डौल की सरदारिनी भी वधावासिंह के लिए काफ़ी सिद्ध नहीं हुई। अतएव उसे एक छोटी सरदारिनी भी कहीं से उड़ा लानी पड़ी।

जब भी मौक़ा मिलता, बड़ी सरदारिनी आवश्यकता से कहीं अधिक बाज़ के पास आकर खड़ी रहती क्योंकि बाज़ बड़ी ही मिस्कीन सूरत बनाकर कई बार कह चुका था, "पर बड्डी सरदारिनी, आप अड़तालीस बरस की तो नहीं दिखाई देतीं जी...जी, आप तो मुश्किल से तीस साल की दिखाई देती हैं जी।"

इस पर बड़ी सरदारिनी मन-ही-मन चहक उठती और अपना चौड़ा मुँह और भी फैलाकर कहती, "हट बे पर्रा, कौन कहता है कि मैं अड़तालीस बरस की हूँ !"

इसके बाद वह दरवाज़े से कंधा भिड़ाकर वहीं जमी खड़ी रहती। एक टाँग सीधी रखती, दूसरी को हौले-हौले हिलाती रहती और अपने ढलके हुए पपोटों तले दबी हुई पुतलियों से बाज़ की ओर स्वप्निल दृष्टि से देखती रहती।

बाज़ मन-ही-मन सोचता कि घुक्की की कमर तो इसकी पिंडली से कहीं अधिक पतली होगी।

आख़िर जब सरदारिनी टूटे हुए छाज में बुरादा भरकर लौटी तो उसका पिछवाड़ा देखकर बाज़सिंह के मुँह से एक बार फिर आप-ही-आप निकल गया, "बल्ले-बल्ले··· क्यों ओए बौंगिया ! अगर सरदारजी बिना ज़ंजीर के हाथी हैं तो सरदारिनी भी वह चट्टान है जो जितनी ज़मीन से बाहर निकली होती है उससे चार गुना ज़मीन के नीचे गड़ी होती है !" यह कहकर उसने फुलाह की दातून मुँह में डाली तो उसकी चुरमुराहट से उसका कुरूप चेहरा और भी भद्दा हो गया।

बौंगे ने जवाब में कहा, "अरे तू सरदारजी को क्या समझता है ? अगर सरदारिनी चार गुना ज़मीन में गड़ी है तो वे दस गुना ज़मीन के अंदर हैं···।"

बाज़सिंह ने बैठे-बैठे बौंगे को लात रसीद करते हुए कहा, "ओए चल, ओए मऊँ द्या मुतराड़ा।"

फिर उसे घुक्की की कम्मर याद आई तो बोला, "पर बौंगिया ! घुक्की की कमर तो सरदारिनी की पिंडली से भी कम पतली होगी। ···यार !"

"तो फिर क्या ?"

"···न, न, सोचो भला···इत्ती पतली कमर ?··· बहुत पतली है

कमर··· कितनी मुश्किल पड़ेगी बेचारी को···”

“ओ बई !” बौंगे ने कहा, “औरत की कमर में बड़ी ताक़त होती है।”

“हच्चा,” बाज़ ने गाल के अंदर जबान घुमाई।

“आहो भई ··· मर्द की सारी ताक़त छाती में और औरत की सारी ताक़त कमर में होती है। अबे नहीं तो तड़क न जाय सकोरे की तरह।”

इसी बीच में चमन भी उधर आ निकला। वह हर समय चहकता रहता था। बाछों में से हँसी तो इस प्रकार फूटी पड़ती थी मानो रेंवड़ियाँ खा रहा हो। चलता तो लहराता और बल खाता हुआ। बदन इकहरा, रुखें अभी जम रही थीं।

बौंगे ने कहा, “ले भई, कन्हैयाजी तो आ गए।”

“गोपी भी आती ही होगी,” बाज़ ने छिदरे दाँतों का प्रदर्शन किया और मुँह से टपकती राल को रोकने की चेष्टा की, फिर मुँह ढीला छोड़ दिया।

बौंगे ने पहले तो चमन की ओर दिलफेंक अंदाज़ से देखा और फिर एक आँख बन्द करके दूसरी आँख बाज़ की बिना फूलीवाली आँख से मिलाई और घी में डूबी हुई आवाज़ में बोला, “यार, यह लौंडा भी गोपी से कम नमकीन नहीं है।”

बाज़ ने एक और लात रसीद की, “बड़ा ठिरकी है बे तू।”

बौंगे ने भाव बताकर कहना शुरू किया, “भगत कबीर भी तो कह गए हैं··· ”

इस पर बाज़ ने एक और लात रसीद की, “ओए लुच्चा मुंडा···”

कुछ देर के बाद छोटी सरदारिनी भी कूल्हे मटकाती, धम-धम करती दरवाज़े से निकलकर आँगन में आ पहुँची।

वह कहने को छोटी सरदारिनी थी लेकिन डील-डौल में यदि बड़ी बीस थी तो छोटी उन्नीस। ऐसा लगता था मानो धुनिए ने दो रज़ाइयों की रुई धुनकर हवा में उड़ा दी हो। अलबत्ता, उसके नख-शिख तनिक तीखे थे। रंग निखरा हुआ, चेहरा चिकना-चपड़ा, अगले दोनों दाँतों में सोने की कीलें।

कहते हैं कि वह बड़े सरदारजी की ब्याहता नहीं थी। बाज़ के कथनानुसार, कुछ 'जोर-जबर' मामला था। मोटापे के बावजूद छोटी सरदारिनी की बोटी-बोटी थिरकती थी। बड़ी सरदारिनी को परिस्थितियों ने तनिक दार्शनिक बना दिया था और परिस्थितियों ने ही छोटी सरदारिनी को 'चल-चल चमेली बाग़ में तुम्हें मेवा···' बना दिया था। यही कारण था कि बड़ी सरदारिनी के सामने लड़कियों से हँसी-ठिठोल करने से लोग-बाग कतराते थे

और छोटी सरदारिनी के सामने निस्संकोच छेड़छाड़ जारी रहती थी। और कभी-कभी उसके कूल्हे में भी चुटकी भर ली जाती, जिस पर वह कुमारी कन्या की भाँति कुलबुलाती, बल खाती और खिलखिलाती थी।

बड़ी सरदारिनी केवल सरदारिनी और छोटी सरदारिनी मासी कहलाती थी। बहुत कम लोगों को ज्ञात था कि बड़ी सरदारिनी के भीमकाय शरीर में भी गुदगुदी होती है। मासी तो सबकी महफ़िलों की जान थी। यद्यपि उसकी अवस्था चालीस पार कर चुकी थी फिर भी सरदारजी उस पर कड़ी निगरानी रखते थे क्योंकि मासी बैठती तो झमक्कड़े के साथ और चलती तो झमक्कड़े के साथ। उसे ऐसी महफ़िलों में आँखें लड़ाने, चुटकियाँ लेने, हाय-वाय करने के अवसर बड़ी आसानी से प्राप्त हो जाते थे। कभी-कभी मासी एकाध बदतमीज़ पर कुछ बिगड़ भी जाती थी ताकि कहने को हो जाय कि वह नौजवानों पर कड़ी निगाह रखती है। ऐसे अवसरों पर जबकि वे रूठ जाती थीं, सब लड़के-लड़कियाँ उन्हें मनाने लगते। उनके शरीर पर हाथ फेरे जाते, उनसे लिपट-लिपटकर खुशामदें की जातीं और अंत में वे मान जातीं।

अतएव अब जो मासी सहन में दाख़िल हुईं तो मानो प्रभात-समीर की भाँति आईं और अपने साथ न केवल फूलों की सुगंध लाईं बल्कि अपनी ओट में बेला, चमेली, गुलाब इत्यादि भी ले आईं। घुक्की, निक्की, साँवली तथा अन्य लड़कियाँ उनके पीछे छिपी-छिपी आ रही थीं। इसका उद्देश्य केवल उपस्थित जनों को आश्चर्य के साथ-साथ आनंद भी प्रदान करना था। वही बात हुई कि सहसा 'ओए' के शोर से वायुमंडल गूँज उठा और कच्चे-कुँवारे ठहाकों के अविरल संगीत से सारा सहन रसमसा गया।

इन सबसे दूर सड़कवाले कमरे में किसी जटाधारी संन्यासी के समान पाठ करते हुए बड़े सरदार के कान भी इन आवाज़ों से थरथराए, माथे की लकीरें गहरी हो गईं और उन्होंने जल्दी से बड़े-बड़े दाँतों पर दोनों होंठ फैलाकर बेचैनी से पहलू बदला और कहा, "वाह गुरू नाम जहाज है जो चढ़े सो उतरे पार।"

दातून की आख़िरी मंज़िल पर पहुँचकर बाज़ ने कनस्तर उठाया और बड़े आँगन के एक कोने में पानी के नल के पास पहुँचा।

अब वातावरण शांत था। कुछ लोग तो मासी को घेरे में लिए थे, शेष अपने ध्यान में मग्न थे।

नल के नीचे कनस्तर रखकर बाज़ ने हत्थे को दो-तीन बार ही चलाया

होगा कि सामने से निक्की जल्दी-जल्दी पग बढ़ाती हुई उसकी ओर आई। आते ही बोली, "कनस्तर हटाओ तो।"

बाज़ की खुशी का भला क्या ठिकाना था। दातून चबाते-चबाते उसका मुँह रुक गया। आँखों के कोने शरारत के कारण सिमट गए।

"नी कुड़िये, की गल ए ?"

"ऐ देख, गल-वल कुछ नहीं, कनस्तर हटा झटपट।"

बाज़ ने दाँत पीसकर हाथ फेंका लेकिन निक्की जैसे पहले से तैयार थी। झप से पीछे हटकर बदन चुरा गई। और तनिक नखरे के साथ चिल्लाकर बोली, "हम क्या कह रहे हैं, कनस्तर हटाओ न !"

"अरी कनस्तर से क्या बैर है··· हमारी हर चीज़ से बिदकती हो ?"

"पानी पिएँगे।"

बाज़ ने कनस्तर हटा दिया और बोला, "लो जानी, पिओ और जियो। जियो और पिओ।"

निक्की ने नल के पीछे हाथ रख दिया और तनिक इंतज़ार के बाद इंजन की सीटी की-सी आवाज़ में बोली, "ऐ है··· हत्थी हिलाओ।"

बाज़ ने कहा, "तुम्हीं हिलाओ न हत्थी···"

"देखो, तंग मत करो।"

"अरी नाम निक्की है तो इसका यह मतलब तो नहीं कि तू सचमुच निक्की है···"

"छोटी नहीं तो क्या बड़ी हूँ ?"

अब बाज़ ने बड़ी ही उदार हँसी हँसकर हत्थी हिलाना शुरू कर दिया।

पानी पीकर निक्की भागने लगी तो बाज़ ने तुरंत कलाई थामकर धीरे-से मरोड़ दिया।

"उई !"

"क्या है ?"

"मेरी कलाई टूट जाएगी।"

"यहाँ जो दिल टूटा पड़ा है।"

"छोड़ न, कोई देख लेगा।"

"अरी कभी हमसे भी दो बात कर लिया कर।"

"कह रही हूँ न, कोई देख लेगा।"

"तो फिर आएगी हमारे पास ?"

"मैं नहीं जानती।"

एक और मरोड़। निक्की को वास्तव में बड़ी तकलीफ़ हो रही थी। जान छुड़ाने के लिए बोली, "अच्छा-अच्छा, आऊँगी।"

"पक्का वादा ?"

"हाँ !"

"मार हाथ पर हाथ।"

हाथ पर हाथ मारा गया।

"अच्छा देख, अब तेरी कलाई छोड़े देता हूँ कि भागेगी नहीं ···"

"अच्छा नहीं भागूँगी, छोड़ न, कोई देख लेगा।"

"बस दो मिनट बात कर ले हमसे। और याद रख, अगर हमें धोखा दिया तो बाँस पर लटका दूँगा।"

हाथ छूटने पर निक्की शिकायत-भरे अंदाज़ में नाक चढ़ाए और माथे पर बल डाले अनमने ढंग से रुक गई और ठुमककर बोली, "कह अब।"

"पत्थर मारती है कि बात करती है ?"

"अब जो समझो, जल्दी से बात कर डालो। इतना वक़्त नहीं।"

"किसी से मिलने जाना है ?"

"कोई सुन लेगा ··· तुम बड़े ···"

"बड़े क्या ?"

"बदमाश हो !"

"हाय शरीफ़ज़ादी ··· कभी-कभी बदमाश से भी बात कर लिया कर ··· अच्छा निक्की, यह बता कि तेरी उमर कितनी है ?"

"सोलह बरस।"

"कैसी अच्छी उमर है !"

"होगी ! बस अब जायँ हम ?"

"भला घुक्की की उमर क्या है।"

"मुझसे डेढ़-दो बरस बड़ी है।"

"और साँवली ··· ?"

"चौदह की होगी।"

"लेकिन तू तो चौदह की भी नहीं दिखती।"

"दिखती कैसे नहीं ?"

"देखने से तो कुछ पता नहीं चलता।"

"हट।"

"आजकल मस्ती झाड़ रही हो। पहले तो घुक्की ही थी अब तुमने भी

पर निकाल लिए हैं ··· तुमने क्या, अब तो साँवली भी रंग दिखा रही है।"

"ऐ देख ! साँवली को कुछ मत कहियो। वह बिचारी अंधी है। उससे बुरी-भली बातें मत करना।"

"अरी निक्की, जवानी बोले बिना ही बात करती है। किसी के बुलाने और न बुलाने से क्या होता है ··· उसको अंधी कहती हो और आप मज़ा उड़ाती हो ··· लो, वह रही साँवली। चुपचाप दरवाज़े में बैठी है।"

सहन के पहले कोने में दहलीज़ पर अंधी साँवली चुपचाप बैठी थी।

निक्की ने बाज़ के इशारे पर उधर देखा तो बाज़ ने पूछा, "साँवली जन्म की अंधी है क्या ?"

"नहीं।"

"तो कैसे हुई अंधी ?"

"देखो, बेकार-बेकार बातें करते हो। हम जा रहे हैं।"

"ठहर न ··· बता दे।" बाज़ ने कहा जो केवल निक्की को पास खड़ी रखने के लिए ही बेकार बातें किए जा रहा था।

"भई हम कुछ नहीं जानते। बापू कहता है, वह बचपन में अंधी हो गई थी। अब मैं क्या जानूँ। लो हम चले।"

"अरे हायँ ··· दरवाज़े में वह कौन खड़ा है ?"

निक्की चलते-चलते रुक गई, "मैं नहीं जानती।"

इस पर बाज़ बाछों को खूब खींचकर हँसा, "तुझे मालूम नहीं ··· मुहल्ले में सभी तो तेरे यार हैं।"

"देख, हमसे बकवास मत कर ··· हम उसे क्या जानें ? रात ही तो आया है।"

"अरे रातवाला ··· अच्छा-अच्छा, याद आया। मैं जग रहा था। अरे मैंने उस समय अंदर से सिर निकाला, मैं समझा ··· मैं समझा ··· कि निक्की है। लेकिन निक्की तुम ···"

निक्की ने झुँझलाकर कहा, "लो, हम चले।"

इस पर बाज़ ने ज़ोर से नाक साफ़ की और नल की हत्थी हिलाने लगा।

लड्डू सरपट भागता हुआ आया और कारख़ाने के दरवाज़े के दोनों तख़्तों को इस ज़ोर और धमाके के साथ हटाया कि बाज़सिंह और उसके साथियों के काम में जुटे हुए हाथ रुक गए।

वे तनिक चकित होकर उसका मुँह ताकने लगे कि आख़िर लड्डू लेबिलों की गड्डियाँ बाँधनी छोड़कर बेवक़्त यहाँ कैसे आ टपका।

अन्दर पहुँचकर स्वयं लड्डू को भी इस बात का अनुभव हुआ कि इतने धमाके से अपने आगमन का औचित्य सिद्ध करने के लिए जो सामग्री आस-पास है वह पर्याप्त भी है या नहीं। फिर भी उसने गर्दन घुमाकर हाँफते हुए सबकी ओर देखा और बोला, "यार ! आज बड़े मज़े की बात देखने में आई।"

मज़े की बात !!··· उस समय ग्यारह बजनेवाले थे। कारीगर सात बजे से लगातार काम कर रहे थे इसलिए वे मज़े की बात सुनने के मूड में भी थे। उधर बाज़सिंह ने सुबह बासी मट्ठे से सिर धोया था। उसके बालों से अभी सड़ी लस्सी की बिसाँध दूर नहीं हुई थी यद्यपि बाल सूख गए थे। उसने भी मौक़ा ग़नीमत जाना कि मज़े की बात सुनने के साथ-साथ वह अपने बालों में कंघा भी कर लेगा।

अतएव उसने अपना फावड़ा-सा कंघा उठाया और उसे दाढ़ी से उड़सकर बोला, "अबे लड्डू ! मऊँ के मुतराड़··· जब से तू पैदा हुआ है तूने आज तक कभी कोई मज़ेदार बात नहीं कही। आज 'मेंढकी को भी जुकाम' वाली कहावत तुझ पर लागू होती है··· अच्छा बोल बेटे बिजौरे !"

वातावरण अनुकूल पाकर शेष कारीगर भी जाँघें खुजलाते हुए लड्डू के निकट आ गए। उनमें से मौनों (मुँड़े हुए सिरवालों) ने बीड़ियाँ जलाकर दाँतों में दबा लीं।

इस उत्साह से स्वागत होने पर लड्डू की जान में जान आई। उसने घिघियाकर एक बीड़ी माँगी जो तनिक नाक-भौं चढ़ाने के बाद दे दी गई।

यह देर उपस्थित जनों के लिए असह्य होती जा रही थी। बाज़ ने दो लत्ती रसीद करने के अंदाज़ में पाँव ऊपर उठाते हुए कहा, "ओए भेन के बैंगन, जल्दी से उगल डाल साले, हम तेरे बाप के नौकर तो नहीं हैं कि बैठे मुँह तकते रहें तेरा···"

"यार आज बड़े मज़े की बात हुई।" लड्डू ने इस तरह बात शुरू की मानो उबलते हुए पानी की केतली का ढकना भक से उड़ जाय, "आज सुबह जब बाज़ निक्की से··· जब निक्की से···"

बाज़ ने झुका हुआ सिर ऊपर उठाया और बोला, "ओए तेरी बेन को चोर उठाकर ले जाय···यह हमारी ही बात मिली सुनाने को ?"

"नईं नईं जी।" लड्डू ने शुद्ध पंजाबी स्वर में हलक से घिघियाकर

आवाज़ निकली, "पादशाहो ! आपकी बात नहीं है … वह तो बात घुक्की की है।"

एक कारीगर ने संकेत करके साथियों से कहा, "यह चौंगा भी है। घुक्की पर ठरक झाड़नेवालों में यह भी शामिल है। हाँ, तो बेटा, क्या बात है घुक्की की ! हम भी तो सुनें।"

"ओए, जब मासी मास्टर तारासिंह की अख़बार में लगी हुई सूरत सबको दिखा रही थी तो घुक्की और चमन की नज़रें मिलीं … मैं देख रहा था चुपके से।"

"तू तो देखा ही करता है घुक्की को। पर साले चमन ने जित्ती चुम्मियाँ ली हैं घुक्की की, उतनी ही ठोकरें खाई हैं तूने घुक्की की।"

इस पर लड्डू ने रूठने के अंदाज़ में मुँह बिसूरा तो किसी ने हमदर्दी जताई, "भई, ऐसा मत कहो बेचारे को। इसके लिए उन ठोकरों में चुम्मियों से ज़्यादा मज़ा था … हाँ, तो लड्डू बोल फिर क्या हुआ ?"

"बस फिर क्या था, आँखों में इशारे हुए, होंठ हिले और फिर घुक्की बड़ी मासूमी से उठकर ठुमक-ठुमक चल दी।"

"कहाँ को, कोठे पर ?"

"अबे नहीं … उस समय तो वह अपने घर को गई लेकिन थोड़ी देर बाद चमन ने कहा कि वह जरा टट्टी जाता है और फिर सरदारे (सरदारजी का बड़ा लड़का) ने ख़ास अंदाज़ में ताककर कहा कि भई जल्दी आना। तुम न जाने घंटा-घंटा-भर टट्टी में बंद क्या किया करते हो। इस पर चमन बड़े मीठे अंदाज में मुस्कुराता हुआ पिछले कमरे में चला गया, जहाँ से छत को सीढ़ियाँ जाती हैं।"

एक-दो ने जम्हाइयाँ लेकर कहा, "अबे लड्डू के घिस्से ! ये सब पुरानी बातें हैं, रोज़ का क़िस्सा …"

"अबे सुन तो," लड्डू ने डाँटा। "सबकी आँख बचाकर मैं भी चमन के पीछे हो लिया। और भई जब ऊपर पहुँचा तो देखा कि सीढ़ियों का दरवाज़ा बंद है … बस भई, यह देखकर मेरी फूँक निकल गई।"

बाज़ हँसा, "साले तेरी फूँक तो खूब अच्छी तरह निकलनी चाहिए। फूलकर गुब्बारा हो रहा है।"

लड्डू ने सुनी-अनसुनी करते हुए बयान जारी रखा, "पहले तो मैं समझा कि वे दरवाज़े के पास ही खड़े होंगे लेकिन कोई आवाज़ सुनाई न देती थी। दरार में से झाँका तो छत पर भी कोई सूरत नज़र नहीं आती थी। फिर मैंने

सोचा कि वे ज़रूर बरसाती के अंदर बैठे होंगे।"

"बड़ी जसूसी दिखाई तुमने।"

इस पर लड्डू ने बीड़ी का गहरा कश लिया, "बस भई, फिर तो मैंने नीचे ऊपर से हाथ डाल चटख़नी सरका दी। यह देखो, मेरी बाँह पर खून जम गया है…।"

"आगे बोल।"

"मैं छत पर से होता हुआ बरसाती की तरफ़ बढ़ा और ईंटों की जाली में से झाँककर देखा तो… तो वे दोनों चारपाई पर बैठे थे।"

एक नया कारीगर बोला, "लेकिन घुक्की वहाँ कैसे आई ?"

लड्डू को उसकी मूर्खता पर बड़ा तरस आया, "यार, तुम भी बस… छत से छत मिली हुई है। घुक्की की छत ज़रा नीची है। उधर से इधर आना कौन मुश्किल है। अरे, यार लोग तो पहले ही ताड़ गए थे कि यह अपने घर से होकर इस छत पर चली आएगी।"

"भई, तू बड़ा अकिलमंद है… अब आगे चल।"

"बस आगे क्या पूछते हो। बड़े मज़े में थे दोनों। घुक्की का चेहरा तो आग-भभूका हो रहा था। इतनी प्यारी लग रही थी कि बस…।"

"वाह बेटा, वाह !" बाज़ बोला, "अब तो बात पक्की हो गई कि मामला यहीं तक नहीं है… अच्छा फिर ?"

"बड़े प्रेम की बातें हो रही थीं। चमन ने घुक्की के बाल उसके मुँह से हटाकर उसे खूब प्यार किया।"

"अबे यह तो हुआ ही होगा। यह तो बता कि बातें क्या हो रही थीं उनमें ? ज़रा यह तो मालूम हो कि क्या इरादे थे उनके ?"

"फिर एकदम ही घुक्की ने बड़े प्यार से उसके गले में बाँहें डाल दीं और उसकी नज़रों से नज़रें मिलाकर बोली, 'चमन, तुम सचमुच मुझसे प्यार करते हो ?'

"चमन ने मोर की तरह गर्दन हिलाई और जवाब दिया, 'सचमुच।'

" 'मुझे यक़ीन नहीं आता।'

" 'जालिम !'

" 'जालिम तुम हो।'

" 'अरी, हम तो जान निसार करते हैं। अब तुझे कैसे विश्वास दिलाऊँ ?'

"घुक्की ने सिर झुका लिया और गहरी सोच में डूब गई। इस पर चमन बोला, 'कहो तो आसमान के तारे तोड़ लाऊँ। कहो तो अपनी छाती

चीरकर ...'

"घुक्की ने उसके होंठों पर उँगली रख दी और फिर ऐसे बोली मानो सपने में बोल रही हो, 'तुम तारे मत तोड़ो, अपनी छाती मत चीरो ... मुझे अपनी दासी बना लो।'

" 'दासी ? दासी ? अरे तुम तो रानी हो मेरी।'

"घुक्की कुछ देर चुप रही, फिर बोली, 'तुम मेरा मतलब नहीं समझे, मुझसे शादी कर लो।'

"उस समय चमन ने एकदम मुँह पीछे हटा लिया। जैसे घुक्की खूबसूरत लड़की नहीं नागिन है और उसकी तरफ़ बड़ी अजीब नज़रों से देखने लगा। लेकिन उस समय घुक्की का सिर झुका हुआ था। साली अपने ख़याल में मगन बोली, 'मैं गरीब की लड़की हूँ। हर कोई मुझे भूखी नज़रों से देखता है। हर कोई मुझे खा जाना चाहता है। मुझे एक क़दम चलना मुश्किल है ... फिर भी मैं अपनी इज़्ज़त बहुत बचाती रही। लेकिन तुम हो जिसके आगे मेरा कोई बस नहीं चला।'

"यह कहते-कहते उसकी आँखों से टप्-टप् आँसू गिरने लगे। इस पर चमन ने उसका हाथ पकड़ लिया। बोला, 'अरी वाह, रोती काहे को हो। बेफिकर रहो। तुम्हें कुछ नहीं होगा। मुहब्बत में ऐसी बातें दिन-रात होती रहती हैं। तुम बड़ी वहमी हो।'

" 'लेकिन मैं तुम्हारी हो चुकी हूँ। सदा के लिए तुम्हारी ...'

"यह कहकर उसने अपने पीले रंग के कुर्ते से आँखें पोछीं। लेकिन आँसू नहीं थमते थे। हिचकियाँ भरती हुई बोली, 'चमन, मैं उमर-भर तुम्हारे पाँव धो-धोकर पियूँगी। तुम्हारी नौकरानी बनकर रहूँगी। तुम्हारी आँख के इशारे पर नाचूँगी। बाबा को मेरी बड़ी फिकर लगी है। माँ मर गई है। मैं सबसे बड़ी हूँ। मुझे छोटी बहनों का भी ख़याल करना है। मैं तुम्हारे हाथ जोड़ती हूँ। मुझे छोड़ना मत।'

"चमन बोला, 'हाय-हाय ! तुम्हें छोड़ता कौन है ? पगली हुई हो ?'

"इस पर घुक्की ने नज़र उठाकर चमन की ओर देखा और फिर सिर झुकाकर बोली, 'नहीं, वादा करो कि मुझसे शादी कर लोगे ... मैं बड़ी मुँहफट हूँ। लेकिन मेरा कोई नहीं है। बेशरमी माफ करो। मुझे अपनी बना लो, मैं खूब पढ़-लिख लूँगी। जैसा तुम कहोगे वैसे ही करूँगी ... कहो, मुझसे ब्याह करोगे ?'

"यह कहकर उसने चमन की ओर देखने के लिए सिर ऊपर उठाया

लेकिन चमन ने जल्दी से उसका सिर दबाकर उसे छाती से लगा लिया। शायद वह नहीं चाहता था कि घुक्की उसकी आँखों से उसके दिल का हाल जान ले। फिर बनावटी आवाज़ में कहने लगा, 'हाँ-हाँ, मैं तुझसे ही ब्याह रचाऊँगा। अरी तुझमें किस बात की कमी है ··· तुम कितनी सुंदर हो ! हज़ारों में, बल्कि लाखों में एक हो ··· लो, अब मैं चला। तुम भी घर को जाओ, नहीं तो नीचे-वाले सब शक करेंगे ···'

"यह सुनकर मैं बगटुट भागा।"

दोपहर के समय गर्मी इतनी भीषण हो उठती थी कि क्या कारख़ाने के कारीगर और क्या प्रेस के, सभी काम छोड़कर अलग बैठ जाते। दिन का यह भाग सबसे प्यारा होता था। हवेली बहुत बड़ी थी। छोटे-बड़े कमरे और उनमें ऊँची-ऊँची अलमारियाँ, पलँग, संदूक—मानो आँखमिचौनी खेलने की सारी सामग्री एकत्रित थी।

बाज़सिंह तंदूर से रोटी खाकर वापस आया तो सीधा अंदरवाले बड़े कमरों की ओर चला गया, जहाँ बड़े सरदारजी के अतिरिक्त सभी लोग मौजूद होते थे। आज उसे रोटी खाने का मज़ा नहीं आया। दाल में कंकड़ और राशन के आटे में रेत। तंदूरवालों की ऐसी-तैसी करके भूखा ही लौट आया था।

कमरे में प्रवेश करते ही उसकी निगाह सबसे पहले बड़ी सरदारिनी पर पड़ी जो सबसे अलग बैठी थी। आश्चर्य ! आज वे पान चबा रही थीं। छोटी सरदारिनी तो ख़ैर, रोज़ भोजन के पश्चात् एक बीड़ा पान कल्ले में दबा लिया करती थी। न जाने कहाँ से लत लगी थी उसे। लेकिन बड़ी सरदारिनी को पान खाते हुए उसने पहली बार ही देखा था। उसके होंठ और बाछें लाली से सनी हुई थीं। नज़रें चार होते ही बड़ी सरदारिनी ऐसे व्यापक रूप से मुस्कुराई कि एक बार तो बाज़सिंह बिदक गया लेकिन फिर वहीं फ़र्श पर बैठ गया और अपने टखनों तथा पिंडलियों पर से लकड़ी का बुरादा झाड़ने लगा।

बड़ी सरदारिनी ने चौकी ढकेलते हुए कहा, "हाय-हाय, जमीन पर काहे बैठते हो। चौकी पर बैठो।"

"नहीं बड़ी सरदारिनी ! ईंटें ठंडी लग रही हैं। मज़ा आ रहा है। अच्छा करो हो जो दोपहर से पहले पानी फिंकवा दो हो फ़र्श पर ··· सच है बड़ी सरदारिनी, बड़ी दूर की सूझती है तुमको।"

यह सुनकर बड़ी सरदारिनी ने चाहा कि मारे खुशी के फूली न समाए

लेकिन और फूलने की गुंजायश ही कहाँ थी। अतएव उसने पहले तो विनम्रता से सिर नीचे झुकाया और फिर तनिक मस्ताने ढंग से चेहरा ऊपर उठाया ! बेचारी एक मुद्दत से छोटी सरदारिनी के घर में आ जाने के कारण दुख भोग रही थी। कभी-कभी उसकी पीड़ा उसकी आँखों में आ बैठती थी।

बाज़ को कोई बात सूझ नहीं रही थी अतएव उसने पगड़ी के अंदर दो उँगलियाँ डालकर सिर खुजाना शुरू कर दिया।

सरदारिनी ने स्नेहपूर्वक कहा, ''रोटी खाकर आ रहे हो ?''

''ज़हर मार करके आ रहे हैं।''

बाज़ को दुखी देख बड़ी सरदारिनी बड़े अतिशयोक्तिपूर्ण ढंग से परेशान हुई, ''आख़िर माजरा क्या है ?''

बाज़ ने माजरा सुनाया और तान इस पर तोड़ी, ''रोटी ? हाय, रोटी तो, बड़ी सरदारिनी, तुम्हारी होती है। मक्खन ससुरा रोटी की नस-नस में रच जाता है। कौर साला मुँह में रुकता ही नहीं, घुलकर तुरंत अंदर।''

बड़ी सरदारिनी को अपनी प्रशंसा में कहे गए ये वाक्य हज़म करने के लिए काफ़ी प्राणायाम करना पड़ा। जब दम में दम आया तो ख़ास सुर-ताल में बोली, ''कभी हमारे यहाँ खाते भी हो ?''

''खिलाती भी हो ?'' बाज़ ने उसी सुर और ताल में जवाब दिया।

इस पर ताव में आकर जो बड़ी सरदारिनी उठी तो बाज़ को ऐसा लगा जैसे ज़मीन से आसमान तक काली घटा छा गई हो।

रोटी खाते-खाते बाज़ ने पूछा, ''क्यों जी, आज सरदारजी दफ़्तर में किससे बातें कर रहे हैं ?''

सरदारिनी ने झालरदार पंखा झलते हुए जवाब दिया, ''मालूम नहीं।''

घर में बिजली का एक ही टेबुल फ़ैन था। जिधर सरदारजी जाते पंखा उनका पीछा करता।

बाज़ ने नमक हलाल कर डालने के ख़याल से कहा, ''क्यों मज़ाक़ करती हो बड़ी सरदारिनी। भला यह कभी हो सकता है कि उधर बातचीत हो रही हो और तुम्हें पता तक न हो।''

सरदारिनी ने बड़े बटुए की भाँति मुँह खोला, लेकिन फिर सहसा मुँह छोटा करके भेदपूर्ण स्वर में बोली, ''जासूस छोड़ रक्खे हैं। अभी मालूम हो जाएगा सबकुछ !''

इसी बीच छोटी सरदारिनी बग़लवाले कमरे में से उनके कमरे में आई। बत्तीसी निकली हुई थी। सुनहरी कीलें चमक रही थीं। उस समय भी लड़कियाँ

उनके साथ थीं–जब लड़कियाँ साथ थीं तो स्वाभाविक ही था कि लड़के भी साथ होते।

बड़ी सरदारिनी छोटी सरदारिनी के लच्छन पसंद नहीं करती थी, अतएव उसने चुपके से नाक-भौं चढ़ाकर हाथ को तनिक मंद गति से घुमा और झटका कर नापसंदी का प्रदर्शन किया लेकिन इस सफ़ाई से कि बाज़ ही देख सके उसे !

बाज़ पेट भरकर रोटी खा चुका था। अब बड़ी सरदारिनी का उसकी दृष्टि में विशेष महत्त्व न रह गया था, अतएव उसने अत्यधिक निर्भीकता से काम लेते हुए अपने बेडौल दाँतों का प्रदर्शन किया और तर माल देखकर उसने मन-ही-मन नारा लगाया, 'जो बोले सो निहाल···'

छोटी सरदारिनी कमसिन परियों और जिन्नातों सहित धूम-धड़क्के से आगे बढ़ीं। बगल में उनका हाथ झुलाती घुक्की चहकती-फुदकती चली आ रही थी। घुक्की केवल बाँकी ही नहीं थी, बल्कि उसे अपने बाँकेपन का अनुभव भी था। प्रत्येक दृष्टि, जो उसके चेहरे या शरीर पर पड़ती थी, उसकी प्रतिक्रिया उसकी भौंहों के कंपन, होंठों की फड़कन या शरीर की किसी-न-किसी हरकत से प्रकट हो जाती थी।

इसके बाद निक्की...घुक्की नोक-पलक और नख-शिख की दृष्टि से ग़ज़ब थी जो निक्की शरीर के अंगों की सुडौल बनावट, तनाव और तड़प की दृष्टि से क़यामत थी। उसकी नज़रें बड़ी बहन की भाँति दूर तक नहीं पहुँचती थीं। बस उस व्यक्ति की भाँति दीख पड़ती थी जो वीराने में भटकता-भटकता अकस्मात मेले में आ निकले···

निक्की की चुँदरी का आँचल अंधी साँवली के हाथ में था। उसका चेहरा ऊपर को उठा रहता। वह दोनों बड़ी बहनों से कम गोरी थी। नख-शिख साधारण किंतु चेहरा सब मिला-जुलाकर आकर्षक था। उसे इस बात का बिलकुल अनुभव नहीं था कि मुरलीवाला उसके शरीर में आयु के साथ क्या-क्या परिवर्तन कर रहा था क्योंकि इस परिवर्तन का अनुभव तो लड़की को आँखें चार होने पर ही हो सकता है। वहाँ एक भी देखनेवाली आँख नहीं थी, इसलिए आँखें चार होने का प्रश्न ही नहीं उठता था।

"बल्ले-बल्ले !" बाज़ को अपने कान में आवाज़ सुनाई दी। देखा कि बौंगा भी उसे कारख़ाने में न पाकर वहाँ आ पहुँचा था। वह राल टपकाते हुए बोला, "यार, घुक्की की कमर तो देखो, कैसी पतली, कैसी लचकदार है ! आँख नहीं टिकती इस पर···

"ओए, मैं जुट्टी पंजाब दी।
मेरा रेशम वरगा लक ···"

सहसा बाज़ ने बौंगे को कुहनी का टहोका देते हुए कहा, "देख ओए जलकुकड़ !"

जलकुकड़ प्रेस में लेबिल छापा करता था। उसकी आयु चौंतीस वर्ष के लगभग होगी। दो बच्चे भी थे। वह भी सींग कटाकर बछड़ों में आ मिला था। यह भेद बाज़ की समझ में अब तक न आया था किंतु आज उसने देखा कि कैसे जलकुकड़ ने जान-बूझकर निक्की को धक्का दिया और कैसे निक्की ने माशूकाना अदा के साथ उसकी हरकत को बर्दाश्त किया। लेकिन आख़िर जलकुकड़ में रखा ही क्या था ? उसकी हास्यास्पद सूरत के कारण ही तो यारों ने उसका नाम जलकुकड़ रख छोड़ा था ··· लेकिन औरत के दिल को कौन रोक सकता है।

लोगों ने कहा, "जार जे तो दूरमार तोप निकला, कैसा मिस्कीन बनता था ?"

आजकल जलकुकड़ अधिकतर रंगीन बुश्शर्ट पहने रहता था, जिसके कपड़े पर चीनी ढंग के अजगर नाचते दिखाई देते थे।

सरदारजी के लड़के भी 'चल कबड्डी तारा सुलतान बेग मारा' कहते हुए साथ-साथ चले आ रहे थे। और उनके पीछे वह नवयुवक था जो वहाँ कोई परीक्षा देने के लिए नया-नया आया था। उसे देखते ही बाज़ ने पूछा, "ओए इह कौन है ?"

"ओए जे भी अपना मुंडा है। नवाँ दाखिल हो याये इश्क़ दे मदरसे दे बिच।"

"हच्छा, हच्छा ··· इह ताँ परसों ही आया है।"

"आहो जी, लौंडों की बात छोड़ो, अब नारियों की बात करो।"

परियों के इस काफ़िले ने ज़मीन पर डेरे डाल दिए और उनकी चहक-फुदक में सरदारिनी अपने-आपको अकेला महसूस करने लगीं !

"ओए,पर जी चमन कहाँ है ?"

एक छोटा लड़का जो संभवतः बड़ी सरदारिनी का जासूस था, बैठक से उसी समय वहाँ आया था, बोला, "चमन उधर बैठक में बैठा है।"

बाज़ को आश्चर्य हो रहा था, यह क्या ? गुल इधर और बुलबुल उधर ? फिर इसी भावना के अंतर्गत उसने घुक्की की ओर देखा। वह नज़रों-ही-नज़रों में सबकुछ समझ गई। उसकी भवें काँपीं, पलकें झपकीं, कमर लचकी और

फिर वह निश्चल हो गई। बाज़ ने दिलफेंक तेवर बनाकर आँखों-ही-आँखों में समझाया कि लो हम जाँच करते हैं और हुस्न के चोर को हुस्न के हुजूर में हाज़िर करते हैं। अतएव उसने उच्च स्वर में पूछा, "लेकिन भई वहाँ क्या कर रहा है ?"

"उधर एक जरनैल साहब बैठे हैं।"

बाज़ ने सोचा, कोई फ़ौजी अफ़सर होगा। ये लौंडे हर एक अफ़सर को एकदम जरनैल बना देते हैं। फिर बोला, "पर बाई, चमन का वहाँ क्या काम ?"

"चमन के बाबूजी भी बैठे हैं।"

इससे मतलब यह था कि चमन को पिता के कारण विवश हो वहाँ बैठना पड़ रहा है, "अच्छा तो बच्चू चमन को उन्होंने वहाँ किसलिए फाँस रखा है !" बाज़ ने जिरह की।

"वह फ़ौज में भरती हो रहा है।" लड़के ने टें-से जवाब दिया।

अब बाज़ ने एक नज़र बड़ी सरदारिनी पर डालना ज़रूरी समझा और फिर मुँह टेढ़ा करके उसके एक कोने में से साँप की फुफकार की-सी आवाज़ निकालते हुए वह बोला, "ए जी, आपका जासूस तो बड़ा होशियार निकला।"

अपनी प्रशंसा सुन बड़ी सरदारिनी हाथी की भाँति झूमने लगीं और देर तक झूमती रहीं।

जब जासूस लौंडे को अनुभव हुआ कि वह ऐसी बातें कह रहा है जिनसे सबको बड़ी दिलचस्पी महसूस हो रही है तो उसने अधिक जानकारी पहुँचाने के लिए कहा, "चमन माहाव जा रहा है।"

"ओए, माहाव कौन जगह का नाम है ? वहाँ तेरी माँव (माँ) रहती है क्या ?" बौंगे ने बहुत धीरे से कहा जिसमें कि केवल बाज़ सुन सके।

सरदार ने कहा, "ओए, माहाव नहीं महू कहो, महू।"

"क्या चमन महू जा रहा है ?" सरदारजी के छोटे लड़के ने सवाल किया और साथ ही पहले तो बनावटी आश्चर्य के मारे दोनों टाँगें खूब फैलाकर और पाँव फ़र्श पर जमाकर बिल्कुल निश्चल खड़ा रहा और फिर सिमटकर जो कूदा तो कमरे से बाहर और बैठक के अंदर।

"ओए चमन, हमको छोड़कर महू जा रहा है और हमको ख़बर तक नहीं दी ?"

'हम' शब्द से उसका संकेत घुक्की की ओर था। यह शब्द उसने खड़े होकर कहे। उस समय उसकी मैली कच्छा का और भी अधिक मैला इजारबंद

उसके दोनों घुटनों के बीच झूल रहा था। और फिर उसने भेदपूर्ण ढंग से कनखियों से घुक्की की ओर देखा। भला घुक्की को उसकी बात का मतलब पा लेने में क्या कठिनाई हो सकती थी। उसके मन में ऐसी गुदगुदी उत्पन्न हुई कि वह उठकर नाचती-गाती छोटी सरदारिनी की एक बग़ल से उठकर उनकी दूसरी बग़ल में जा बैठी और अत्यधिक सुरीली आवाज़ में बोली, "हमें पहले ही से मालूम था।"

घुक्की ने यह बात अधिक ज़ोर से नहीं कही लेकिन उसका स्वर इतना ऊँचा अवश्य था कि बाज़ उसे आसानी से सुन सके।

इस पर बाज़ ठंडा होकर ठंडे फ़र्श पर इस प्रकार बैठ गया जैसे गुब्बारे में से यकायक सारी हवा निकल जाय। और फिर उसने भवें हिलाकर और मूँछें फड़काकर बौंगे के कान में कहा, "जार ! सचमुच यह लौंडिया बड़ी चलती-पुर्जी है।"

इतवार !

आज सरदारजी के दोनों लड़के दस बजे का अँगरेज़ी शो देखने जा रहे थे। बड़े ज़ोर-शोर के साथ तैयारियाँ हो रही थीं। न जाने कब की पुरानी नेकटाइयाँ खोज निकाली गईं। एक मच्छरदानी लगाने के बाँस के सिरे पर बँधी थी और दूसरी बड़े ट्रंक के पीछे से गेंदे की भाँति गोल-मोल की हुई निकली।

क्योंकि उस समय छोटी सरदारिनी स्नान कर रही थीं, इसलिए उनकी चेलियाँ बेजान-सी होकर इधर-उधर भटक रही थीं। निक्की बड़ी सरदारिनी के साथ रसोईघर के अंदर बैठी थी। साँवली परे नल के पास एड़ियों को रगड़-रगड़कर धो रही थी। हत्थी हिलानेवाला नया नवयुवक था। घुक्की हवेली के बड़े दरवाज़े के आगे बनी हुई कुछ पक्की सीढ़ियों के बीचवाले भाग पर बैठी थी। उसकी दोनों कुहनियाँ उसके घुटनों पर टिकी थीं और दोनों हथेलियों के बीच उसका चेहरा फँसा हुआ था। उसकी आँखें उदास थीं। चमन को गए पचीस दिन हो चुके थे किंतु घुक्की को उसकी एक चिट्ठी तक नहीं मिली थी, यद्यपि दूसरों के नाम उसकी चिट्ठियाँ आ चुकी थीं ···

इतवार के कारण छुट्टी थी। इसलिए कारीगरों की चहल-पहल नहीं थी। हाँ, बाज़ और बौंगा मौजूद थे क्योंकि वे स्थायी रूप से वहीं पर रहते थे।

दीवारों की सफ़ेदी करने के काम में आनेवाली पाँच फ़ीट ऊपर स्टूल पर पाँव के बल बैठा बाज़ दातून चबा रहा था। स्टूल के साथ सटकर ज़मीन पर

बैठा हुआ बौंगा आईने में देख-देखकर चिमटी से नाक के बाल नोच-नोचकर फेंक रहा था।

दूर बैठक की ओर से एक बड़े शंख के से स्वर में सरदारजी का पाठ सुनाई पड़ रहा था। सरदारजी का पाठ और बाज़ की दातून दोनों मशहूर चीज़ें थीं। उधर सरदारजी लगातार कई-कई घंटे पाठ करने में जुटे रहते, इधर इतवार को फुर्सत पाकर बाज़ सुबह से ही मुँह में यह लंबी दातून उड़सकर बैठ जाता। पहले उसे चबाता फिर दाँतों पर घिसता, फिर चबाता और दाँतों पर घिसता। यहाँ तक कि दातून ख़तम हो जाती।

बौंगे ने अपने काम से फुर्सत पाकर इतमीनान से टाँगें ज़मीन पर फैला दीं।

ऊँचाई पर बैठे बाज़ ने अपने तेज़ी से हिलते हुए मुँह को क्षण-भर के लिए रोका और बौंगे को संबोधित कर दबे स्वर में फुँफकारकर बोला, "बौंगिया ! आज घुक्की उदास है। शायद छोटी सरदारिनी का इंतज़ार हो रहा है।"

इस तरह बोलने से बाज़ की मूँछों से फँसी हुई थूक की बूँदें उड़कर बौंगे के चेचक के मारे चेहरे पर पड़ी और उसने भड़ककर स्टूल को ज़रा-सा हिला दिया और छोटी-छोटी आँखें लाल चिनगारी बनाकर कहा, "ओए, अभी हिला दूँ तो राजसिंहासन से सिर के बल नीचे गिर पड़े। हम पर थूकता है।"

स्टूल के तनिक हिल जाने पर बाज़ ने गिद्ध की भाँति बाजू फड़फड़ाए और उसकी बात की ओर ध्यान दिए बिना बोला, "क्यों, यही बात है न ! मलकाँ (छोटी सरदारिनी) का इंतज़ार हो रहा है ?"

"ओए नईं !" बौंगे ने नथुने फुलाकर विद्वानों के-से अंदाज़ में जवाब दिया, "हीर को राँझे का, ससी को पुन्नू का, गोपी को कन्हैया का इंतज़ार है। समझे ?"

"समझा !" बाज़ से भला क्या बात छिपी थी। उसने बौंगे को केवल गरमाने और फिर उससे आनंदित होने के लिए अनजानपन प्रकट किया।

अब बौंगे ने इधर-उधर देखा, किसी को निकट न पाकर हलका-सा नारा लगाया, "हाय !"

उसका संकेत घुक्की की ओर था।

"क्या है ?" बाज़ ने पूछा और समझ गया कि बौंगे को मस्ती सूझ रही है।

"दर्द !" बौंगे ने जवाब दिया।

"कहाँ ?"

"जे तो मैं मर जाऊँ ताँ भी न दस्ताँ !" बौंगे ने ख़ास ज़नानी आवाज़ में जवाब दिया और फिर तनिक मौन के बाद गाने लगा–

"छोड़ गए बालम ···।
अकेली मुझकूँ छोड़ गए।"

वातावरण बौंगे की टरटराती आवाज़ से गूँज उठा।

अब दोनों छोटे सरदार तैयार होकर अंदर से निकले तो इस शान से कि पहले बड़े भाई ने अंदर से छलाँग लगाई तो घुक्की के ऊपर से कूदकर आँगन में। वह कुछ समझने भी न पाई थी कि दूसरा भाई साफ़ कूद गया ऊपर से। घुक्की हड़बड़ाकर खड़ी हुई। उसका चेहरा लाल भभूका हो गया। चमककर बोली, "हमें नईं अच्छा लगता ऐसा मज़ाक़। अगर हमारी गर्दन टूट जाती तो ?"

इस पर छोटे भाई ने पंजाब के प्रसिद्ध लोकनाच भंगड़ा के अंदाज़ में कुछ चकफेरियाँ लीं और गले की गहराइयों में से अत्यधिक घिघियाई हुई आवाज़ निकालकर गीत का बोल दोहराया–

छोड़ गए बालम ··· !"

इधर बौंगा भी बस तैयार ही बैठा था। तुरंत छाती पर हाथ मारकर रोने के-से स्वर में गा उठा, "अकेली मुझको छोड़ गए !"

इस पर बाज़ ने जो ठहाके लगाए तो वह सीधे आकाश के उस पार पहुँचे। बड़ी सरदारिनी निक्की सहित रसोईघर के दरवाज़े में आ खड़ी हुईं। छोटी सरदारिनी भी स्नान से निवृत्त हो निकल आईं। साँवली समझी अवश्य कोई मज़ेदार बात हो रही है। अतएव वह नल के पास बैठी ज़ोर-ज़ोर से हँसने लगी।

चलते-चलते छोटा सरदार वही बोल दोहराता गया और बौंगा भी गर्मी खाकर छाती पर हाथ मार-मारकर जवाब देता गया।

आँगन में अधिक शोर सुनकर बड़े सरदारजी भीतर ही से कड़के तो छोटे सरदार बगटुट भागे। बाज़ स्टूल से कूदा और बौंगे सहित कारख़ाने में जा घुसा। बड़ी सरदारिनी और निक्की ने भीतर से रसोईघर का दरवाज़ा भेड़ दिया। घुक्की उछली और छोटी सरदारनी ने उसे बग़ल में दाबा और एक बार फिर स्नानगृह के अंदर।

देवीदास के मकान और दूकान के आगे काग़ज़ की रंग-बिरंगी झंडियाँ लहरा रही थीं। बाजे बज रहे थे। घर के अंदर किसी अँधेरे कोने में कुछ स्त्रियाँ

बत्तख़ों की 'कें-कें' की-सी आवाज़ में टूटे-फूटे गीत गा रही थीं।

घुक्की की शादी हो रही थी !

चमन के साथ ?

नहीं !

बारात आनेवाली थी। मुहल्ले के लौंडे दौड़-दौड़कर दूल्हा को देखने जाते किन्तु बड़े-बूढ़ों की ज़बानी यह सुनकर कि अभी बारात नहीं आई, निराश हो जाते और चुपचाप चूड़े-रेवड़ियाँ चबाने लगते।

बैठक में बड़े सरदारजी और उनके कुछ प्रतिष्ठित तथा बुजुर्ग साथी काठ के उल्लुओं की भाँति निश्चेष्ट बैठे थे। कभी एकाध बात हो जाती तो सब स्वीकारात्मक ढंग से सिर हिलाकर संतोष प्रकट करते।

प्रेस के कारीगर सड़क की ओर बरामदे में खड़े तमाशा देख रहे थे, उधर कारख़ाने के कारीगर बग़लें बजाते छत पर चढ़ गए। वहाँ से देवीदास की नीची छत साफ़ दिखाई देती थी। उसकी छत पर दस-पंद्रह चारपाइयाँ बिछी थीं, क्योंकि अधिक बारातियों के आने की आशा नहीं थी। कुछ बच्चे और स्त्रियाँ निर्जीव रंगों के कपड़े पहने सुस्त-सुस्त क़दम उठाती इधर-उधर के काम करती फिरती थीं। पासवाले पीपल के पेड़ की काली छाया छत पर फैल रही थी··· और बाजे अलग कराह रहे थे।

छतवाले कारीगरों में से एक सिर हिलाकर बोला, "चू-चू ! औरत की बेवफ़ाई के बारे में सुना था लेकिन आज अपनी आँखों से देख ली।"

बौंगे ने नथुने फुलाकर उसकी ओर देखा और फिर कुछ कहने के लिए मुँह फुलाया··· और फिर नथुने और मुँह दोनों सिकोड़कर दूसरी ओर सिर घुमा लिया।

कारीगर को आश्चर्य हुआ। उसने बाज़ को कंधा मारकर कहा, "कहो उस्ताद ! आज बौंगे को क्या हो गया है ?"

बाज़ ने पहले फूलीवाली आँख दिखाकर बेरुखी बरती किंतु फिर अच्छीवाली आँख से अंगारे बरसाकर कहा, "औरत की बेवफ़ाई नहीं, मर्द की बेवफ़ाई कहो।"

"यानी ?"

"जानी जे कि चमन को यहाँ से गए तीन महीने हो चुके, उसने एक लाइन तक नहीं लिखी घुक्की को··· ।"

"और घुक्की ?"

"उसने अपने हाथ से टूटी-फूटी हिंदी में उसे कई चिट्ठियाँ लिखीं पर एक

का भी जवाब नहीं आया।"

अब बौंगे ने बोलना शुरू कर दिया, "चमन ने अपने जार-दोस्तों को लिखा कि किसी-न-किसी तरह घुक्की को चिट्ठी लिखने से रोका जाय। हर चिट्ठी में उसकी इस बात से कि यदि मेरे पर होते तो मैं उड़कर आपके पास आ जाती, तंग आ गया हूँ।"

"उधर कहीं चमन के पिताजी वहाँ जा निकले।" बाज़ ने बात आगे बढ़ाई, "उनके सामने कहीं कोई ख़त आया तो उन्होंने पढ़ लिया। पहले बेटे के कान मरोड़े और फिर यहाँ आकर बड़े सरदारजी को बताया। सरदारजी ने देवीदास को बुलाया और कहा, 'ओए, लौंडिया की शादी कर दे शटपट, पंद्रह दिन के अंदर; नहीं तो दूकान खाली कर दे और उठा अपना बोरिया-बिस्तरा मकान से भी।' ऐसे मुश्किल समय में भला देवीदास कहाँ जाता ? हाथ जोड़कर कहने लगा, 'पर जी, ग़रीब की लड़की की शादी भला इत्ती जल्दी कहाँ हो सकती है ?' चमन के बाप ने कहा, 'आख़िर तुम्हारी लौंडिया को ऐसे ख़त लिखने की हिम्मत कैसे हुई ? ज़मीन की धूल सिर को चढ़े ?' बड़े सरदारजी ने डाँट पिलाई, 'अब मैंने कह दिया, ज़्यादा रियायत नहीं हो सकती। पंद्रह दिन के अंदर-अंदर शादी कर डाल कहीं, नईं तो मकान और दूकान दोनों से ख़ारिज।' "

बातचीत यहाँ तक पहुँची थी कि बड़ी सरदारिनीजी भी ऊपर आ निकलीं और अपनी आदत के अनुसार बाज़ के पास खड़ी हो गईं। अपने आगमन पर सबको चुप देखकर बोलीं, "बारात न जाने कब आएगी ?"

उनकी बात ख़तम भी नहीं होने पाई थी कि लोग-बाग चिल्ला उठे, "बारात आ गई, बारात आ गई।"

शहनाइयाँ और ज़ोर से पें-पें करने लगीं।

थोड़ी देर बाद सरदारजी का छोटा लड़का दौड़ा-दौड़ा आया, "ओए, लुटिया डूब गई, धत्तेरी की।"

"क्यों ? कुशल तो है ? दूल्हा देखा ? कैसा है !" सबने एक स्वर में पूछा।

लड़के ने बड़े वाहियात ढंग से बाजू इधर-उधर फेंककर जवाब दिया,"धत्तेरे की ··· चिड़ीमार ··· बिलकुल चिड़ीमार जैसा ही दिखाई देता है।"

अगस्त 1947 के दंगे भीषण रूप से आरंभ हुए तो हवेली के निवासियों और

कारीगरों के समय का कुछ भाग मार-काट, हिंदुओं तथा सिक्खों पर ढाए गए अत्याचार और उनकी स्त्रियों की इज़्ज़त लूटने जैसे विषयों पर ख़र्च होने लगा। लेकिन वहाँ के दैनिक जीवन और चहल-पहल में कोई विशेष अंतर नहीं आया था, सिवा इसके कि घुक्की के विवाह को तीन-साढ़े तीन महीने बीत चुके थे। इन तीन महीनों के बीच में चमन दो-चार दिन के लिए जालंधर घर आया। उन्होंने अलग मकान का प्रबंध कर लिया था, फिर भी चमन सरदारजी के घर चोरी-छिपे आता रहा। वह घुक्की से बचकर रहता था। स्वयं घुक्की ने भी विशेष रूप से इस बात का ध्यान रखा कि उसकी चमन से मुठभेड़ न हो।

चमन ने सरदारजी के लड़कों को बताया कि महू में उसका जीवन बड़े आनंद और चैन में व्यतीत हो रहा था। आसपास माशूकों की भी कुछ कमी नहीं थी। उसने एक नई कला सीखी थी, जिसका प्रदर्शन उसने धुएँ के छल्ले बना-बनाकर किया। यदि घुक्की की कोई बात चलती तो कहता, "हिंदुस्तानी लड़कियाँ भी बस अजीब होती हैं। ज़रा हँसकर बात कर लो, तो गले का हार हो जाती हैं। फुलिश···! चाइल्डिश !!"

आख़िर वह घुक्की से एक भी बात किए बिना ही चुपचाप लौट गया।

देखने में घुक्की पर इसकी कोई विशेष प्रतिक्रिया न दीख पड़ती थी। वह अब भी छोटी सरदारिनी के साथ उठती-बैठती, हँसती-बोलती। लेकिन उसके दिल को घुन लग चुका था। उसका शरीर नर्म और दुर्बल तो पहले ही था, किंतु अब तो बिलकुल ही हड्डियों का ढाँचा-सा होता जा रहा था। वह अत्यन्त कोमल और खिले हुए फूल के समान थी। यदि परिस्थितियाँ उसके अनुकूल होतीं, तो अवश्य ही उसकी महक दूर-दूर तक फैलती। किंतु अब वह दर्द दबाकर ख़ामोश हो गई थी। उसके चेहरे पर ऐसी गंभीरता और ओज आ गया था कि अब किसी को उससे चुहलबाज़ी करने का साहस तक न होता था। उसे खाँसी आने लगी। जब खाँसी शुरू होती तो वह अपने कमज़ोर सीने को छोटे-छोटे हाथों से थामकर खाँसते-खाँसते बेहाल हो जाती। उसका चेहरा लाल हो जाता। कुछ देखनेवालों को तो उस पर तरस आने लगता किंतु वह मुस्कुराती हुई अपने सिर को पीछे की ओर फेंककर उसे दायें-बायें दो-चार झटके देती और फिर बातचीत में व्यस्त हो जाती।

निक्की अवश्य उड़ निकली थी। उसे बात-बात पर इतनी हँसी छूटती थी कि बस लोट-पोट हो जाती। पहले घुक्की उन महफ़िलों की जान थी तो अब निक्की ! घुक्की का व्यवहार पहले भी गंभीर था। अब छाती पर घाव

खाकर वह और गंभीर हो गई थी। लेकिन निक्की आरंभ से ही चंचल थी। और अब मैदान साफ़ पाकर वह तड़पती हुई बिजली बन गई थी। छेड़छाड़ की उसमें बहुत बर्दाश्त थी, इसलिए वह घुक्की की अपेक्षा सबको अधिक प्रिय थी। ख़फ़ा होना तो उसे आता ही नहीं था। सिमटना, बनना, बचना, झूठमूठ माथे पर बल डालना, पुट्ठे पर हाथ न रखने देना, यह सब सही, फिर भी वह ख़फ़ा नहीं होती थी। चाहे कुछ भी हो जाय, उसकी चहक और महक में फ़र्क़ नहीं आता था।

अब ताड़नेवालों के लिए यह भी कोई भेद की बात न रही थी कि निक्की का ख़ास प्रेमी प्रेस का वह आदमी था, जिसे सब जलकुकड़ कहते थे। परंतु समझ में न आनेवाली बात यह थी कि आख़िर उसके पास कौन-सी गीदड़सिंगी थी जिसके कारण निक्की सबको छोड़-छाड़कर उसी की बग़ल गरम करती थी।

एक दिन साँझ के समय एक बहुत बड़े तंदूर पर लोहे की कड़ाही जमाई गई, जिसे देखकर सबके मुँह में पानी भर आया। क्योंकि कुछ महीनों के अंतर के बाद यह वह शाम होती थी जब बड़ी सरदारिनी कड़ाही में रेत गर्म करके उसमें मक्की, चना और चावल भूनतीं। गुड़ मिलाकर उनके लड्डू तैयार करतीं और सबको जी भरकर खिलातीं। अतएव जब कारख़ाने के अंदर बसूला चलाते हुए बाज़सिंह को बौंगे ने ख़बर सुनाई कि आज आँगन में कड़ाही जमाई गई है और बड़ी सरदारिनी के क्या तेवर हैं तब उससे न रहा गया। वह बसूला, रुखानी फेंक बाहर निकला और देखा कि बौंगे ने, जो अधिकतर झूठ बोला करता था, अबकी झूठ नहीं कहा था।

बड़ी सरदारिनी ने जब बाज़ को देखा तो इस ढंग से मुस्कुराईं मानो उन्हें पहले ही से विश्वास था कि बाज़ सब काम छोड़-छाड़कर तुरंत बाहर आ जाएगा। आज सरदारिनी ने जामुनी रंग का दुपट्टा ओढ़ रखा था। वैसे तो कोई भी रंग उन पर नहीं फबता था किंतु जामुनी रंग तो बहुत ही भौंडा लग रहा था। उस रंग के नीचे उनके पुलपुले होंठों पर मुस्कुराहट फैलती जा रही थी। बाज़ से आँखें चार होते ही वह अर्थपूर्ण ढंग से ठुमककर रसोईघर में चली गईं।

धीरे-धीरे हर प्रकार के दाने भुन चुके तब फिर निक्की की सहायता से बड़ी सरदारिनी ने सोंधी-सोंधी सुगंधवाले दाने को गुड़ में मिलाकर विभिन्न प्रकार के लड्डू तैयार किए।

चरन मिनट-मिनट की ख़बर प्रेस में पहुँचा रहा था। कारख़ाने के कारीगर रसोईघर के अधिक निकट थे इसलिए वे काम में मन लगा ही नहीं सके।

वे इसकी प्रतीक्षा कर रहे थे कि कब सरदारिनी अपने लोचदार स्वर में उन्हें खाने को आमंत्रित करे और कब वे पिल पड़ें चबैने के लड्डुओं पर।

सबसे पहले सरदारिनी ने घुक्की को आवाज़ दी। अब उसे घुक्की पर प्यार-सा आने लगा था। घुक्की दोनों कुहनियाँ घुटनों पर टिकाए और मुँह हाथों में छिपाए खाँस रही थी। जब खाँस चुकी तो अपनी आदत के अनुसार उसने सिर को पीछे की ओर फेंककर उसे दायें-बायें दो-चार झटके दिये और फिर हँसने लगी ··· उसकी हँसी बड़ी उदार होती थी। इसके बावजूद उसके चेहरे पर अजीब से भाव छाए रहते थे। अब उस पर पहलीवाली आकर्षक प्रतिक्रिया नहीं प्रकट होती थी। ऐसा लगता था मानो वह स्वयं अपने लिए हँस रही है। ··· इसी तरह खिलखिलाकर हँसती हुई वह आगे बढ़ी और उसने दोनों हाथ ऐसे फैलाए मानो उसे मंदिर या गुरुद्वारे से प्रसाद मिल रहा हो।

बड़ी सरदारिनी ने सबको नाम ले-लेकर बुलाया, "वे बौंगिया, वे चरन, नी साँवलिये, नी प्रेमो ···"

बाज़ अपने प्रिय स्टूल पर टँगा हुआ था।

उसे नहीं बुलाया गया ?

नहीं, उसे नाम लेकर नहीं बुलाया गया बल्कि सबकी नज़रें बचाकर सरदारिनीजी उसे आँखों और सिर के इशारों से बुलाती रहीं। मानो उसके लिए विशेष निमंत्रण भेजे जा रहे थे। बाज़ भी एक काइयाँ था। वह हैरान होकर सोच रहा था कि कहीं ऐसा न हो किसी दिन सरदारिनी उससे लिपट न जाय। कुछ देर सरदारिनी के व्यवहार से आनंदित होने के बाद वह कुलाँच भरकर स्टूल से उतरा और दूसरी कुलाँच में सरदारिनी के निकट पहुँच गया। चबैने के लड्डू लेते समय उसने उनकी पसलियों में कोहनी का एक ठहोका भी दिया। क्योंकि ··· अब इतना अधिकार तो अवश्य था उसका सरदारिनी पर।

बौंगा आज बहुत लाड़ में आया हुआ था। बाज़ के पास बैठने के बजाय वह छोटी सरदारिनी के पास जा बैठा और बंदर की भाँति बड़ी अतिशयोक्ति के साथ मुँह आगे को बढ़ाकर और 'चप-चपा-चप' के शब्द निकालता लड्डू चबाने लगा। उसी समय निक्की को पास से ख़ास अंदाज़ में उठते और तनिक और अस्वाभाविक अंदाज़ में चलते देख बौंगे ने छोटी सरदारिनी को संबोधित कर निर्भीकता से कहा, "ओ जी, निक्की का पाँव तो भारी-सा दिखता है।"

बाज़ ने भी यह बात सुन ली। उसने ध्यान से देखा तो उसे भी विश्वास-सा होने लगा। उसने सोचा कि आख़िर बात क्या है जो आज बौंगा सच ही बोले जा रहा है।

धीरे-धीरे निक्की का पाँव और अधिक भारी होता गया तो हवेली में कानाफूसी होने लगी। और फिर अकस्मात् वह गायब हो गई तो पहले यह अफ़वाह उड़ी कि वह जलकुकड़ के साथ ग़ायब है, लेकिन जलकुकड़ पूर्ववत् काम पर आता रहा।

सबसे महत्त्वपूर्ण बात यह थी कि जब निक्की गायब हुई तो उसके घरवालों ने तनिक भी परेशानी नहीं प्रकट की। तीसरे दिन घुक्की ने दबे स्वर में स्वीकार किया कि मौसी गाँव से आई थी, वह उसके साथ चली गई। मौसी कब आई थी ? बस, वह आई और चली गई। किंतु निक्की ने कभी कहीं जाने की इच्छा प्रकट नहीं की थी।··· इन सब प्रश्नों का टालमटोल के अतिरिक्त कोई उत्तर नहीं था।··· यदि कोई अधिक कुरेदकर पूछता तो घुक्की को खाँसी आ जाती। वह खाँसते-खाँसते बेहाल हो जाती, यहाँ तक कि बात आई-गई हो जाती।

अक्तूबर का महीना खत्म होने को था किंतु अगस्त से जो दंगे शुरू हुए थे वे ख़त्म होने ही में न आते थे।

हवेली के लंबे-चौड़े आँगन के इर्द-गिर्द अनेक कोठरियाँ बनी हुई थीं। बहुत-से कारीगर नगर के ख़तरनाक भागों से निकलकर बाल-बच्चों सहित अस्थायी रूप से वहाँ ठहरे थे। अतएव रात को कारख़ाने में काफ़ी रौनक हो जाती। भोजन से निवृत्त हो कारीगर कई रात तक आपस में गप-शप हाँकते और पश्चिमी पंजाब में जो अत्याचार हिंदुओं तथा सिक्खों पर ढाए जा रहे थे उनकी जी खोलकर निंदा करते।

ऐसी ही एक रात थी।

भोजन करने के बाद कारीगरों का एक गिरोह कारख़ाने में घुसा गप-शप में लगा था। ठंडी हवाएँ चलने लगी थीं इसलिए अंदर से कुंडी चढ़ा दी गई थी। बल्कि बौंगा तो सुलगते हुए उपलों की मिट्टी की अँगीठी रानों में दबाए बैठा था। किसी ने आवाज़ कसी, "अबे बौंगे ! अच्छी जवानी है साले, अँगीठी रानों में दाबे है।"

"जार ! अब तो दिल उदास रहता है।"

"हाँ भई, डेढ़ महीना हो गया, निक्की को गए हुए।"

एक बोला, "जार, अच्छी बात याद दिलाई मुझे। आज एक आदमी मिला था, जो निक्की की मासी के गाँव के पासवाले गाँव में रहता है।"

"क्या निक्की की कोई ख़बर मिली ?" दो-एक ने दिलचस्पी ली।

"हाँ !"

"क्या ?"

"उसने कुएँ में छलाँग लगा दी थी।"

"अरे राम !"

"उसने जे भी बताया कि उसके बच्चा होनेवाला था।"

"हाँ ··· ओ ··· फिर !"

"उसने ज़्यादा ख़बर नहीं बताया। सुना था कि लड़की बच जाएगी।"

बाज़ ने राय दी, "मेरे ख़याल में तो देवीदास ने उसकी हालत देखकर गाँव भेज दिया होगा जिसमें कि कहीं बच्चे से जान छुड़ाकर लौट आएगी तो जल्दी से शादी कर दी जाएगी उसकी।"

इस दुखद घटना का सबके दिलों पर असर हुआ और हँसती-बोलती महफ़िल पर सन्नाटा छा गया। इतने में किसी ने दरवाज़ा खटखटाया।

"कौन ?" बाज़ ने पूछा, लेकिन उत्तर में फिर लगातार दरवाज़ा खटखटाने की आवाज़ें आती रहीं।

सबको यह बात विचित्र-सी लगी। बाज़ अपनी जगह से उठा किंतु उसके मन में खुदबुद-खुदबुद हो रही थी कि कहीं बड़ी सरदारिनी न हो। मौक़ा पाकर उसने चढ़ाई कर दी हो शायद।

बाज़ ने कुंडी खोल दी।

बाहर से किवाड़ को बहुत धीरे-धीरे ढकेला गया।

दिये की थरथराती लौ के मंद प्रकाश में एक लड़की भीतर प्रविष्ट हुई।

साँवली !

बाज़ दो क़दम पीछे हट गया।

सभी की आँखें दरवाज़े पर लगी हुई थीं। साँवली को देखकर उनके मुँह से अनायास विभिन्न शब्द निकल पड़ते किंतु बाज़ के संकेत पर वे उसी प्रकार चुपचाप बैठे रहे।

साँवली और आगे बढ़ी। उसका गोल-गोल चेहरा, यौवन की गर्मी से तमतमाए हुए चेहरे की त्वचा, तनिक मोटे और भरपूर होंठ, चिकने गाल... इन सब चीजों के सौंदर्य को पहले कभी किसी ने ध्यान देने योग्य नहीं समझा था। इन सब मनोहर गुणों के साथ-साथ उसके चेहरे पर दुधमुँहे बच्चे का-सा भोलापन था।

लेकिन इतनी गई रात को वह वहाँ क्या करने आई थी !

साँवली ने हाथ फैलाकर उस ऊँची और भारी-भरकम मेज़ का सहारा लिया जिस पर बाज़ फर्नीचर बनाते समय विभिन्न भागों पर रंदा किया करता

था। लड़की ने मुँह खोला और बहुत धीरे से बोली, "बाज चाचा !"

"हाँ !" बाज़ ने दाढ़ी पर हाथ फेरा।

साँवली ने गर्दन इधर-उधर घुमाकर कोई और आवाज़ सुनने का असफल प्रयत्न किया। उस समय उसके अधखुले मुँह के अंदर दंतपंक्ति के पीछे उसकी जीभ छोटी-सी मछली के समान फड़क रही थी। फिर उसने भेदपूर्ण स्वर में पूछा, "क्या तुम अकेले हो ?"

यह सुनकर सबने गर्दन आगे को बढ़ाई। उनकी आँखें फैल गईं। बाज़ ने तनिक भी बदले बिना जवाब दिया, "हाँ साँवली, मैं अकेला हूँ।"

"कहाँ हो ?" यह कह वह बाजू फैलाकर हाथ हिलाती हुई आगे बढ़ी, फिर उसने उसे छू लिया।

"यह रहे तुम !" वह उसे छूकर बड़ी प्रसन्न हुई।

"साँवली, तुम इस बखत यहाँ क्यों आई हो ?"

"क्यों, इस बखत क्या है ?"

"इस बखत रात है। तुम ··· तुम जवान हो ··· करीब-करीब।"

"मेरे लिए रात और दिन समान हैं।"

"लेकिन इस बखत रात के ग्यारह बज चुके हैं ··· और फिर तुम अकेली हो।"

यह सुनकर साँवली के साफ़-सुथरे चेहरे पर वेदना के चिह्न उभर आए। वह चकित होकर बोली, "पर बाज चाचा ! भला तुम्हारे पास आने से क्या बुराई हो सकती है ? तुम तो देवता हो ···"

बाज़ ठिठककर पीछे हटा।

"तुम नहीं जानते चचा," साँवली ने फिर कहना शुरू किया, "तुम्हारी दुनिया और है और अंधों की दुनिया और। चाचा, तुम कितने अच्छे हो, कितने दयालु हो। जब मैं तुम्हारी आवाज़ सुनती हूँ तो घंटों उसकी मिठास और प्यार के बारे में सोचती रहती हूँ। जब कभी लाला मुझे गुस्से होता है तो मैं सोचती हूँ, कोई बात नहीं। मेरा बाज चाचा जो है। वह मुझे लाला से कम प्यार तो नहीं करता ··· ठीक है न ?"

इसी बीच में बाज़ मूँछ का एक सिरा धीरे-धीरे चबाता रहा। उसकी बात ख़त्म हो जाने पर वह तनिक रुका और फिर उसके कुरूप चेहरे पर एक मनोहर मुस्कान उत्पन्न हुई और वह अपना खुरदुरा हाथ उसके सिर पर रखकर बोला, "हाँ साँवली, यह सच है ··· लेकिन ··· इस बखत तुम जाओ।"

"नहीं, नहीं चाचा, मैं बातें करने आई हूँ।"

"अच्छी लड़की बनो साँवली। इस टैम जाओ। कल करेंगे बातें।"

"ओ नहीं चाचा ! कल तक सब्र हो सकता तो मैं बिस्तर से उठकर क्यों आती ?"

सब चुपचाप थे।

कारख़ाने के कमरे में एक बार फिर साँवली की आवाज़ घंटी की तरह गूँज उठी, "बाज चाचा, तुम समझते नहीं। मैं तो तुमसे बात करने आई हूँ, इस बखत यहाँ कोई तो नहीं, तभी तो मैं तुमसे बातें करना चाहती हूँ।"

"क्या बातें करना चाहती हो ?"

"बाज चाचा !" अब साँवली की आवाज़ बदल गई। वह तनिक रुकी और फिर बोली, "चाचा···! कुलदीप बाबू बहुत अच्छे हैं। वे कहते थे कि मेरी आँखें ठीक हो सकती हैं। मैं जन्म की अंधी नहीं हूँ न ! इसलिए··· और··· वह··· कहते थे कि तुमसे ब्याह··· करूँगा।"

इस पर बाज़ ने अपनी दाढ़ी को मजबूती से मुट्ठी में पकड़ लिया, "कौन कुलदीप !"

"वह जो नए आए थे, वही।"

"क्या कहता था वह···?"

"वह कहते थे, साँवली ! तुम मुझे बड़ी प्यारी लगती हो। मैं कहती, मैं अंधी हूँ, भला अंधी लड़कियाँ भी किसी को प्यारी लगती हैं··· वह कहते, बावली ! प्यार किया नहीं जाता, हो जाता है। मैं तुम्हें प्यार करता हूँ। और फिर तुम जन्म की अंधी नहीं, तुम्हारा इलाज हो सकता है। तुम देखने लगोगी।··· पर चाचा। उनको गए पंद्रह दिन हो चुके हैं। लौटकर नहीं आए। और···और···"

यह कहते-कहते साँवली ने अपनी निस्तेज आँखों को और फैलाया, मानो कुछ कहने की चेष्टा कर रही हो। और फिर झेंपकर बोली, "और···और मेरा पाँव भी भारी है।"

बाज़ ने हठात् खुल जानेवाले अपने मुँह पर हाथ रख लिया।

साँवली कुछ देर के लिए मौन हो गई और उत्साहहीन दुखी स्वर में उसने फिर बोलना शुरू किया, "आज बिस्तर पर लेटे मैं सोच रही थी कि अगर वह न आए तो···? लाला बहुत दुखी है। वह कहता है, घुक्की और निक्की दोनों खराब हैं। एक को ऐसा रोग लग गया है जिससे बचना असंभव है। दूसरी का पाँव··· सच बात चाचा, लाला अत्यधिक दुखी है। वह रात-रात-भर रोता रहता है।··· वह मुझसे प्यार करता है। मुझे गले से लगाकर कहता है,

यह मेरी रानी बिटिया है। इसे पाप छू भी नहीं गया ··· लेकिन उसे नहीं मालूम कि मेरा पाँव भी ··मैं सोचती हूँ कि यदि कुलदीप बाबू न आए तो ··· लाला को मालूम हो जाएगा। वह मर जाएगा, एकदम मर जाएगा ···यह सोचते-सोचते मुझे रोना आ गया। मुझे कुछ नहीं सूझा तो जी का बोझ हलका करने के लिए तुम्हारे पास चली आई ··· लेकिन वह ज़रूर आएँगे ··· है न चाचा ? वह आएँगे न ?"

सब लोग दम साधे बैठे रहे।

बाज़ ने एक बार फिर अपना भारी-भरकम हाथ उसके सिर पर रखा और उसे सांत्वना देते हुए कहा, "हाँ साँवली, कुलदीप आएगा, वह ज़रूर आएगा।"

थरथराती हुई मद्धिम रोशनी में बाज़ ने देखा कि साँवली के निर्ज्योति नेत्रों में आँसू दमक रहे हैं ···

"और अब साँवली, तुम्हें वापस जाना चाहिए।"

यह कहकर बाज़ ने धीरे से दरवाज़ा खोला और साँवली की पीठ पर हाथ रखकर उसे आगे बढ़ाया। वह धीरे-धीरे क़दम बढ़ाने लगी।

बाज़ दरवाज़े पर ही रुक गया। वह साँवली को जाते हुए देखता रहा। चारों ओर निस्तब्धता छाई थी। तारों के मंद प्रकाश में साँवली एक छाया के समान दिख रही थी। उसके लिए अँधेरा-उजाला एक-सा था। वह बिना किसी हिचकिचाहट के बढ़ती चली जा रही थी।

रसोईघर के कोने से होकर हवेली की भव्य किंतु काली दीवार की ओर भी काली छाया से होती हुई जब वह बड़े फाटक पर बनी हुई उस ऊँची महराब के नीचे पहुँची जिसके नीचे से तीन हाथी ऊपर-नीचे आसानी से निकल सकते थे तो बाज़ को मैले-कुचैले कपड़े पहने वह इकहरे बदन की हलकी-फुलकी अंधी लड़की बहुत निर्बल, बहुत क्षीण और अस्तित्वहीन-सी दीख पड़ी। मानो वह कोई रेंगता हुआ निरीह कीड़ा हो। बाज़ वहीं खड़ा रहा। उसने आकाश के विस्तार, हवेली की ऊँची-ऊँची दीवारों, बेजान इमारतों के सिलसिलों और फिर उस लंबे-चौड़े दालान पर निगाह दौड़ाई जिसके वातावरण में कई कच्चे-कुँवारे ठहाके गूँजते-गूँजते सहसा दर्दनाक चीख़ों में बदल गए।

रात—कोई रात इतनी काली उसके देखने में पहले कभी नहीं आई थी ···और तारे पीप के धब्बों के समान दीख पड़ रहे थे।

जैसे-जैसे दिन बीतते जा रहे थे वैसे-वैसे साँवली का भेद जाननेवाले कारीगरों,

विशेषकर बाज़ की परेशानी बढ़ती जा रही थी। वे नहीं चाहते थे कि साँवली अपनी बहनों की तरह बरबाद हो। नल के पास या दरवाज़े की सीढ़ियों पर या ऊँची महराब के नीचे बैठी अंधी साँवली की दशा बड़ी दयनीय दीख पड़ती थी। आते-जाते जब भी उसकी उनसे मुठभेड़ हुई, साँवली ने उनसे या बाज़ से दोबारा इस विषय में कुछ नहीं कहा।

बीस दिन और बीत गए।

पंजाब बरबाद हो रहा था—वारिस शाह का पंजाब, गेहूँ के सुनहरे गुच्छोंवाला पंजाब, मदभरे गीतोंवाला पंजाब, हीर का पंजाब, कूँजों और रहटोंवाला पंजाब !—और उसकी एक निस्तेज आँखोंवाली निरीह बेटी भी बरबाद हो रही थी।

एक रात, जबकि सब कारीगर भोजन आदि से निवृत्त होकर नित्य की भाँति कारख़ाने में बैठे बातें कर रहे थे, यकायक साँवली की चर्चा छिड़ गई। उन सबकी हार्दिक इच्छा यही थी कि काश, साँवली का अपनी बहनों का-सा हाल न हो। किंतु वे इस बात को भलीभाँति समझते थे कि यह असंभव है और ऐसा सोचना नितांत मूर्खता है।

बाज़ खुले दरवाज़े में खड़ा काले आकाश की ओर देख रहा था । बौंगे को सरदी लगी तो उसने चिल्लाकर कहा, "ओए मऊँ दे मुत्राण ! दरवाज़ा बंद कर दे। साले तू तो साँड हो रहा है फूलकर। हम गरीबों का तो खयाल किया कर।"

और कोई मौक़ा होता तो बाज़ बौंगे की गाली के उत्तर में कोई नई और भारी-भरकम गाली गढ़ता। किंतु उस समय उसने चुपके-से दरवाज़ा भेड़ दिया और स्वयं बड़ी मेज़ पर हाथ टेककर खड़ा हो गया।

सब उसे हँसने-बोलने के लिए उकसाते रहे। किंतु जब उसका मूड ठीक नहीं हुआ तो उन्होंने बड़े आग्रह से पूछा, "बई ! बात क्या है ?"

"मैं सोच रेया हूँ।"

बौंगे ने सरदी लगने के बावजूद झट से उठकर कबड्डी खेलनेवाले खिलाड़ी की-सी मुद्रा बनाई और पास आकर बोला, "सच्चे पातशाहो ! क्या सोच रहे हो ?"

बाज़ ने उसकी ओर दार्शनिक भाव से देखा तो उसे हँसी आ गई। किंतु बाज़ के तेवर वैसे-के-वैसे रहे।

बौंगे को हास्यास्पद ढंग से अपनी ओर देखते पाकर बाज़ ने मुँह के अंदर जीभ घुमाई और फिर सिर को हिलाकर उसने बौंगे तथा अन्य साथियों पर

छा जानेवाली निगाहों से देखा और कहा, "मैं एक बात सोच रहा हूँ।"

"क्या ?"

सबको उसका दर्शनिक मूड देखकर हँसी आ रही थी जिसे वे बड़ी कठिनाई से रोके हुए थे।

बाज़ ने सिर को इस प्रकार झटका दिया मानो वह बहुत बड़ा और अनुभवी बुजुर्ग हो और फिर मेज़ को दोनों हाथ से मज़बूती से पकड़कर बोला, "पंजाब में कित्ता जुलम हो रहा है। ऐसा खून-खराबा न देखा न सुना–ठीक ?"

"ठीक !"

"... और फिर हिंदू और सिख औरतों की जो बेज्जती पशिछमी पंजाब में मुसलमान कर रहे हैं, वह सब तुमको मालूम है, ठीक ?"

"ठीक !" सबने तनिक जोश में आकर जवाब दिया।

अब कुछ देर शांत रहने के बाद वह धीरे-धीरे सिपाहियों के-से अंदाज़ में सीधा खड़ा हो गया और एक-एक शब्द पर ज़ोर देकर बोला, "पर ... मैं सोचता हूँ कि मुसलमान गुस्से में आकर ब्याकूफी कर रहे हैं, वही ब्याकूफी हम भले-चंगे अपनी बहनों और बहू-बेटियों के साथ कर रहे हैं। बताओ, मुसलमानों को दोष देने से पहले हमें खुद को नहीं सरम आनी चाहिए ?"

महफ़िल पर सन्नाटा छा गया।

नन्हे-से दीपक की पतली-सी थरथराती लौ के मंद प्रकाश में बाज़ ने अपनी मोटी तथा लंबी उँगली उठाते हुए अपनी बात जारी रखी, "ऐसे ही पाकिस्तान में घुक्की, निक्की और साँवली की हजारों-लाखों बहनें होंगी। तो फिर सवाल यह उठता है कि हम या वे किस इज्जत के लिए लड़ रहे हैं ? क्यों एक-दूसरे को जंगली कहते हैं ? ..."

इतने में दरवाज़ा बड़े धपाके के साथ खुला। सबने उधर निगाह डाली तो देखा कि साँवली चौखट के बीचोबीच खड़ी है। उसके रूखे-सूखे बाल रुई की भाँति धुने हुए, उसके बाजू फैले हुए। अंगों में कंपन था। इसके पहले कि कोई बोलता वह ज़ोर से चिल्लाई, "बाज चाचा ! बाज चाचा !!"

साँवली की आवाज़ उस वायुमंडल में दो बार गूँजी।

"हाँ-हाँ साँवली, बोल घबराई हुई क्यों है तू ! बोल ..."

"वह आ गए !"

"कौन ?"

"कुलदीप बाबू आ गए।"

"आ गया वह ?" सब खुशी के मारे चिल्ला उठे।

"और आते ही वह मुझे डाक्टर के पास ले गए। डाक्टर ने कहा, आँखें ठीक हो जाएँगी लेकिन इलाज बहुत दिन करना पड़ेगा।"

बाज़ ने बढ़कर साँवली के दोनों निर्बल कंधों को अपने हाथों में दबोच लिया और उसे हिलाकर बोला, "सच ? कब ?"

"हाँ, सच। उनकी माता भी साथ आई हैं।"

"अरी वह इत्ते दिन कहाँ गैब रहा ?"

"उन्होंने मुझे बताया कि पहले उनकी बात कोई नहीं मानता था। उन्होंने भूख-हड़ताल कर दी। बड़ी कठिनाई से उन्होंने उनकी बात मान ली। वे कहते हैं कि ऐसा रगड़ा-झगड़ा हुआ कि मैं ख़त भी न लिख सका। लिखता भी तो क्या लिखता।"

"ओहो-हो-हो !" सब एकदम खुलकर हँसे।

साँवली ने झूमकर कहा, "वह मेरी मिन्नतें करने लगे। कहने लगे, साँवली, मुझे माफ़ कर दो ··· अगर तुम्हें कोई दुख पहुँचा हो। हम पैसेवाले नहीं हैं लेकिन सब काम ठीक हो जाएँगे ···। हम तुम्हें दिल्ली ले जाएँगे।"

अब सब लोग साँवली की ओर बढ़े और अपने-अपने ढंग से प्रसन्नता का प्रदर्शन करने लगे। आखिर बाज़ ने दोनों हाथ उठाकर कहा, "भाइयो, ठहरो। मेरे खयाल में अब साँवली को आराम करना चाहिए। इसे रात के समय घर से बाहर नहीं रहना चाहिए ··· साँवली, हम बहुत खुश हैं। अब कल बातें होंगी। चलो, अब तुम जल्दी से घर जाओ।"

साँवली के साथ किसी का जाना उचित नहीं था। क्योंकि वह घरवालों की चोरी से आई थी।

सब उसे बड़े स्नेह से कारख़ाने के दरवाज़े तक छोड़ने गए।

आठ-दस मिनट के बाद जब सारा टोला बाज़ार जाने का प्रोग्राम बनाकर बाहर निकला तो ऊँची महराब के नीचे से निकलते समय उन्हें दीवार के साथ एक मटियाली-सी मूर्ति दीख पड़ी।

वे सब रुक गए।

बाज़ ने आगे बढ़कर देखा तो मालूम हुआ कि साँवली है।

"साँवली, तुम अभी घर नहीं गईं ?"

साँवली ने शून्य में घूरते हुए कहा, "बाज चाचा ! न जाने मेरे मन को क्या हो गया है। कुछ सूझता ही नहीं कि क्या करूँ। जरा दम लेने को रुक गई थी। बाज चाचा, सोचती ऐसी खुशी की बात क्या हो सकती है। लेकिन

चाचा तुम्हें मेरी बात पर अकीन है न ?"

बाज़ ने घूमकर अपने साथियों की ओर प्रश्नसूचक दृष्टि से देखा। सब चुप थे। वह भी चुप रह गया।

सबको चुप पाकर साँवली ने अपना सवाल दोहराया, "आप सबको अकीन नहीं आता ?"

बाज़ की आँखों के कोने भीग गए। उसने हाथ बढ़ाकर साँवली के सिर पर रख दिया और फिर धीमी आवाज़ में बोला, "हमें अकीन है और देखो तुम्हें बेबखत घर से बाहर नहीं रुकना चाहिए। और फिर सरदी पड़ने लगी है। कहीं तुम बीमार न हो जाओ।"

साँवली ने उसकी मज़बूत कलाई को अपनी कमज़ोर उँगलियों से छूकर पूछा, "पर बाज चाचा, आप सब लोग बेबखत कहाँ जा रहे हैं ?"

"हम ?" बाज़ ने पितृप्रेम से काँपते हुए हाथ से उसके गाल को छूते हुए जवाब दिया, "साँवली बेटी ! हम इस खुशी में बर्फी खाने जा रहे हैं।"

कुछ क्षण

सोमवार का दिन था।

यों तो मैं अपने दोस्तों का बहुत आदर करता हूँ, लेकिन कभी-कभी जी चाहता है कि दोस्तों की सूरत न दिखाई दे और मैं सिर्फ़ अपने लिए ही होकर रह जाऊँ। मेरे दोस्तों की तादाद बहुत कम है, इसलिए मुझे ऐसे दिन भी मिल जाते हैं।

जिस दिन की बात कर रहा हूँ, वह इसी तरह का एक दिन था। सुबह का समय था। इसके पहले कि कोई दोस्त मेरे मकान पर पहुँचकर 'उमाकांत ! उमाकांत !' के नारे लगाता, मैं चाय पीकर घर से निकल खड़ा हुआ।

न बीवी न बच्चे, न नौकरी न कारबार, न खुशी न ग़मी, क्या मौज में ज़िंदगी बीत रही थी। मेरी बेकारी से घरवालों की नाराज़ी के कारण मन पर उदासी छाई रहती थी। कोई ज़िम्मेदारी न होने के कारण दिमाग़ हल्का रहता था।

बस स्टैंड पर पहुँचकर देखा कि बस कनाट-प्लेस जाने के लिए तैयार खड़ी है। अंदर इक्का-दुक्का मुसाफ़िर बैठा है। मैंने फुटपाथ पर खड़े होकर जेब में से 'कैमेल्स' की डिब्बी निकाली और बड़े इत्मीनान से एक सिगरेट को सहलाता रहा। फिर उसे होंठों में दबाया और सुलगाकर लंबा कश लिया। आख़िर कोट का कॉलर दुरुस्त करता हुआ बस के अंदर दाख़िल हो गया।

आठ बजे थे। भला सर्दी के मौसम में किसी को क्या पड़ी थी कि घर के गरम वातावरण से निकलकर बाहर को उठ भागे। इसलिए बस में एक अजीब शांति छाई थी। थोड़े-से लोग एक-दूसरे से परे-परे बैठे धीरे-धीरे बातें करने में लगे थे।

मैंने पहले तो औरतों और लड़कियों पर नज़र डाली। तीन लड़कियाँ थीं और दो औरतें।

लड़कियाँ गोरी थीं। दो-दो चोटियाँ, आँखें बड़ी न छोटी, बातें मीठी न

फीकी। लेकिन गाल—ओह—इतने बेडौल और बेहूदा गाल ! हड्डियाँ उभरी हुईं और गहरी-गहरी लकीरें, जो हँसते वक़्त और गहरी हो जाती थीं। अब मैंने औरत की तरफ़ देखा—हरे राम, वह तो सूरत से बिलकुल आया लगती थी। शायद सचमुच की आया हो। इसी बात पर मुझे ख़याल आया कि हम लोग बच्चों के लिए कितनी बदसूरत आया रख लेते हैं। इसका नतीजा यह होता है कि उम्र-भर बच्चों की सौंदर्य को परखने की शक्ति पनपने नहीं पाती।—ख़ैर, अब एक औरत को देखना बाक़ी था। वह मेरी ओर पीठ किए बैठी थी। उसके कंधे पर एक नन्हे बच्चे का सिर टिका था और एक बच्ची सामने की सीट पर बैठी थी—यानी वह कम-से-कम दो बच्चों की माँ थी।

दिल पर निराशा-सी छाने लगी। क्या बीस-पच्चीस मिनट का यह सफ़र यों ही कट जाएगा ? दिल-बहलावे को कोई सुंदर सूरत तक दिखाई न देगी, क्या यह सफ़र जम्हाइयाँ लेते-लेते ही बिताना पड़ेगा ?

पिछली सीट पर चुपके से बैठकर मैंने सिर पर हाथ फेरते हुए बालों की तह जमाई। कपड़ों को दुरुस्त किया और फिर इंतज़ार करने लगा कि वह ज़रा घूमकर इधर-उधर देखे तो उसकी सूरत देखी जाए। लेकिन वह इधर-उधर देखे बिना सामने की ओर मुँह किए चुप बैठी रही, यहाँ तक कि बस चल दी।

मुझे बेचैनी-सी महसूस होने लगी। आख़िर कंडक्टर ने आकर टिकट के दाम माँगे। टिकट लेते समय ख़याल आया कि काश, इस महिला से थोड़ी-बहुत बातचीत हो चुकी होती तो उसकी टिकटों के दाम देकर अच्छी-ख़ासी पहचान बढ़ाई जा सकती थी। जब उसकी बारी आई तो उसने मुँह फेरकर देखा। सौंदर्य की एक झलक दिखाई पड़ी—दिल धक् से होकर रह गया।

वह सचमुच बहुत सुंदर थी। तारों-सी आँखें, नाज़ुक होंठ और चमकता माथा—आशा के विरुद्ध उस स्त्री को सुंदर पाकर हाथ-पाँव फूल गए।

अब सवाल यह था कि इससे बातचीत कैसे शुरू की जाए। कौन-सा विषय मुनासिब रहेगा, मौसम ? ··· लेकिन हिंदुस्तान में अभी मौसम के विषय पर बातचीत शुरू करना अधिक उपयुक्त नहीं सिद्ध हो सकता। उस औरत से यह कहना कि आहा ! क्या अच्छा मौसम है, महज़ बेकार होगा। सिनेमा, एक्टर, एक्ट्रेसें, बसें, सड़कें ··· नहीं, नहीं, ये बात बेसार हैं ··· इतने में औरत के कंधे के साथ लगे हुए नन्हे बच्चे ने आँखें खोलीं और अचरज के साथ इधर-उधर देखने लगा। बड़ा प्यारा बच्चा था। मैंने उसके गाल पर हल्की-सी चुटकी ली तो उसके छोटे-छोटे होंठों पर मुस्कुराहट पैदा हुई। फिर मैंने दो उँगलियों से उसकी ठुड्डी को हलके-हलके सहलाना शुरू किया तो वह हँसने

लगा। मैं जानता था कि उसकी माँ को यह बात मालूम हो चुकी है।

बच्चे के कानों के पीछे दाद के निशान दिखाई दे रहे थे। मैंने साहस से काम लेकर पूछा, "क्यों जी ! बच्चे के कानों के पीछे दाद हो रहा है ··· ?"

"जी ··· हाँ ···"

"तो क्या आप इसका इलाज नहीं कराएँगी ··· ?"

"इलाज तो हो रहा है ···"

"क्या होमियोपैथी इलाज करा रही हैं ?"

"जी नहीं, है तो एलोपैथी।"

"एक डॉक्टर हैं रुचीराम। होमियापैथी इलाज करते हैं, लेकिन अच्छा करते हैं। ख़ास तौर पर बच्चों के इलाज के तो वह माहिर हैं। अगर यह इलाज सफल न हो तो उन्हें दिखाइए।"

"अच्छा जी।"

"बहुत ही प्यारा बच्चा है।" मैंने बातों का सिलसिला जारी रखने की कोशिश करते हुए कहा।

औरत ने बच्चे को कंधे से हटाकर खिड़की के साथ पीठ लगा ली। अब उसका रुख करीब-करीब मेरी तरफ़ था। उसने बच्चे को जाँघ पर बैठाकर देखना शुरू किया सचमुच वह हसीन है या नहीं। फिर जैसे मन-ही-मन उसने मेरी बात का समर्थन करते हुए मेरी ओर देखा।

"आपको बच्चों से ख़ासा लगाव है ! क्या आपके भी बच्चे हैं ?"

"जी नहीं।" मैंने ज़रा झेंपकर कहा, "अभी तो मेरी शादी भी नहीं हुई।"

"क्यों, शादी न होने का क्या कारण ?"

"यों ही।" मैंने सिर खुजाते हुए जवाब दिया, "यही, अभी बेकार हूँ—जब तक आमदनी की सूरत न हो, दिल में शादी का ख़याल भी नहीं आ सकता।"

"लेकिन आप बेकार क्यों हैं ?"

मैं इस जिरह से घबरा रहा था, "मैंने पंजाब यूनिवर्सिटी से बी.ए. करने के बाद पेशावर में कारोबार शुरू किया था। आमदनी की सूरत नज़र आने लगी तो दंगे शुरू हो गए और मुझे इधर भागना पड़ा। अब नए सिरे से काम शुरू करने का विचार है।"

औरत की आँखों में उदासी की झलक दिखाई दी। उस वक़्त वह कुछ खोई-खोई-सी दिखाई पड़ रही थी। मैं मौक़े का फ़ायदा उठाते हुए उसके सुंदर मुखड़े को ग़ौर से देखने लगा—क्या वह मेरी ख़ातिर उदास थी ? एक क्षण के लिए ही सही ! मुझे भी ऐसी ही मोहनी पत्नी मिल जाए।

कहते हैं कि नारी पुरुष के मनोभावों को बहुत जल्द पहचान लेती है। औरत ने नज़रें झुका लीं और फिर कुछ रुककर, न जाने क्यों, बड़ी बच्ची की तरफ़ इशारा करके मुस्कुराकर बोली, "यह मेरी बेटी है।"

"आओ बेबी ! मेरे पास आओ ···।" मैंने हाथ फैलाए। वह संकोच के कारण आगे नहीं बढ़ी, तो मैंने स्वयं बढ़कर उसे गोद में बैठा लिया–"आहा हा-हा-हा ··· बड़ी अच्छी है हमारी बेबी ··· अच्छा तो तुम पढ़ती हो क्या ?"

लेकिन वह बड़े ठाठ से शरमाती रही।

औरत बोली, "बतलाओ न बेबी ! तुमसे कितनी बार कहा है कि यों ही मत शरमाया करो।"

मैंने सोचा–कितनी सभ्य है यह औरत। उसकी बातचीत से मालूम होता था कि वह पढ़ी-लिखी और ख़ासी सुलझी हुई है।

माँ के आदेश पर बेटी ने सिर हिलाकर 'हाँ' कहा।

"क्या पढ़ा है भई, हमें भी सुनाओ ··· तुम तो बहुत ही अच्छी बेबी हो। तुम्हें तो पढ़ा-लिखा याद होगा सारा, बोलो याद है ?"

"हाँ जी।" बेबी ने बड़ी-बड़ी आँखें उठाकर भरपूर नज़रों से मेरी तरफ़ देखा। मालूम होता था कि इस बात को स्वीकार करने में उसे बड़े गर्व का अनुभव हो रहा है।

"अच्छा भई, फिर सुनाओ न, क्या पढ़ा है तुमने ?"

"ए बी सी, वाई ज़ेड।"

इस पर हम दोनों ठट्ठा मारकर हँस पड़े। मैं और वह औरत। हम दोनों, जो एक-दूसरे से बहुत दूर थे, लेकिन हमारे ठट्ठों की मिली-जुली आवाज़ से यों महसूस होने लगा, जैसे फ़िल्म के हीरो और हीरोइन कोई युगल गीत गा रहे हैं।

औरत ने बड़ी मुश्किल से हँसी रोकते हुए कहा, "अरी बेबी ! तुझे ए बी सी अभी तक याद नहीं हुई। सी के बाद एकदम वाई ज़ेड ?"

अब हमारी मुलाक़ात संतोषजनक अवस्था तक आ पहुँची थी। अधिकांश आशंकाएँ दूर हो चुकी थीं। हम दोनों बहुत अच्छे परिचितों, बल्कि दोस्तों की तरह बातें करने लगे।

बीस या पच्चीस मिनट के सफ़र में ज़्यादा बातें नहीं हो सकती थीं। लेकिन अगर अनुभूतियों को लीजिए, तो क्षण-भर में कुछ-का-कुछ हो जाता है। एक मीठी नज़र थी जो ज़िंदगी के उन क्षणों को रंगीन बनाती चली गई। उसकी आवाज़ में ऐसा लोच और रसीलापन था कि मुद्दतों तक कानों में शहद-सा घुलता रहा।

इधर-उधर की बातों में हम इतने खो गए थे कि इर्द-गिर्द की कुछ ख़बर नहीं रही थी–जब मैंने जंगल में शेर के शिकार की झूठी कहानी सुनाई और झूठमूठ कह दिया कि मैंने शेर के सामने ज़मीन पर खड़े होकर उस पर गोली चलाई, तो औरत की आँखें फटी-की-फटी रह गईं। हैरानी से बोली, "लेकिन मैंने सुना है कि शेर का शिकार मचान पर बैठकर किया जाता है।"

"जी हाँ," मैंने बेपरवाही से सिगरेट का बचा हुआ टुकड़ा हवा में फेंकते हुए जवाब दिया, "लेकिन सिद्ध शिकारी मचान पर कभी नहीं बैठते।"

उसे सचमुच मेरी बातों पर विश्वास हो गया। बातों में मुझे ख़याल आया कि पुरुष के मन में स्त्री के प्रति आकर्षण का एक कारण यह भी है कि औरत के सामने वह भी जी खोलकर झूठ बोल सकता है और औरतें भी हरदम झूठ सुनने के लिए तैयार रहती हैं। होशियार से होशियार औरत भी आख़िरकार उसी मर्द को पसंद करती है, जिसके झूठ पर वह विश्वास कर सके।

औरत बच्चों के-से भोलेपन के साथ कई बातें पूछती रही और मैं बड़े ध्यान से उनके जवाब देता रहा।–पाप-पुण्य, प्यार-मोहब्बत, सौंदर्य और शराफ़त व कमीनेपन से मिली-जुली यह मुलाक़ात कितनी मनोहर थी–उस सुहानी सुबह को दो अजनबी मुसाफ़िरों की छोटी-सी मुलाक़ात संसार के इतिहास की कितनी छोटी घटना है !

प्रेम की मंज़िल तो क्या आती–हाँ, बस की मंज़िल क़रीब आ रही थी।

बेबी अभी तक मेरी गोद में बैठी थी। एकाएक मुझे महसूस हुआ कि काम निकल जाने के बाद बेबी को तो मैं भूल ही गया था। मैंने लज्जित होकर बेबी की बग़ल में गुदगुदाया, "अरे बेबी ! तुम तो कोई बात ही नहीं करतीं–क्या तुम हमसे नाराज़ हो ?"

वह चुप रही।

"बोलो, बेबी !"

"नहीं।" बेबी ने इनकार के तौर पर सिर हिलाते हुए कहा।

"अच्छा, तो बताओ तुम्हारा नाम क्या है ?"

"मेला नाम ?"

"हाँ।"

"सुलतानाँ।"

"सुलताना।" औरत ने कहा।

मुझे पहली बार यह मालूम हुआ कि वे मुसलमान हैं। सुलताना की बग़लों में गुदगुदी करते हुए मेरे हाथ रुक गए। मैंने थोड़ा हिचकिचाते हुए पूछा, "क्या

आप मुसलमान हैं ?"

"जी।" यह कहकर औरत ने मेरी तरफ़ सवाल-भरी नज़रों से देखा।

"नहीं, कुछ नहीं।" मैं हँस दिया। मुझे हैरानी हुई क्योंकि देखने में वे···।

फिर ज़रा देर के लिए भद्दी ख़ामोशी छा गई।

"बात कुछ भी नहीं थी।" मैंने ख़ामोशी को तोड़ते हुए पूछा, "फ़साद के दिनों में आप दिल्ली में ही थीं ?"

"जी हाँ, हम सब यहीं थे।"

मेरे दिल को न जाने क्या होने लगा। मैंने रुकी-रुकी आवाज़ में पूछा, "आपको कोई तकलीफ़ तो नहीं पहुँची ?"

औरत ने कुछ रुककर कहा, "बस कुछ न पूछिए। रुपए-पैसे का बहुत नुकसान हुआ। जानें बच गईं, यही ग़नीमत समझिए। कनाटप्लेस में हमारी दूकान लुट गई। दंगाई घर में घुस आए··· लेकिन इसके पहले कि कोई नुकसान होता, पुलिस आ गई···"

मेरा सिर झुक गया···ऐसा क्यों होता है ? ऐसा क्यों होता है ?

स्टैंड पर पहुँचकर बस रुक गई।

यह सोचकर कि औरत अकेली है और बच्चे दो, शायद इसे मेरी मदद की ज़रूरत हो, मैंने अपनी सीट पर से उठने में देर की। लेकिन औरत के हलके से रूखेपन से ज़ाहिर हुआ कि उसे मेरी मदद दरकार नहीं है, इसलिए मैं एक भले आदमी की तरह उठकर चल दिया।

कुछ क़दम चलने के बाद मैंने यों ही घूमकर देखा कि वह औरत उठकर दरवाज़े की तरफ़ बढ़ रही है। लेकिन उसके क़दम उखड़े-उखड़े दिखाई देते थे। वह एक टाँग से कुछ लँगड़ाकर चल रही थी।

मैं सोचने लगा कि काश, इसकी टाँग में यह दोष न होता। ऐसी सुंदर स्त्री और यह ऐब !

एकाएक हमारी निगाहें मिलीं—शायद वह समझे बैठी थी कि मैं चला गया हूँ। मुझे एक बार फिर अपने सामने पाकर वह परेशान-सी हो गई, जैसे कह रही हो—आख़िर तुमने मुझे लँगड़ाकर चलते हुए देख लिया न ?

लज्जित होकर उसने अपना गुलाबी होता हुआ चेहरा झुका लिया और फिर जैसे रूठकर मुँह दूसरी ओर कर लिया।

मैं उसे मनाने के लिए आगे बढ़ा और उसके सामने जा खड़ा हुआ। उसके चेहरे का निरीक्षण करते हुए मैंने मन-ही-मन कहा—देवी ! तुम बहुत सुंदर हो,

तुम सुंदरता की पुतली हो। तुम क्या जानो, मैं इन कुछ क्षणों के लिए तुम्हारा कितना कृतज्ञ हूँ।··· और फिर मैंने ज़रा ऊँची आवाज़ में कहा, "माफ़ कीजिएगा–आप कुछ परेशान-सी नज़र आती हैं। क्या आपको कहीं जाना है ? टाँगा लाऊँ···या आपको किसी का इंतज़ार है ?"

उसने सिर पर दुपट्टा सँवारते हुए जवाब दिया, "जी, जाना तो क़रीब ही है··· वह नहीं आए··· नौकर को भेज देते··· नौकर को तो आना ही चाहिए था···।"

मैंने आगे बढ़कर लड़की को गोद में उठा लिया और बोला, "चलिए, मैं आपको छोड़ आऊँ।"

वह बिना कुछ कहे मेरे साथ हो ली।

अभी हम पंद्रह-बीस क़दम ही चले होंगे कि वह बोल उठी, "लीजिए वह लड़का··· हमारा नौकर चला आ रहा है।"

हम रुक गए। मैंने झिझकते हुए उसकी टाँग की तरफ़ इशारा करते हुए पूछा, "क्या यह पैदाइशी ख़राबी है ?"

वह ज़रा रुकी। फिर अपनी आँखें मेरी आँखों में डालते हुए मुस्कुराकर बोली, "जी नहीं··· जब फ़सादियों ने हमारे घर पर हमला किया, तो एक शूरवीर ने लाठी घुमाकर मारी थी···"

मेरा दिल बैठने लगा। काँपते हाथों से मैंने बच्ची को नौकर की तरफ़ बढ़ाया··· मेरे माथे पर ठंडे पसीने की बूँदें फूट पड़ीं। काँपते हुए हाथ से जेब में रूमाल टटोलने लगा।

विदाई के समय मैंने कुछ कहना चाहा, लेकिन होंठ फड़फड़ाकर रह गए और मैं कुछ इस अंदाज़ से दो क़दम पीछे हटा, जैसे वह पुरानी बाबुलियों की सुंदर राजकुमारी हो। मेरी आँखें झुककर उसके क़दमों पर जम गईं। मैंने कल्पना में उसके पाँव पर सिर रख दिया।

फिर उचटती हुई नज़रों से उसकी तरफ़ देखा, तो मालूम हुआ कि अब उन आँखों में न वह रूखापन था, न होंठों पर सख़्ती। और फिर मुझे यों महसूस हुआ कि वह मेहरबान होती हुई किसी अभिमानिनी मलिका की तरह कह रही हो, 'मलिका खुश हुई··· मलिका ने न सिर्फ़ तुम्हें, बल्कि सारी क़ौम को माफ़ किया···!'

एक बार फिर हमने एक-दूसरे की ओर कृतज्ञ दृष्टि से देखा और फिर हम एक-दूसरे से दूर होने लगे, यहाँ तक कि अंत में हमेशा के लिए ओझल हो गए।

तीन बातें

खेलसिंह गुरुद्वारा डेरा साहब के सेहन में सोया होता, तो उसे अँधेरे ही जागना पड़ता। चूँकि गुरुद्वारे में सबेरे शब्द-कीर्तन आरंभ हो जाता था और सेहन की सफ़ाई के लिए मुसाफ़िरों को जागना पड़ता था, इसलिए वह छत पर देर तक सोया रहा। यहाँ तक कि सूरज निकल आया और तेज़ धूप में शेरे-पंजाब महाराजा रंजीतसिंह की समाधि का कलस जगमगा उठा।

कीर्तन आरंभ हो चुका था और गुरु-प्रेम के मतवाले नर-नारी एकत्र हो रहे थे। खेलसिंह को अपनी सुस्ती पर बड़ी शर्म आई। जब वह गाँव में था, तब कभी इतनी देर से नहीं उठा था; किंतु जब से वह लाहौर आया, दिन-भर आवारागर्दी करने के बाद इतना थक जाता था कि सूर्योदय तक सोया रहता।

लेटे-लेटे उसने अपने पाँवों पर निगाह डाली। उसके पाँव बड़े-बड़े थे और टखनों की हड्डियाँ किसी बैल की हड्डियों से कम नहीं थीं। उसकी टाँगें बहुत लंबी थीं और लंबी दौड़ों में भाग लेने के कारण वे मज़बूत और बेडौल हो गई थीं।

कुछ देर इसी तरह लेटे रहने के बाद वह सहसा उछलकर उठ बैठा। इधर-उधर निगाह दौड़ाई। जो लोग रात को उसके साथ छत पर सोए थे, उनमें से अधिकांश जा चुके थे। उसने सेहन की ओर झाँककर देखा, जहाँ स्त्रियाँ छोटे-छोटे घूँघट निकाले, हाथों में कटोरियाँ थामे इधर-उधर घूम रही थीं।

अपने घर में भी वह इसी तरह उछलकर उठ बैठता था। यहाँ उसे कोई काम न था। पहाड़-सा दिन काटे नहीं कटता। चार दिनों से वह गुरुद्वारे के लंगर से रोटी खा रहा था। थोड़ी-सी नक़दी, जो उसके पास थी, उसमें से शर्बत और लस्सी पीने के लिए केवल कुछ आने बच गए थे और वह नहीं जानता था कि इसके बाद उसका निर्वाह कैसे होगा। वह सज्जनता का कुछ ऐसा क़ायल भी नहीं था। वह लटके हुए कल्लोंवाले महाजनों को बड़ी भयानक दृष्टि से घूरा करता था। लेकिन यह लाहौर था। एक चहल-पहल—लगातार लोगों

की रेल-पेल ··· कोई इक्का-दुक्का व्यक्ति मिल जाए, तो वह एक ही धौल जमाकर सबकुछ हथिया ले। उसे याद आया कि पाँच-छः महीने पहले वह और उसके साथी गाँव के एक साहूकार के घर में आधी रात के समय जा घुसे। जब कुछ हाथ न आया, तो जल्दी में उन्होंने तेरह बोरियाँ गेहूँ की उठा लीं, लेकिन पकड़ लिए गए। तीन साथी तो सज़ा पाकर बड़े घर पहुँच गए, किंतु उसका और उसके एक साथी का जुर्म प्रमाणित न हो सका ··· भविष्य के लिए उसने क़सम तो नहीं खाई, लेकिन सावधान हो गया। ··· सावधानी के कुछ और भी कारण थे ···एक तो गिरफ़्तारी की हालत में उसे बचानेवाला कोई न था। बाप मर चुका था और माँ बेचारी असहाय थी। दूसरे अमरकौर ने, जिसके साथ उसे बहुत अधिक प्रेम था और जो बड़ी कोमलांगी और धार्मिक विचारोंवाली युवती थी, खेलसिंह से साफ़ कह दिया था कि यदि तुम जेल चले गए, तो मैं कुछ खाकर मर जाऊँगी। खेलसिंह जानता था कि वह जिद्दी लड़की जो कुछ कहती है, उसे पूरा कर दिखाएगी। अंत में उसकी प्रेमिका और उसकी माँ ने मिल-जुलकर उसे इस बात पर राज़ी कर ही लिया कि वह शहर में जाकर कोई नौकरी खोजे ताकि वे लोग सुख से जीवन बिता सकें।

उसकी प्रेयसी अमरकौर अपनी आयु की अपेक्षा कहीं अधिक सयानी और दूरदर्शी थी। उसने खेलसिंह के हृदय में बजाय आवारगी के घर का प्यार पैदा करने की चेष्टा की। उनका एक घर होगा। वे दोनों खूब मज़े में बड़े प्यार से इकट्ठे रहा करेंगे। उनके यहाँ नन्हे-मुन्ने बच्चे पैदा होंगे। फिर उन्हें कितनी प्रसन्नता प्राप्त होगी। खेलसिंह की मंद बुद्धि इन बातों को समझने में असमर्थ थी। उसका अक्खड़ हृदय घर के आकर्षण से उदास ही रहा। किंतु जब-जब शाम के धुँधलके में कस्सी की पटरी पर अमरकौर गीली मिट्टी का तसला सिर पर जमाए हँस-हँसकर इस प्रकार की बातें करती, तो उसकी तेज़ी से घूमनेवाली चमकदार आँखें और पतले-पतले होंठ उसे बहुत ही भले प्रतीत होते। उसकी जीभ बाछों पर खिलने लगती, मानो अमरकौर मिठाई का दोना हो। यदि वह अमरकौर का ऐसा ही प्रेमी था तो घर, घर का प्यार और बच्चे तो मामूली बातें थीं। लेकिन जब अमरकौर देखती कि वह उसकी ओर ध्यान देने की बजाय लोलुप दृष्टि से उसके गालों और होंठों की ही ओर देख रहा है, तब सिटपिटाकर टूटी हुई कमानीवाली घड़ी की भाँति मौन हो जाती।

"ओ-हो-हो-हो।" खेलसिंह उसे दोनों बाँहों में उचक लेता। उसकी छोटी-छोटी मूँछें काँपने लगतीं, "भई अमरो ! देखो मुँह मत फुलाओ। धरम से, जो तुम कहोगी, वही करूँगा।"

"तो मैं क्या कह रही थी ··· तुमसे ?" अमरकौर चमककर पूछती।

"सुनो अमरो ! मेरी मोटी अक़्ल इन बातों को नहीं समझती। तुम मुझे समझाने की चेष्टा मत करो। बस, मुझे इतना बता दो कि मैं क्या करूँ ?"

फिर वह उसके तमतमाते हुए गालों पर होंठ रख देता। अमरकौर उसे प्यार करने की छुट्टी भी दे देती और साथ ही फटकारती भी जाती। देखो ! ··· कोई आ रहा है ··· कोई देख लेगा ··· अब मैं यहाँ कभी नहीं आऊँगी, इस जगह ··· बस देख लेना, हाँ !"

उसके घर के पास ही अमरकौर की गाय बँधी रहती थी। संध्या समय वह वहाँ दूध दुहने के लिए आती थी। जब उधर से वह गुज़रता तब उचककर एक दृष्टि उधर अवश्य डालता। यदि अमरकौर दिखाई देती, तो पहले इधर-उधर देखकर इत्मीनान कर लेता और फिर उसे संबोधित कर गुनगुनाने लगता—

नी-लच्छीये बादाम रंगिए।
तेनू लैन कबूतर आया।

"···जो बोले सो निहाल !" गुरु के मतवालों ने नारा लगाया। तब खेलसिंह चौंक उठा। अब प्रसाद बाँटा ही जानेवाला था। उसने इधर-उधर देखकर अपना कंधा सँभाला और अस्त-व्यस्त बालों को समेटने के बाद जल्दी से पगड़ी बाँधी और चादर कंधे पर डाल, तहमद की सिलवटें ठीक करता हुआ सीढ़ियों से नीचे उतरा। मुँह पर पानी के छींटे दिए और पगड़ी के शमले से चेहरा पोंछा। गुरुद्वारे के दरवाज़े पर निहंग सिक्खों को खड़े देख, बड़े श्रद्धापूर्ण ढंग से पाँव भी धो डाले और दरवाज़े की चौखट लाँघकर अंदर घुसा। पहले एक बार उसने भूल से चौखट पर पाँव रख दिया था, तो सेवादार ने उसे आँखें दिखाकर टोक दिया था।

प्रसाद बाँटा जा रहा था। उसने पहले तो सामने से हाथ बढ़ाकर प्रसाद लिया, फिर पैंतरा बदलकर दूसरी ओर हाथ बढ़ाकर प्रसाद ले लिया। प्रसाद देनेवाले को तनिक संदेह हुआ। जब थोड़ा चक्कर काटकर उसने तीसरी बार हाथ बढ़ाए तब प्रसाद बाँटनेवाले को गुस्सा आ गया।

"सरदारजी ! बड़े अफ़सोस की बात है।"

वास्तव में अफ़सोस की बात थी, किंतु वह सबेरे उसी हलुवे से नाश्ता किया करता था और ऊपर से पाव-भर दही की लस्सी पी लेता था। गाँव में तो हर व्यक्ति को पाव-भर हलुवा दिया जाता था, किंतु यहाँ ये शहरी लोग छः माशा हलुवा देकर रह जाते थे। अतएव खेलसिंह ने कहा, "ज्ञानीजी !

इतना-सा हलुवा तो हमने ज़िंदगी में पहली बार देखा है ··· यह तो बस हथेलियों से चिपटकर रह जाता है।"

प्रसाद बाँटनेवाले के तेवर बिगड़ गए, "सरदारजी ! प्रसाद आख़िर प्रसाद है ··· इसका यह मतलब नहीं कि प्रसाद ही से पेट भर लिया जाए।"

खेलसिंह इस प्रकार के तेवरों से अनभिज्ञ था। चुपचाप एक ओर सरककर खड़ा हो गया। जब सभी मतवाले चले गए, तो वह एक कोने में सीमेंट के ठंडे फ़र्श पर पालथी मारकर बैठ गया। इतने में ज्ञानीजी दीख पड़े और एक बड़े दोने में पाव-डेढ़ पाव हलुवा डालकर उसे दे गए। खेलसिंह चकित रह गया। जब हलुवा खाकर वह बाहर निकला, तो पाव-भर दही में सेर-भर पानी डालकर लस्सी पीने लगा। लस्सी पीने के बाद वह सरदार बुद्धसिंह टिंबर मर्चेंट की दूकान की ओर चल पड़ा। दो दिन पहले वह उनके यहाँ जा चुका था। सरदार साहब उसके गाँव के ही रहनेवाले थे। उन्हें एक नौकर की आवश्यकता थी और वे खेलसिंह को नौकरी देने पर राज़ी हो गए थे। किंतु ये शब्द बुद्धसिंह के बेटे हरनामसिंह ने कहे थे, इसलिए वह बुद्धसिंह से मिलने के लिए आज फिर वहाँ आया था। बुद्धसिंह को व्यस्त देखकर खेलसिंह कोने में पड़ी हुई चारपाई पर बैठकर ऊँघने लगा।

खेलसिंह कुछ पढ़ा-लिखा भी था। दो कक्षाएँ पास कर चुका था। तीसरी कक्षा में एक बार मास्टर ने उसे अधिक देर तक मुर्ग़ा बनाए रखा, तो उसने पढ़ना-लिखना छोड़ दिया था। इसके अतिरिक्त उसने अँगरेज़ी पढ़ने की कोशिश भी की थी। वह 'ए' से 'ज़ेड' तक सारे अक्षर पढ़ लेता था और उनमें से कुछ लिख भी सकता था।

छुट्टी पाकर सरदार बुद्धसिंह उसकी ओर आकृष्ट हुए। उनकी दृष्टि कमज़ोर थी और कान भी कुछ बहरे थे। अतएव खेलसिंह को उनके निकट पहुँचकर और चिल्लाकर अपनी बात कहनी पड़ी। बड़ी मुश्किल से बूढ़े सरदार ने बताया कि उनके पहले नौकर का ख़त कल ही आया है और वह दो-चार दिन में वापस आनेवाला है। इसलिए वे उसे नहीं रख सकते।

इधर से जवाब पाकर खेलसिंह ने प्याऊ से पानी पिया और शहर की ओर चल दिया। अब वह बिलकुल निराश हो चुका था। उसने सोचा, आज सैर करके कल गाँव वापस चला जाए। वह बड़ी-बड़ी आशाएँ लेकर शहर आया था लेकिन अब क्या मुँह लेकर वापस जाएगा ? वह एक स्वच्छंद प्रकृति का युवक था। इस प्रकार के बंधनों और विवशताओं से कभी उसका सामना नहीं हुआ था। घूमते-घामते वह शाही मोहल्ले के निकट एक धर्मशाला में पहुँच

गया। वह दिन में एक बार उस धर्मशाला में चला जाया करता था। वहाँ का ग्रंथी एक अच्छा-भला युवक था। उन दोनों में कुछ घनिष्ठता हो गई थी, किंतु खेलसिंह ने उसे कभी अपने भेद न बताए थे। ग्रंथी उसे अभी तक एक खाता-पीता ज़मींदार समझता था।

समय काटने के लिए खेलसिंह दोपहर को वहाँ पहुँच जाता। वे दोनों फ़र्श पर ठंडे पानी का छिड़काव करते और बिजली के पंखे के नीचे ईंटों के बने हुए ठंडे फ़र्श पर लेट जाते। इधर-उधर की गप्पें हाँकते रहते ! नींद आती तो सो भी जाते।

आज वह समय से कुछ पहले ही पहुँच गया था। जब सीढ़ियाँ चढ़कर हॉल में प्रवेश करने लगा, तब उसने देखा कि बग़लवाले कमरे में ग्रंथी रीठों के पानी में सिर धो रहा है। उसे देख, ग्रंथी ने ठहाका लगाया। दो-चार बातों के बाद खेलसिंह अंदर चला गया। उसने सुराही से गिलास में पानी उँड़ेला और धीरे-धीरे पीने लगा। वास्तव में उसे बड़ी भूख लग रही थी। कई दिनों से वह लंगर की रोटियाँ खा रहा था। अब उसे शर्म महसूस हो रही थी। उसने सोचा कि अब वह कम-से-कम एक जून का भोजन ही वहाँ करेगा।

पंखा छोड़कर उसने पगड़ी उतारी और फ़र्श पर लेट गया। ग्रंथी नहाने के साथ-साथ बातें भी किए जाता था। उसकी बेतुकी बातों से खेलसिंह अपनी भूख को बहलाने लगा। थोड़ी देर बाद ग्रंथी अपने लंबे-लंबे बाल निचोड़ता हुआ भीतर आया और उसने एक बड़े मज़े की बात शुरू कर दी। इतने में एक आदमी उन्हें भोजन के लिए बुलाने आया। श्राद्धों के दिन थे। खेलसिंह मन-ही-मन प्रसन्न हुआ कि आज पेट-भर भोजन मिलेगा। मामूली इनकार के बाद वह भोजन पर बैठ गया। भोजन कर चुकने के बाद उसे ऐसी गहरी नींद आई कि शाम तक उसकी आँख न खुली।

उठते ही उसने नल के ठंडे पानी से स्नान किया, तो तबियत खिल गई। ग्रंथी ने शक्कर के ठंडे शर्बत में सत्तू घोल रखा था। उसने आँखें बंद करके दो लोटे लिए। वह सत्तू का बड़ा शौक़ीन था।

दोबारा पगड़ी बाँधकर उसने ग्रंथी से हाथ मिलाया और बताया कि उसका काम ख़तम हो चुका है। और वह कल अपने गाँव लौट रहा है। इस बार ग्रंथी ने बड़े तपाक से हाथ मिलाया और उससे कहा कि जब कभी वह लाहौर आए तो उससे अवश्य मिले।

यहाँ से वह बाज़ार की सैर करने के लिए चल खड़ा हुआ। अनारकली में घूमता हुआ वह नीला गुंबद जा निकला। वहाँ उसने लकड़ी के बड़े-बड़े तख़्तों

पर विभिन्न प्रकार के चित्र लगे देखे। एक चित्र में पहाड़ का दृश्य दिखाया गया था। पहाड़ में जगह-जगह बिल बने हुए थे। इधर-उधर पत्थरों पर बड़े-बड़े चूहे दौड़ते हुए दिखाए गए थे। नीचे लिखा था–

"जापानी चूहे हैं, इन्हें मार भगाओ।"

यह चित्र देखकर खेलसिंह बड़ा प्रसन्न हुआ। उन चूहों की आकृति बड़ी ही हास्यास्पद थी। यानी शरीर तो चूहे की भाँति और सिर मनुष्यों के-से। कुछ चूहों ने ऐनक भी लगा रखी थी। वह सोचने लगा कि जब वह गाँव में जाकर अमरकौर से इन चूहों की चर्चा करेगा तो वह कितनी प्रसन्न होगी, कितनी विस्मित होगी, फिर उसने दिमाग़ पर ज़ोर डाला कि आख़िर में जापानी हैं कौन ? ये कैसे विचित्र चूहे होते हैं। उसने आज तक ऐसे चूहे नहीं देखे। उसने पगड़ी सरकाई, सिर खुजाया, बहुत सोचा, लेकिन कुछ समझ न सका।

इतने में किसी ने उसके कंधों पर हाथ रख दिया। उसने घूमकर देखा कि उसका एक पुराना दोस्त हर्षासिंह था। धूप में उसका चेहरा काले बूटों की भाँति चमक रहा था। आधी पगड़ी सिर पर बँधी हुई थी और आधी इधर-उधर झूल रही थी। खेलसिंह उछलकर उससे लिपट गया।

हर्षासिंह की खेलसिंह से बड़ी घनिष्ठता रही थी। वह बलिष्ठ शरीर का साहसी युवक था। उसे ऐसे-ऐसे हथकंडे याद थे कि बड़े-बड़े उस्ताद उसका लोहा मानते थे। दोनों बचपन से ही बहुत गहरे दोस्त थे। हर्षासिंह कबड्डी बहुत अच्छी खेलता था। उसका शरीर मछली की भाँति चिकना और ख़रगोश की भाँति फुर्तीला था। वह भेड़िए की तरह खूँखार और मक्कार था। जवान होते ही उसने बड़े पैमाने पर डाके डालने शुरू कर दिए थे। उसने इलाक़े के एक नामी डाकू सुंदरसिंह से भी मेल-जोल पैदा कर रखा था और उन दोनों ने मिलकर बड़े-बड़े मैदान मारे थे। बाद में सुंदरसिंह को फाँसी हो गई और हर्षासिंह लापता हो गया। आज उसे अपने सामने देखकर खेलसिंह को बड़ी प्रसन्नता हुई। दोनों एक हलवाई की दूकान में घुसे। हर्षासिंह ने दो सेर मिठाई ख़रीदी और मिठाई खाने के बाद दोनों ने पेट भरकर लस्सी भी पी।

हर्षासिंह ने बताया कि उसने ज़िला अमृतसर में दो ऐसे घर ताड़ रखे हैं, जहाँ से माल उठा लाना कुछ कठिन नहीं है। यह सुनकर खेलसिंह बड़ा प्रसन्न हुआ। इस प्रकार की बातचीत से उसे गहरी दिलचस्पी थी। उसने भविष्य की बड़ी सुंदर कल्पना की। और उन दोनों में निश्चय हो गया कि वे कल फिर इसी जगह मिलेंगे। यह निश्चय कर वे दोनों एक-दूसरे से विदा हो गए।

हर्षासिंह के चले जाने के बाद थोड़ी देर तक खेलसिंह को ऐसा अनुभव हुआ, मानो उसके हृदय पर से भारी पत्थर हट गया हो। किंतु जब उसे अमरकौर का ख़याल आया, तो वह कुछ निराश-सा हो गया। यदि उसे मालूम हो गया कि मैंने फिर डाके डालने शुरू किए हैं तो वह सचमुच बिगड़ जाएगी। उसे चोर की पत्नी बनना कभी पसंद न था। इस पर उसने मन-ही-मन अमरकौर को दो-तीन गालियाँ भी दीं ··· लेकिन वह उससे प्रेम करता था, इसलिए उसकी उपेक्षा नहीं कर सकता था। उसने फिर गंभीरता से सोचना शुरू किया। यदि यह संभव हो सके कि वह केवल एक बार डाका डाल ले, फिर चाहे ज़िंदगी-भर के लिए इस पेशे को छोड़ दे। लेकिन यदि वह गिरफ़्तार हो गया, तो उसका जीवन बरबाद हो जाएगा। अमरकौर से हाथ धोने पड़ेंगे। माँ को अलग दुख होगा और वह स्वयं जेल में पड़ा सड़ेगा।

इसी उधेड़-बुन में वह चला जा रहा था। यद्यपि यह काम बड़ा कठिन था, किंतु वह स्वस्थ और मज़बूत होने के बावजूद कुटिल नहीं था। वह नहीं जानता था कि आख़िर क्या करे ? सड़कों पर असंख्य मोटरें, बहुमूल्य वस्त्र धारण किए पैसेवाले लोग, बड़ी-बड़ी दूकानें और ऊँचे-ऊँचे मकान देखकर वह हैरान हो रहा था। आख़िर इन सबके लिए इतना रुपया कहाँ से आता है ? वह क्यों अपनी प्रेयसी के साथ शांतिपूर्ण जीवन व्यतीत करने में असमर्थ है ? इसी प्रकार के विचारों में लीन वह एक बाग़ में जा निकला। एक रॉस के किनारे बड़े-से बोर्ड पर मोटे-मोटे अक्षरों में लिखा था—

'वीरता का पुरस्कार।'

वह सोचने लगा कि 'पुरस्कार' क्या होता है। फिर वह ग़ौर से उस पदक की ओर देखने लगा, जिसके नीचे लिखा था—'विक्टोरिया क्रॉस'—'मंगलसिंह, आठवीं राजपूताना राइफ़ल को वीरता के पुरस्कार स्वरूप विक्टोरिया क्रॉस प्रदान किया गया।'

वह नहीं जानता था कि विक्टोरिया क्रॉस होता क्या है और कैसी बहादुरी पर दिया जाता है। और फिर विक्टोरिया क्रॉस मिलने के बाद क्या होता है ! ··· ऊबकर वह परे एक बेंच पर जाकर बैठ गया। उसे अपनी बुद्धिहीनता पर बहुत ही दुख हुआ। वह फिर अपने विचारों में खो गया और अपने माथे को उँगलियों से बजा-बजाकर सोचने लगा कि वह क्या करे और क्या न करे। वह हर्षासिंह से दोबारा मिले या न मिले।

खेलसिंह घास पर लेट गया। एक बाजू सिर के नीचे रख लिया, दूसरा माथे पर और अधखुले नेत्रों से दूर-दूर तक देखने लगा। सामने ठंडी सड़क

के परले सिरे पर बहुत लंबा-चौड़ा तख़्ता लटका हुआ था। उस पर एक सुंदर स्त्री का चित्र बना था। उस स्त्री का चेहरा उसके पूरे क़द के बराबर था। बड़ी-बड़ी आँखों और लाल-लाल गालोंवाली वह अत्यधिक सुंदर स्त्री थी। वह चकित होकर सोचने लगा कि आख़िर यह किस स्त्री का चित्र है। नीचे अँगरेज़ी के मोटे-मोटे अक्षरों में कुछ लिखा था। उसने सोचा, शायद यह किसी मेम की तस्वीर है, यद्यपि उसने देशी कपड़े पहन रखे थे। उसने सुना था कि अब मेमें भी देशी कपड़े पहनने लगी हैं, किंतु इस तस्वीर को बाज़ार में टाँगने की क्या आवश्यकता थी। परपुरुषों के सामने अपने सौंदर्य का प्रदर्शन क्यों किया गया। फिर वह चित्र की लंबाई-चौड़ाई को देख-देखकर हैरान होने लगा—'बल्ले-बल्ले' ··· उस बोर्ड के साथ एक और जो छोटा-सा तख़्ता था, उस पर मोटे-मोटे अक्षरों में कुछ लिखा था। उसने माथे से हाथ हटाकर आँखें और भी अधिक खोल लीं। देर तक ग़ौर करने के बाद वह पढ़ सका !

'इंडियन आर्म्ड कोर को आप जैसे नौजवानों की ज़रूरत है।' वह उछल पड़ा। यह इंडियन आर्म्ड कोर नया ही नाम है। हरबंस कौर, प्रेम कौर, जीत कौर तो उसने सुन रखे हैं, लेकिन इंडियन आर्म्ड कोर बिलकुल नया नाम है। शायद किसी अँगरेज़ औरत का नाम हो। इधर-उधर कुछ लोग घूम रहे थे। उसके मन में आया कि किसी से उस औरत के विषय में पूछे। लेकिन औरत का मामला था, इस तरह की बात निर्भीकता से पूछते हुए उसे शर्म-सी महसूस हुई। अतएव उसके मन की बात मन ही में रह गई। आख़िर उसने अपनी चादर को तह करके उसे सिर के नीचे रखा और लेट गया। ठंडी-ठंडी हवा चल रही थी। हवा में एक सुखद-सी नमी थी। उसे नींद-सी आने लगी। लेटे-लेटे वह इंडियन आर्म्ड कोर के बारे में फिर सोचने लगा। धीरे-धीरे उसकी समझ में कुछ-कुछ आने लगा कि इस स्त्री का चित्र टाँगने का क्या उद्देश्य है। उसने सुन रखा था कि लाहौर में बड़ी-बड़ी बदमाशियाँ होती हैं। लेकिन क्या कोई स्त्री इतना साहस कर सकती है कि अपनी तस्वीर इस तरह बाज़ार में लगाकर दूसरे तख़्ते पर लिखवा दे कि 'इंडियन आर्म्ड कोर को आप जैसे नौजवानों की ज़रूरत है।'

उसने परियों की कहानियों में एक सुंदर रानी का क़िस्सा सुना था। उसकी जवानी बस एक क़यामत थी। जो भी उसकी ओर आँख उठाकर देख लेता, अपने होश-हवास खो बैठता। वह नित्य नए नौजवान से गाँठ जोड़ा करती और जब वे बेकार हो जाते, तो उन्हें मगरमच्छों के तालाब में फेंकवा देती ··· किंतु वह तो कहानी थी, लेकिन यह औरत—आख़िर इसे नौजवानों की क्या ज़रूरत

है ? क्या इसका चाल-चलन भी ख़राब है ? क्या यह भी नौजवानों को बेकार करके परे फेंक देती होगी ? क्या सरकार ने कोई ऐसा क़ानून नहीं बनाया, जो ऐसी बदचलन और नौजवानों को बरबाद कर देनेवाली स्त्रियों पर लागू हो सके ?

धीरे-धीरे बाग़ में लोगों की उपस्थिति बढ़ने लगी। काली-काली आयाएँ बच्चों की गाड़ियाँ ढकेलती हुई आईं। कुछ शौक़ीन-मिज़ाज कालेज के छोकरे अंग्रेज़ी में गिट-पिट करते हुए इधर-उधर मटरगश्ती करने लगे। कई बूढ़े खूसट अपनी चिकनी खोपड़ियों पर हाथ फेरते हुए बेंचों पर आ बैठे। पास के पेड़ से रेडियो की आवाज़ आने लगी। उसने पहले भी रेडियो सुना था। लेकिन बाग़ में सहसा रेडियो की आवाज़ सुनकर वह चौंक पड़ा। इधर-उधर के लोग भी रेडियोवाले पेड़ के पास ज़मीन पर बैठ गए। उसने अपनी ढीली पगड़ी को ठीक किया और सँभल बैठा। इतने में रेडियो से 'मिर्ज़ा साहबान' के बोल सुनाई दिए। उसके मन पर मस्ती छा गई। एक छाब्ड़ीवाला उधर आ निकला। उसने जेब टटोलकर देखा, एक टका बच गया था। अब यही उसकी कुल पूँजी थी। उसने छाबड़ीवाले को आवाज़ देकर दो पैसे के कचालू लिए और उन्हें तिनके में फँसा-फँसाकर खाने लगा।

कचालू खाने के बाद वह उठा। नल से पानी पिया और मूँछें पोंछता हुआ, रेडियोवाले पेड़ की ओर बढ़ा। वहाँ एक बड़ा तख़्ता लगा हुआ था, जिस पर नीचे-ऊपर तीन आदमी भागे चले जा रहे थे। उनके पीछे तीन आदमी बंदूकें थामे उनको दौड़ा रहे थे। हर जोड़े के साथ किनारे पर लिखा था—

'इटली में दुश्मन को भगानेवाला कौन ? पंजाबी जवान।'
'जर्मनों को कौन भगा रहा है ? पंजाबी जवान।'
'जापानियों को कौन मार भगाएगा ? पंजाबी जवान।'

वह ग़ौर से उन तस्वीरों की ओर देखने लगा। कैसी हास्यास्पद सूरतें बना रखी हैं। ऐसा लगता है, मानो भागने और भगानेवाले लकड़ी के बने हों। वह देर तक आँखें फाड़कर बोर्ड की ओर देखता रहा। फिर उसने एक लंबी जम्हाई ली और ज़ोर से खाँसकर बलगम उगला। फिर आँखें झपकाता हुआ रेडियो की ओर बढ़ा। आवाज़ पेड़ की टहनियों में से आ रही थी। उसने सोचा कि अगर रात को चढ़कर रेडियो उठा लिया जाए तो कैसा रहे। वह पेड़ के तने और टहनियों पर नज़र दौड़ा-दौड़ाकर ऊपर चढ़ने की संभावनाओं पर विचार करने लगा। जब उसने इधर-उधर घूमकर देखा तो उसे मालूम हुआ कि पेड़ पर सिवाय भोंपू के और कुछ भी नहीं है। एक बाबू ने उसे बताया कि रेडियो

परे सरकारी कमरे में बंद है। वहाँ से बिजली का एक तार पेड़ से बाँध दिया गया है और तार के आगे भोंपू लगाया गया है।

खेलसिंह निराश होकर एक ओर बैठ गया। यहाँ भी छोटे-छोटे बोर्ड लगे थे। एक पर लिखा था–'हिंदुस्तान को बचाओ।' उसने अपने कसे हुए जूड़े को ढीला किया और सोचने लगा कि हिंदुस्तान कहाँ है। वह यू. पी. के लोगों को हिंदुस्तान समझता था और बस इतना जानता था कि पूर्व की तरफ़ कोई देश है जिसे लोग हिंदुस्तान कहते हैं। वहाँ के लोग दुबले-पतले होते हैं। उनकी ज़बान भी खूब चटर-पटर-सी होती है। फिर वह मन-ही-मन में कहने लगा, न जाने बेचारे हिंदुस्तान पर क्या आफ़त आ पड़ी है ? धीरे-धीरे वह फिर अपनी उलझनों में गुम हो गया।

वह तिनके से दाँत कुरेदने लगा। अब उसे सख़्त भूख लग रही थी। उसने सोचा कि आज वह ज़रा जल्द ही गुरुद्वारे पहुँच जाएगा, नहीं तो अगर भोजन का समय निकल गया तो उसे फिर भूखा रहना पड़ेगा। लाहौर में उसका जी नहीं लगा। उसे इस बात का बड़ा रंज था कि उसे कोई नौकरी नहीं मिल सकी। उसके पास बैठा हुआ लड़का एक दूसरा बोर्ड पढ़ने लगा–

'हिंदुस्तान की जय।'

'आ जाओ नौजवान ! दुश्मन भाग रहा है। यही मौक़ा है उसका पीछा करने का।'

एक सिपाही लोहे की टोपी पहने और दोनों हाथ उठाए ललकार रहा था। उसके एक हाथ में बंदूक थी, दूसरा ख़ाली था। उसके पीछे-पीछे और सिपाही भी चले आ रहे थे।

खेलसिंह ने फिर हाथ फैलाए और मुँह खोलकर एक लंबी-सी जम्हाई ली।

उसके चौड़े मुँह में मोटे-से-मोटे दुश्मन की खोपड़ी आ सकती है, उसकी फ़ौलादी उँगलियाँ तगड़े-से-तगड़े दुश्मन का टेंटुआ दबा सकती हैं। लेकिन दुश्मन था किधर ?

उसकी भूख तेज़ होती जा रही थी। दिमाग़ में विचारों की उथल-पुथल बढ़ती जा रही थी। लोग शोर मचा रहे थे। रेडियो गीत सुना रहा था। कुत्ते भौंक रहे थे ··· वह चादर झाड़कर उठ खड़ा हुआ। अब वह अधिक सहन नहीं कर सकता था। वह गुरु के लंगर में जल्दी-से-जल्दी पहुँच जाना चाहता था।

जब वह बाग़ के फाटक से निकलने लगा, तो उस पर एक फ़ौजी सिक्ख की तस्वीर बनी हुई थी, जिसके गालों पर खूब चर्बी चढ़ी थी। खुशनुमा दाढ़ी खूब कसकर बँधी हुई थी। और सिर पर गोली-सी दोहरी पगड़ी बँधी थी।

··· उसके हाथ की तीन उँगलियाँ उठी हुई थीं। दूसरे हाथ की एक उँगली से वह उन उँगलियों की ओर इशारा कर रहा था। नीचे लिखा था–

तीन बातें–

"अच्छी खूराक !"

"अच्छी तनख़्वाह !!"

"जल्दी तरक्की !!!"

और नीचे लिखा था–

"भोजन मुफ़्त मिलता है। वर्दी, कपड़े, जूते और तनख़्वाह सबकुछ मुफ़्त-ही-मुफ़्त। घर जाने के लिए छुट्टियाँ भी पूरी तनख़्वाह पर।'

खेलसिंह कुछ देर तक उस तख़्ते की ओर घूरता रहा, फिर अपनी लंबी ज़बान होंठों और बाछों पर फ़ेरी और फिर पता पूछता हुआ भरती के दफ़्तर की ओर चल पड़ा।

सूरमासिंह

जहाँ मैं खड़ा था, वहाँ वर्षा नहीं हो रही थी, परंतु पहाड़ की ढलानों पर बने हुए मकानों की फ़ौलादी छतों पर बड़ी-बड़ी बूँदें गिरने की आवाज़ आ रही थी। ऐसा लगता था जैसे दूर से गानेवालों की मंडली मधुर साज़ बजाती चली आ रही हो। थोड़ी ही देर में बारिश की यह बौछार सारे पहाड़ को अपनी लपेट में ले लेनेवाली थी। जो लोग बारिश की इस आदत से वाक़िफ़ थे, वे जल्दी-जल्दी चलते हुए किसी-न-किसी छत के नीचे पहुँचने की कोशिश कर रहे थे।

मैं सैर करने निकला था, दाएँ-बाएँ, नीचे-ऊपर बादल-ही-बादल थे और उनकी नमी के एहसास से यों लगता था, जैसे गीले-गीले स्पंज में घुस बैठे हों। मेरा लौटने का मूड नहीं था, इसलिए मैंने ज़रा ऊपर बने हुए छतवाले अड्डे की ओर देखा, जहाँ किराए के टट्टू खड़े दुमें हिला-हिलाकर अपनी मक्खियाँ उड़ाया करते थे ··· ये मक्खियाँ टट्टुओं से उड़कर टट्टू हाँकनेवाले के चेहरों पर जा बैठती थीं।

मैं जल्दी-जल्दी उस अड्डे की ओर बढ़ा। सोचा, पहाड़ की बारिश का क्या ठिकाना ? इधर सड़सड़ाकर बारिश हुई, उधर तिलमिलाकर सूरज निकल आया ··· क्यों न पंद्रह-बीस मिनट टट्टुओं की सोहबत में गुजारे जाएँ ?

बारिश का वह संगीत अब शोर बन चुका था। लोगों में भगदड़ मची थी। जिन लोगों ने बरसातियाँ और टोपे पहन रखे थे, वे इत्मीनान से बूँदों के गिरने की प्रतीक्षा कर रहे थे। आख़िर उन्होंने बरसाती और टोपों पर जो दाम ख़र्च किए थे, वे भी तो हलाल होने चाहिए। इन्हीं लोगों में मैंने पहले-पहल सूरमासिंह को देखा—उसके पास न बरसाती थी, न टोपा, न छाता ! उसकी आँखों पर काला चश्मा चढ़ा था, पाँव में देसी जूता, झूलते हुए इज़ारबंदवाला घुटनों तक का कच्छा, खद्दर का कुर्ता, सिर पर मुश्किल से ढाई-तीन गज़ सफ़ेद कपड़े की पगड़ी। कलाई पर मोटा लोहे का कड़ा, हाथ में लाठी ··· वह तेज़-तेज़

क़दम उठाता हुआ सड़क पर बढ़ा चला जा रहा था; यह तो साफ़ दिखाई दे रहा था कि वह भी बारिश से बचने के लिए बेचैन था, मगर शायद उसे टट्टुओं की सोहबत पसंद नहीं थी।

पर मेरा यह विचार ग़लत निकला। चलते-चलते उसने एक राहगीर के कंधे पर हाथ रखा, उससे कुछ कहा और वह राहगीर उसका हाथ पकड़कर टट्टुओं के अड्डे तक ले आया।

तब पता चला कि वह दरअसल सूरमासिंह था।

जिस तरह हिंदुओं में अंधे को सूरदास और मुसलमानों में हाफ़िज़जी कहा जाता है, इसी तरह सिक्खों में अंधे को सूरमासिंह कहते हैं।

अभी सूरमासिंह अड्डे से कुछ क़दम परे ही था कि वर्षा की बड़ी-बड़ी बूँदें सर पटक-पटककर गिरने लगीं। वह भीगा नहीं, परंतु उसके कुर्ते पर रसीले दाग़ दिखाई देने लगे। उसकी छोटी-छोटी दाढ़ी और मूँछों पर बूँदें झूठे मोतियों की तरह लटक रही थीं। कैसी अजीब बात थी ! उसने सबसे पहले अपना चश्मा उतारा और कुर्ते की ज़ेब में से झाड़ननुमा रूमाल या रूमालनुमा झाड़न निकालकर काले चश्मों को पोंछा और फिर बड़े एहतियात से चश्में की कमानियों को कानों पर चढ़ा लिया।

हाथ से लाठी थामे वह मुझसे चार क़दम दूर खड़ा था। जो राहगीर उसे छोड़ने आया था, वह अब लौट रहा था। एकाएक उसका पाँव फिसला और वह धड़ाम से गिर पड़ा—एक अंधे की सेवा का मेवा पाकर निश्चय ही उसकी आत्मा को शांति प्राप्त हुई होगी ··· गिरकर वह हँसा, जल्दी से उठा और अब वह पाँव धरती पर अच्छी तरह जमाता हुआ सड़क की ओर बढ़ा।

सूरमासिंह का मुँह अधखुला-सा था। उसकी एक दाढ़ साफ़ दिखाई दे रही थी। शायद पहले कभी उस दाढ़ को कीड़ा लगा हो। डेंटिस्ट ने उसे खुरचकर उसमें मसाला भर दिया होगा। परंतु अब मसाला ग़ायब था और मटियाला-सा गड्ढा बाक़ी रह गया था, बिलकुल उसकी आँखों की तरह, जो दो मटियाले गड्ढों की तरह दिखाई दे रही थीं।

मैं उसकी ओर यों देख रहा था जैसे वह किसी और ही संसार का रहनेवाला हो—शायद उसे भी किसी तरह से मेरी मौजूदगी का एहसास हो गया था। वह एक क़दम मेरी ओर खिसक भी आया कि इतने में पास खड़ा टट्टू समझा, और वह बिदककर पीछे हट गया।

होटल में नहीं, मैं गुरुद्वारे में ठहरा हुआ था, क्योंकि गुरुद्वारे में चार दिन तो हर आदमी मुफ़्त में रह सकता था। इसके बाद एक दिन का एक रुपया

नज़राना देकर मुसाफ़िर महीना-भर रह सकते थे। नज़राना देनेवालों को अलग से कमरा मिल जाता। क़रीब-क़रीब हर कमरे के साथ एक छोटा-सा रसोईघर भी था, या गुरुद्वारे की ओर से लोहे की अँगीठी मिल जाती थी। नहाने के लिए चार साँझे गुसलख़ाने थे और लोहे की चादरों के बने हुए संडास, गुरुद्वारे की सबसे निचली मंज़िल के भी नीचे बने हुए थे। यहाँ से गंध उठ-उठकर गुरुद्वारे की तीनों मंज़िलों तक पहुँचती थी। रहने के कमरे गुरुद्वारे के पिछवाड़े थे। सबसे ऊपर की मंज़िल पर एक बड़ा हॉल था, जो इस गाँव की पहुँच से दूर था। गुरुद्वारे का फाटक पक्की सड़क पर खुलता था और साथ ही एक छोटी-सी डिस्पेंसरी भी थी।

मुझे बीचवाली मंज़िल में एक छोटा-सा कमरा मिला, जिसके साथ रसोईघर नहीं था। इसलिए मेरा पहाड़ी नौकर कमरे में ही अँगीठी दहकाकर उस पर खाना या चाय बनाता।

यों तो गुरुद्वारा काफ़ी घनी आबादी में था, यह अलग बात थी कि पहाड़ी स्थान होने के कारण मकान उसके साथ सटे हुए नहीं थे, बल्कि दूर तक फैले नज़र आते थे। मैदानों से सामान लादकर लानेवाले खच्चरों के कारवाँ गुरुद्वारे के आगे से ही गुज़रते थे। सुबह दस बजे के क़रीब जब जमादार सारे संडासों की सफ़ाई करके फिनायल छिड़क देता तो उस गंध से पीछा छूटता। तब खच्चरों के कारवाँ मैदानों से ऊपर पहुँचने लगते। उनकी गर्दनों से लटकी हुई पीतल की बड़ी-बड़ी घंटियों की टनाटन दूर ही से सुनाई देने लगतीं और जब वे क़रीब से गुज़रते तो घंटियों की टनाटन में खच्चरों के निकलनेवाली लंबी छींक की-सी आवाज़ें भी घुल-मिल जातीं।

गुरुद्वारे के पिछवाड़े मुसाफ़िरों के लिए पच्चीस-तीस कमरे बने हुए थे, जिनमें रहनेवाले भाँति-भाँति के मुसाफ़िरों का एक अलग ही संसार था।

मेरा किसी से कोई मेल-जोल नहीं था, मगर कुछ व्यक्ति ऐसे ज़रूर थे जिनसे ज़बर्दस्ती मुलाक़ात हो जाती। उनमें से एक तो मेरे पड़ोसी सरदारजी थे। वे दो भाई थे। दाढ़ी की लंबाई से ही पता चल जाता था कि उनमें बड़ा कौन है और छोटा कौन है। एक की दाढ़ी नाभि तक पहुँचती थी और दूसरे की छाती तक। बड़े की दाढ़ी में आधे से ज़्यादा सफ़ेद बाल थे और छोटे की दाढ़ी में दो-चार ही चाँदी के तार-से दिखाई देते थे। सिर पर ढीली-ढाली बेढब पगड़ी, गले में अचकननुमा बेढंगे कोट। वे हर सुबह अपने कमरे में कई प्रकार की बूटियों की थैलियाँ फैलाए एक-दूसरे से बहस किया करते थे, शायद वे इस बात की खोज में रहते थे कि किस-किस बूटी की क्या तासीर होती है।

वे सारा दिन घूम-फिरकर दवाइयाँ बेचते। मुझे विश्वास है कि यदि उनकी दवाइयों से कोई मरीज़ अच्छा न होता होगा तो मरता भी नहीं होगा, वरना इस तरह तो उनके लिए अपना कारोबार चलाना भी असंभव हो जाता। काम से लौटकर वे हर रोज़ बूटी (भाँग) घोंटते और फिर एक-एक, दो-दो प्याले छक जाते। दो-चार मिलनेवाले आ जाते जो अक्सर गुरुद्वारे के सेवादार (सेवक) ही होते थे, तो उन्हें भी हरी बूटी का प्याला मिल जाता। और जिस रोज़ उनकी ख़ासी आमदनी हो जाती, उस शाम वे मिठाई भी बाँटते थे—मिठाई, यानी गुड़ चढ़े बेसन के सेव।

जब मुझे बाहर जाना होता था तो मेरा रास्ता गुरुद्वारे के बड़े रसोईघर के पास से ही होकर जाता था, इसलिए उन दो निहंगसिंहों से भी मुलाक़ात हो जाती, जो उस रसोईघर के लंगर का काम सँभाले हुए थे।

किसी ज़माने में जब पंजाब पर महाराजा रणजीतसिंह का राज्य था, तब अकाली फूलसिंह ने इन्हीं निहंगसिंहों के बलबूते पर अफ़गानिस्तान के पठानों से बड़े-बड़े युद्ध किए। निहंगसिंह उस ज़माने से चले आ रहे थे, परंतु अब उन्हें कोई युद्ध नहीं करना पड़ता था। ये दोनों निहंगसिंह भी इसी प्रकार के थे। निहंग का अर्थ है मगरमच्छ—शक्ल से वे बेशक मगरमच्छ ही दिखाई देते थे, परंतु उनका काम केवल लंगर के लिए दाल-सब्ज़ी तैयार करना और लंबी-चौड़ी लोहे की चादर पर रोटियाँ पकाना था। यह गुरु का लंगर था, यहाँ हर मनुष्य को मुफ़्त खाना मिलता था—चाहे कोई एक दिन खाए चाहे महीनों ··· किसी पर कोई रोक-टोक न थी। नतीजा यह निकला कि गुरु का लंगर क्लबघर बन गया था। वहाँ एकत्र होनेवाले लोगों में एक बात साँझी थी—वे सब भूखे होते थे।

और फिर गुरुद्वारे के ग्रंथीजी, जिन्हें सब ज्ञानीजी कहते थे, ऐसे व्यक्ति थे, जिनसे हर मुसाफ़िर को मिलना पड़ता था। उनकी आज्ञा के बिना कोई मुसाफ़िर वहाँ रह नहीं सकता था। हर शाम जब वे कमरों का दौरा करते, तो भी उनसे दो-दो बातें हो जातीं। सिर पर सफ़ेद पगड़ी बाँधे, गले में पीले रंग का साफ़ा लटकाए वे सदा एक अँगोछे से अपनी नाक पोंछते रहते। जुकाम को उनसे बहुत प्रेम था। यदि कभी जुकाम न भी हो तो भी यह वहम उनका पीछा न छोड़ता कि उन्हें जुकाम लगा हुआ है। चुनाँचे वे पोंछ-पोंछकर अपनी नाक के नथुनों को अंगारे की तरह सुर्ख़ किए रहते। उनकी आवाज़ मधुर और ज़नानी-सी थी। बातें इतने धीमे स्वर में करते कि लोगों को उन्हें समझने के लिए कानों पर काफ़ी ज़ोर देना पड़ता।

रात के दस बजे—बूँदाबाँदी।

आज मेरे पड़ोसवाले दवाफ़रोश सरदार जश्न मना रहे थे, मालूम होता था कि आज उनका 'लक्कड़ हज़म, पत्थर हज़म' चूर्ण खूब बिका था, उनके कमरे में ख़ास-ख़ास लोग एकत्र थे। वे इतने ज़ोर-शोर से पंजाबी में बातें कर रहे थे कि लगता था, जैसे एक-दूसरे पर ढेले फेंक रहे हों। उनकी आवाज़ों में ऐसी ललकार, लचक और लड़खड़ाहट थी कि साफ़ पता चलता था कि उन्हें हरी बूटी ज़रूरत से कुछ ज़्यादा ही दी गई है—फिर एकाएक बातों की आवाज़ बंद हो गई। मैं चौंका कि यह मौन कैसा। मैं इसी चक्कर में था कि अचानक ही एक दर्द-भरा स्वर आकाश से टूटे हुए सितारे की तरह वातावरण में फड़फड़ाने लगा। कोई व्यक्ति सिखों के नवें गुरु श्री तेगबहादुर के श्लोक गा रहा था।

चिंता ताकी कीजिए जो अनहोनी होय,
यह मारग संसार को नानक थिर नहीं कोय।

यह श्लोक गुरुद्वारे में कई बार सुन चुका था, परंतु कभी किसी की आवाज़ में इतना दर्द और इतना रस महसूस नहीं हुआ। नवें गुरु के श्लोक गुरुओं की वाणी में सुप्रसिद्ध हैं, जिनमें नाम पहले गुरु बाबा नानक का ही आता है ··· इन श्लोकों से भली-भाँति परिचित होने पर भी आज उनसे एक नया आनंद प्राप्त कर रहा था।

इतने में बिजली फेल हो गई। सारे गुरुद्वारे में पल-भर के लिए एक शोर उठा। अक्सर मुसाफ़िर ऐसे मौक़ों के लिए मोमबत्तियाँ रखा करते थे। जिनके पास मोमबत्तियाँ नहीं थीं, वे बाज़ार की ओर दौड़े। परंतु मेरे पड़ोसी गानेवाले थे। उनके स्वर में कोई फ़र्क़ नहीं आया।

मैंने किताब बंद करके बिस्तर पर फेंकी और खुद अपने दरवाज़े के बाहर जंगले का सहारा लेकर खड़ा हो गया। नीचे से हलकी-हलकी गंध आने लगी थी, लेकिन उस समय औरों की तरह मेरा भी ध्यान गंध की ओर नहीं था। मैं वहाँ खड़े-खड़े अपने पड़ोसियों के खुले दरवाज़े की ओर देखने लगा। उनके बीचोबीच एक खूब मोटी और लंबी-सी मोमबत्ती जल रही थी, और उसके मद्धिम और थरथराते प्रकाश में भाँति-भाँति की दाढ़ियोंवाले हरी बूटी के नशे में मस्त लोग जादूगर-से नज़र आ रहे थे, या यों लगता था जैसे उन्हीं पर किसी ने जादू कर दिया हो। वह जादू सिवाय गानेवाले की आवाज़ के और क्या हो सकता था ! तब मैंने पहचाना कि गानेवाला वही सूरमासिंह था। उस समय भी उसने काला चश्मा लगा रखा था, पगड़ी के नीचे से गुद्दी के बाल उलटकर

उसकी गर्दन पर झुके हुए थे। माता-भरे चितकबरे चेहरे के चारों ओर उसकी दाढ़ी के नरम-नरम बाल लहलहा रहे थे। वह क़रीब-क़रीब छत की ओर मुँह उठाए श्लोक गा रहा था। स्वर के उतार-चढ़ाव के साथ-साथ उसकी गर्दन की रगें उभरतीं या पिचकती थीं।

मैं धीरे-धीरे उनके दरवाज़े की ओर खिंच गया और जब तक सूरमासिंह गाता रहा, मैं भी वहीं खड़ा रहा।

दोनों निहंगसिंह सारा-सारा दिन लंगरख़ाने में बैठे रहते थे। उन्हें अपने महत्त्व का बड़ा एहसास था। जिस नए मुसाफ़िर से मिलते, तो कहते कि हम तो हेमकुंड जा रहे थे। यहाँ तो यों ही गुरुघर के दर्शन करने चले आए, फिर ज्ञानीजी ने छोड़ा ही नहीं···।

ऋषिकेश के आगे बद्रीनाथ के रास्ते में हेमकुंड नामक झील के किनारे वह स्थान है, जहाँ दसवें गुरु गोविंदसिंह ने इस संसार में आने से पहले घोर तपस्या की थी। जब कभी निहंगसिंह बिगड़ उठते तो अपना बोरियाबिस्तर उठाकर हेमकुंड जाने की धमकी देने लगते। तब ज्ञानीजी नाक पोंछते हुए आते, इन्हें समझा-बुझाकर नाक पोंछते हुए लौट जाते।

झगड़ा होने में भी देर नहीं लगती थी। उन निहंगसिंहों ने रसोइए का काम जीवन-भर नहीं किया था। गुरुद्वारे के प्रबंधकों ने इन्हें बेकार समझकर लंगरख़ाने में लगा दिया था। चुनाँचे सुबह ही वे आग जला देते, दिन चढ़ते तक तीन-चार भट्ठियाँ दहकने लगतीं। किसी पर कड़ाह प्रसाद (हलुवा) बनाने के लिए बड़ा कड़ाहा रख दिया जाता, दूसरी पर एक बहुत बड़े देगचे में उर्द-चने की दाल चढ़ा दी जाती, तीसरी भट्ठी पर चाय बनाने के लिए पानी का कनस्तर चढ़ा दिया जाता। दाल कभी पानी की तरह पतली रह जाती, कभी गाढ़ी होकर हलुआ बन जाती, कभी नमक से ज़्यादा कंकड़ नज़र आते, कभी कंकड़-ही-कंकड़ रह जाते और नमक एक सिरे से ही ग़ायब होता। अगर और कुछ न होता तो दोनों निहंगसिंह लोहे के लंबे-लंबे चिमटे हाथ में पकड़कर यों पैंतरे बदलने लगते, जैसे दो तलवारबाज़ अपने जौहर दिखाने के लिए युद्ध के मैदान में उतर आए हों।

दोपहर और ख़ासकर शाम के समय लंगरख़ाने की रौनक बहुत बढ़ जाती। ऐसे ग़रीबों की कोई कमी नहीं थी, जो सारा-सारा दिन तो अपने कपड़ों में से जुएँ ढूँढ़-ढूँढ़कर मारते रहते और बड़ी उत्सुकता से लंगर में खाना तैयार हो जाने की प्रतीक्षा करते रहते। खाने के समय से काफ़ी पहले आने के दो कारण होते थे—एक तो निहंगसिंहों की खुशामद करना और दूसरे उन्हें दाल

पहले ही ले लेने की फ़िक्र भी होती थी, क्योंकि ज्यों-ज्यों दाल बँटती जाती, त्यों-त्यों तह में बैठे हुए कंकड़ों की संख्या भी बढ़ती जाती।

सूरमासिंह की ख़ास ड्यूटी तो सुबह के समय गुरुद्वारे में शब्दकीर्तन करने की थी। फ़ालतू समय में जो भी उसे मिल जाता, उसे वह ऊँचे स्तर की धार्मिक शिक्षा देना अपना कर्तव्य समझता था। हर दो वाक्यों के बाद उसके मुँह से 'वाह गुरू-वाह गुरू' की आवाज़ निकलती थी।

निहंगसिंह तो ऐसे अड़बोंग थे कि बड़े-से-बड़े की परवाह नहीं करते थे। भला वे सूरमासिंह को क्या समझते—फिर भी बिना बुलाए ही सूरमासिंह लंगरख़ाने के जमघटों में जा पहुँचता, और भट्ठियों से कुछ दूर एक चौकोर तख़्ते पर बैठ जाता। यह जानते हुए भी कि वहाँ उसकी सुननेवाला कोई नहीं था, वह निहंगसिंहों को खाना पकाने की शिक्षा देने से कभी न चूकता था। दाल में नमक की अधिकता की उसे ज़्यादा ही शिकायत रहती। निहंगसिंह उससे चिढ़ते थे, क्योंकि उन्हें इस बात में कोई संदेह तो था ही नहीं कि उन जैसा खाना पकानेवाले संसार में और कोई है ही नहीं। वे दोनों ज्ञानीजी के लाड़ले थे। भला सूरमासिंह इन्हें टोकनेवाला कौन होता था। वह उनके खाने में मीनमेख़ निकालता तो वे भड़ककर कहते, "अबे, यहाँ तेरी लुगाई बैठी है, रोटी पकाने को !"

इस पर कई आदमियों के दाँत निकल आते। लुगाई का ताना सुनकर एकाएक सूरमासिंह के चेहरे पर आत्मिक प्रकाश झलकने लगता। वह होंठ भींचकर कहता, "मैं किसी औरत से बात तक करना पसंद नहीं करता···"

"हो··· हो···" एक निहंग मूँछों को ताव देते हुए कहता, "तू बात करना पसंद नहीं करता, या औरतें तुझे मुँह नहीं लगातीं···"

यह सुनकर सूरमासिंह के कान दहककर सुर्ख़ हो जाते, परंतु निहंगसिंह बस कथा ही छेड़ देते, "अजी सूरमासिंह इस मामले में बड़ा घाघ है। मेरे कहने का विश्वास न हो तो देर-सबेर जाकर चुपके से देखो कि सूरमासिंह क्या कर रहे हैं। सेहन में औरतें धूप खाने को बैठती हैं, तो यह भी सरककर उनमें जा घुसता है। इसे औरतों की बातें सुनने का बड़ा शौक है। क्यों सूरमासिंह ! आख़िर तुझे औरतों की बातों में क्या मज़ा आता है ?··· सेहन की दूसरी तरफ़ के कोने की ओर सूरमासिंह महाराज की ख़ास नज़र रहती है। वहाँ औरतें कपड़े-वपड़े धोने के लिए बैठी रहती हैं। ऐसे मौक़ों पर यह भी उनके आसपास मँडराते रहते हैं। कभी किसी से छू जाते हैं, कभी किसी पर गिर पड़ते हैं—धन्य हो महाराज, धन्य हो !"

यह कहकर दोनों कोहनियों तक हाथ जोड़-जोड़कर नमस्कार करने लगते। दूसरा निहंगसिंह कहता, "अजी, परसों की ही बात है ··· वह सज्जनसिंह के घर से है ना भाई ··· खूब मोटी-ताज़ी तरहदार औरत ·· बैठी कपड़े धो रही थी। हमारे सूरमासिंह नल से पानी लेने के बहाने गए, जान-बूझकर फिसले और कुछ ऐसे बेढब तरीके से उस पर गिरे कि बस उठने का नाम ही नहीं लेते थे। वह औरत भी एक ही झगड़ालू है। उसने सरदार बहादुर सूरमासिंह ऑफ़ गुरुद्वारा की पगड़ी उतारकर इसका बड़ा-सा जूड़ा पकड़ लिया और खींचती हुई गुसलख़ाने से बाहर ले आई। सिर पर तीन-चार स्लीपर जड़ दिए। इतने में औरत का खसम भी पहुँच गया। वह ठहरा खूनी आदमी, इन्हें वह निश्चय ही सीधे परलोक का टिकट ले देता, परंतु लोगों ने बीच-बचाव कर दिया—"पुच-पुच सूरमासिंह भाई ! ज़रा पगड़ी तो उतारो, देखें कितने बाल बचे हैं ?"

इस पर इतने ज़ोरदार कहकहे लगते कि खूँटों से बँधे टट्टू बिदक जाते—कोई आदमी मस्कीन स्वर में कहता, "बेचारा आँखों से अंधा है, इसे कुछ दिखाई तो देता नहीं, औरत इसके सामने चाहे कैसे भी खड़ी हो जाए तो क्या ··· ?"

यह बात सूरमासिंह की तरफ़दारी के लिए नहीं, बल्कि निहंगसिंह को गरमाने के लिए कही जाती थी। चुनाँचे वे बड़े रहस्यपूर्ण लहज़े में कहते, "इन्हें देखने की ज़रूरत ही नहीं, यह आवाज़-ही-आवाज़ में सारा मज़ा ले जाते हैं ··· यह औरत की आवाज़ से उसकी उम्र, सूरत और जोबन वग़ैरह सब चीज़ों का अंदाज़ा लगा लेते हैं ···"

दूसरी मंज़िल के कमरों के आगे छोटा-सा दालान था। वह नंगी ईंटों का बना हुआ था। केवल सीमेंट की धारियाँ आड़े-तिरछे रास्ते बनाती हुई इधर-उधर फैली दिखाई देती थीं। दीवार के साथ-साथ चार गुसलख़ाने बने हुए थे, जिनके खुले दर थे। इसलिए उनमें नहानेवाले को बाहर से देखा जा सकता था। हर गुसलख़ाने में एक नल था, जिनमें केवल चंद घंटों के लिए पानी आता था, वरना जब खोलो तो ये नल खाँस-खाँसकर रह जाते, पानी की एक बूँद तक न गिरती। सेहन के बीचोबीच छोटा-सा नंगी ईंटों का चबूतरा था, जिसमें ऊँची बल्ली गड़ी हुई थी। इस बल्ली के ऊपरवाले सिरे पर भीगी हुई दाढ़ी की तरह भगवे रंग का एक झंडा मुँह लटकाए झूलता रहता था। जब कभी तेज़ हवा चलती और झंडे का कपड़ा अच्छी तरह खुल जाता, तो उस पर दो कृपाणों, एक चक्कर और बीचोबीच एक झंडे का निशान दिखाई देता। सेहन के सिरे पर करवट लेता हुआ लोहे का जंगला था, जहाँ से नीचे

की घाटी दिखाई देती थी। इस घाटी में चीलें उड़ानें लिया करतीं। जंगले के निकट खड़े होकर नज़र दौड़ाएँ, तो भीगे-भीगे पेड़ों तले से गुज़रते सड़क पर चलते हुए खच्चरों के कारवाँ नज़र आते, उनके पीछे-पीछे पहाड़ी, सहारे के लिए उनकी दुमें थामे हाँफते चले आते थे।

एकाएक धूप में धुले आँगन में सूरमासिंह दिखाई दिया। उसने उजला पायजामा, उजला कुर्ता और उजली ही पगड़ी बाँध रखी थी। किसी भक्त ने सेवा की, शायद इसीलिए देसी जूतों की जगह आज पंप शू नज़र आ रहे थे। आँखों पर हल्के रंग के शीशोंवाला चश्मा दिखाई दे रहा था, जिसे वह शायद सोते समय ही उतारता था।

उस समय मैं एक भूटानी की दूकान में खड़ा था। इस दूकान में भूटान की बनी हुई कई क़िस्म की चीज़ें थीं—बर्तन, जेवरात, मूर्तियाँ, ट्रे और सजावट की दूसरी चीज़ें। परंतु भूटानी मालिक मुझे बहुत बड़ा अमीर समझकर हर चीज़ के दाम इतने अधिक बता रहा था कि मेरी हिम्मत छूट गई और मैं सामने पहाड़ की ओर देखने लगा। सड़क के उस पार दूकानें नहीं थीं, केवल बड़े-बड़े पत्थरों की खुरदरी दीवार लगभग बीस फुट कीं ऊँचाई तक चली गई थी। इस दीवार पर हरी काई का गलीचा-सा बिछा दिखाई देता था, जिस पर बहुत ही धीमी चाल से चलती हुई बीर-बहूटियाँ यों दिखाई देती थीं, जैसे मखमली गलीचे पर लाल फूल टाँक दिए गए हों।

ठीक उसी समय सूरमासिंह मेरे निकट से गुज़रा। मुझे तो उसकी चाल ने चौंका दिया। इतनी तेज़ी से तो अच्छी-भली आँखोंवाले भी चलने का साहस नहीं कर सकते। या तो सूरमासिंह को इस बात का अनुभव ही नहीं था कि आम लोग किस तरह चलते हैं, या वह देखनेवालों को इस धोखे में रखना चाहता था कि वह अंधा नहीं है, वह भी आम लोगों की तरह चल-फिर सकता है। वह एक हाथ में पिंजरा लटकाए था और उस पिंजरे में हरे रंग का तोता गरदन दाएँ-बाएँ घुमाकर आने-जानेवालों को बड़े ग़ौर से देख रहा था।

"वह तोता !" बड़े निहंगसिंह ने अपने हाथ से सीने के बालों को खुजलाना शुरू किया, और जहाँ तक बाल उगे थे, उसका हाथ खुजलाता ही चला गया, "वह तोता सूरमासिंह का सबकुछ है। इस संसार में वही उसका सबकुछ है। उसका बाप, उसकी माँ, उसकी बहन, उसका बेटा, उसकी पत्नी, उसका ताऊ, मामूँ, भाई ··· सबकुछ बस वह तोता ही है।"

निहंगसिंह ने ये बातें बड़ी घृणा से कहीं। शायद उसको मेरे चेहरे से भी पता नहीं चला कि मुझे सूरमासिंह के अकेलेपन का कितना गहरा अनुभव हुआ

है। निहंगसिंह की नज़र मेरी ओर थी भी नहीं। वह भट्ठी पर चढ़ी हुई पीतल की बड़ी देग़ को देख रहा था, जिसमें से दाल उबल-उबलकर बाहर को गिर रही थी, जैसे ज्वालामुखी के मुँह से लावा बह निकलता है। दाल मिले पानी की कई धारें ऊपर से नीचे को बहतीं, परंतु देग़ की गरमी के कारण पेंदे तक पहुँचते-पहुँचते सूख जातीं।

निहंगसिंह को यह बताना बिलकुल बेकार था कि मैं सूरमासिंह के बारे में क्या सोचता हूँ। सच्ची बात तो यह है कि मैंने उसके बारे में सोचा भी नहीं था। हाँ, कभी सामने आ गया तो दो-चार पल को दिमाग़ उसी पर टिका रहे, वह अलग बात थी।

निहंगसिंह की शक्ल से दिखाई देता था कि वह मुझसे बातचीत करने के लिए उत्सुक हो रहा है। मैंने उसकी बेचैनी भाँपकर यों ही पूछ लिया, "क्या यह तोता बातें भी करता है ?"

"हाँ जी ··· सूरमासिंह ने उसे बहुत कुछ सेखा-पढ़ा रखा है।"

मैंने हँसकर कहा, "सूरमासिंह खुद तो गुरु तेगबहादुर के दोहे पढ़ता है ··· उसे ज़रूर बुल्लेशाह और बाबा फ़रीद की काफ़िया रटा रखी होंगी।"

निहंगसिंह को मेरे शब्दों में मज़ाक़ की कोई बात नज़र नहीं आई, बल्कि वह मेरी मूर्खता पर हँसता हुआ बोला, "नहीं जी ··· उसने तोते को कोई ऐसी बात नहीं सिखाई।"

पल-भर को मुझे अपने-आप पर हँसी आ गई कि अपना अच्छा-ख़ासा लिखने-पढ़ने का कार्य छोड़कर यहाँ खड़ा तोते को बातें कर रहा हूँ और वह भी निहंगसिंह के साथ। मेरे मन ने जिद्दी बच्चे की तरह मुझे उकसाया, "तो निहंगसिंहजी, उसने तोते को क्या बातें रटा रखी हैं ?"

"तोता कहता है—आओ सरदार मनजीतसिंहजी !"

"यह मनजीतसिंह कौन है ?"

"यही उसका असली नाम है ··· लेकिन उसका असली नाम कोई नहीं जानता। सभी सूरमासिंह कहते हैं, बाज़ लोग उन्हे सूरमुआँसिंह भी कह देते हैं।"

अब निहंगसिंह किसी फ़िल्म के खलनायक की तरह मुस्कुराया, "सूरमुआँ का अर्थ है सूअर के मुँहवाला।"

निहंगसिंह ने बात समाप्त कर दी, परंतु उसके चेहरे से ऐसा लग रहा था, जैसे बात समाप्त नहीं हुई, बल्कि बीच में ही टूट गई हो।

इतने में छोटा निहंगसिंह बोला, "अजी, इन्होंने भी तोते को बड़ी गहरी

बातें सिखा दी हैं।''

इस बात का इशारा बड़े निहंगसिंह की ओर था और शायद वह भी इस इशारे की प्रतीक्षा में ही था। उसका चेहरा खिल उठा और हिम्मत बढ़ानेवाली दृष्टि से उसने अपने सहायक निहंगसिंह की ओर देखा।

शह पाकर छोटा निहंगसिंह बोला, ''इन्होंने तोते को कई प्रकार की गालियाँ रटा दी हैं—सूरमासिंह औरतों के पीछे भागता है; सूरमासिंह बड़ा बदमाश है; सूरमासिंह असली हरामी ···''

मैंने बात को टालना चाहा, परंतु सिवाय इसके कोई तरीक़ा नहीं था कि मैं ज़ोरदार क़हक़हा लगाकर बातचीत के सिलसिले को तोड़ दूँ।

शायद निहंगसिंह मेरे मन की कैफ़ियत भाँप गया, मुँह बनाकर बोला, ''यह सूरमासिंह बहुत तंग करता है जी, दाल इसे पसंद नहीं आती। जो तरकारी बनाता हूँ, उस पर यह नाक-भौं चढ़ाता है, फुलकों में यह ऐब निकालता है—सोचने की बात है कि मैं कोई रसोइया तो हूँ नहीं, जैसी चीज़ बनती है, इसे वाह गुरू का नाम लेकर खा लेना चाहिए।''

मुझे निहंगसिंह की यह बात ठीक ही लगी—इतना झूठ ज़रूर उसने बोला कि अपने-आपको उच्चकोटि का रसोइया समझते हुए भी मेरे सामने अपने-आपको साधारण रसोइया बता रहा था। ख़ैर, बात कुछ भी हो, मैं उससे इतना सहमत तो अवश्य था कि सूरमासिंह को लंगर का खाना बिना किसी संकोच के खा लेना चाहिए ···

मैंने केवल इतना कहा, ''यदि सूरमासिंह को लंगर का खाना पसंद नहीं है तो वह अपना खाना आप ही क्यों नहीं पका लेता ?''

''यही तो सारी बात है जी, इसे ज्ञानीजी ने सिर चढ़ा रखा है। सुबह कीर्तन के समय गुरुद्वारे में वह दो-चार शब्द गा देता है, बस इसीलिए ज्ञानीजी की आँखों का तारा बना हुआ है ··· उसे रहने के लिए अलग कमरा मिला हुआ है ···''

दूसरा निहंगसिंह बीच ही में बोला, ''अजी कमरा क्या मिला है, नीचे टट्टियों के पास एक स्टोर रूम है, जहाँ लकड़ियाँ, कोयले, आटा, दाल और दूसरा राशन पड़ा रहता है, वहीं एक कोने में सूरमासिंह ने भी अपना बिस्तर बिछा रखा है, पास ही तोते का पिंजरा लटका रहता है।''

एक रात करीब दस बजे सूरमासिंह का तोता बड़े ज़ोर से चिल्लाया। आम तौर पर जब वह अपने कमरे में बातें करता था तो उसकी आवाज़ बाहर नहीं सुनाई देती थी, परंतु अबकी वह इतने ज़ोर से चिल्ला रहा था, जैसे कमरे में

कोई शेर घुस आया हो। रात के सन्नाटे में यह शोर सुनकर बहुत-से यात्री अपने-अपने कमरों से बाहर निकल आए। तोते के साथ ही सूरमासिंह भी गला फाड़-फाड़कर चिल्ला रहा था, परंतु दोनों में से किसी की भी बात समझ में नहीं आती थी।

कुछ देर यही हड़बोंग मची रही, फिर एकदम सूरमासिंह की आवाज़ उठी, "लोगो, बच्चो ··· मैं मर गया ··· मुझे मार डाला ···"

मैंने टार्च हाथ में ली और ज़ीने से उतरने लगा। मेरे देखते-देखते बड़ा निहंगसिंह झपटकर सूरमासिंह के कमरे से बाहर निकला और संडासों की ओर अँधेरे में डूब गया।

सूरमासिंह की चीखें अब भी जारी थीं। और लोग भी आ गए। सूरमासिंह को उसके कमरे से बाहर निकाला गया, सब लोग उसे ऊपर की मंज़िल पर ले आए। वह बुरी तरह से डरा हुआ था, उसे अब भी इस बात का भय था कि उसे कोई मार न डाले। पता चला कि रात के अँधेरे में एक निहंगसिंह ने उसे कमरे में जा दबोचा और उसका टेंटुआ दबाकर उसे जान से मार डालने की कोशिश की।

इतना शोरगुल सुनकर ज्ञानीजी भी वहाँ आ पहुँचे। बड़ा निहंगसिंह चुपके से अपनी कोठरी में जा घुसा था। उसे बुलाकर पूछा गया तो उसने बताया कि वह तो केवल सूरमासिंह को रोटी देने गया था। खाना पहुँचाने के बाद वह अपनी कोठरी में चला गया था। उसे नहीं मालूम कि उसके चले आने के बाद क्या हुआ।

यह बात तो स्पष्ट थी कि निहंगसिंह सफ़ेद झूठ बोल रहा था, फिर भी किसी सज्जन ने उसका पक्ष लेते हुए कहा, "सूरमासिंह सचमुच ही इन्हें बहुत तंग करता है, ये बेचारे सारा-सारा दिन गुरु के लंगर में सेवा करें और फिर इस लाटसाहब के बच्चे का खाना भी इसके कमरे में पहुँचाएँ ···"

इस पर सूरमासिंह ने अपना गला फाड़कर अपनी सफ़ाई पेश की, "लंगरख़ाने में सब लोग मिलकर मेरा मज़ाक उड़ाते हैं, ख़ासकर निहंगसिंह मुझे बहुत तंग करते हैं, कभी मेरी दाल में पेशाब कर देते हैं, कभी मेरी रोटियाँ जला-फुँकाकर मेरे मुँह पर दे मारते हैं। अभी-अभी जो निहंगसिंह मुझे रोटी देने के लिए आया तो कहने लगा, 'अबे हरामज़ादे ! हरामख़ोर ···' "

बहुत देर तक हड़बोंग-सी मची रही। सूरमासिंह खूब गला फाड़-फाड़कर निहंगसिंह को गालियाँ देता रहा। ज्ञानीजी ने उसे मना किया। कहने लगे, "इस तरह चीख़ेगा तो गला बैठ जाएगा, फिर अमृत वेले (प्रभात्) गुरुद्वारे में शब्द

कैसे गा सकोगे ?"

गरम-गरम गालियों के बाद समझौते की नरम-नरम बातें होने लगीं। निहंगसिंह एक बार फिर हेमकुंड जाने की धमकियाँ देने लगे। अँगोछे से नाक पोंछ-पोंछकर ज्ञानीजी उन दोनों गुटों को समझाने लगे। सूरमासिंह को मेरे पड़ोसी दवा बेचनेवाले सरदार अपने कमरे में ले आए और ज्ञानीजी ने निहंगसिंह को ठंडा करके कोठरी में बैठाया।

दो-तीन रोज़ में ही क्या देखता हूँ कि मेरे पड़ोसी सरदारों के कमरे में फिर एक जशन हो रहा है और उसमें ख़ास-ख़ास व्यक्तियों के अलावा सूरमासिंह और दोनों निहंगसिंह भी उपस्थित हैं। हरी-परी के प्याले एक-दूसरे को पकड़ाए जा रहे थे। मोहब्बत-भरी गालियाँ भी सुनाई दे रही थीं। उस समय के सूरमासिंह और आम सूरमासिंह में ज़मीन-आसमान का अंतर नज़र आ रहा था। पगड़ी सिर से उतरकर टाँगों में उलझी हुई थी, दाढ़ी के बाल बिखरे हुए थे, सिर का जूड़ा खुल गया था और केश कंधों पर आ गिरे थे, काला चश्मा गोद में पड़ा था और वह हवा में हाथ-पाँव चलाता हुआ साँड की तरह डकार रहा था। उसकी प्रकाशहीन आँखों के सामने मानो परियाँ नाच रही थीं। सब लोग उसे घेरे में लिए बाबा फ़रीद या बुल्लेशाह की काफ़िया सुनाने को कह रहे थे।

सूरमासिंह ने एक-आध बार आवाज़ निकालने की कोशिश की। नशे की ज़्यादती के कारण उसकी आवाज़ ऊँट की बिलबिलाहट बनकर रह गई। इसमें सफल न होने पर सूरमासिंह ने एकाएक लहककर अपने सीने पर हाथ मारते हुए कहा, "हाय, मार गई ···"

कई आवाजों ने प्रश्न किया, "सच्चे पादशाहो ! कौन मार गई ?"

अब निहंगसिंहों ने कुछ मज़ाक और कुछ प्रेम से उसकी खोपड़ी पर ठंडे पानी के छींटे देते हुए कहा, "दिमाग़ का इंजन गरम हो गया है ··· सूरमासिंह ! वाह गुरू के नाम का जाप करो ···"

ठंडे पानी के छींटों ने सचमुच ही जादू का काम किया और उसने कान पर हाथ रखकर अपने दर्द-भरे स्वर में लय ऊँची उठाई—

उठ फ़रीदा सुत्तया ! तेरी डाढ़ी आया बूर
अग्गा नेड़े आ गया पिच्छा रह गया दूर।

[ऐ निद्रा में डूबे हुए फ़रीद, उठ जाग। तेरी दाढ़ी में सफ़ेदी आ रही है, बीती बातें बहुत पीछे रह गई हैं, भविष्य अर्थात् तुम्हारा अंत अब बहुत निकट आ पहुँचा है।]

सुननेवाले झूमने लगे, आँखें मुँदने लगीं, उन पर नशा-सा छा गया—सूरमासिंह ने जब एक बार गाना आरंभ कर दिया तो वह गाता ही चला गया। जहाँ-जहाँ तक उसकी आवाज़ पहुँचती थी, एक सन्नाटा- सा छा जाता। न जाने उसे कितने ऐसे बोल याद थे जिनका आरंभ 'उठ फरीदा सुत्तया' के शब्दों से होता था। काफ़ी रात तक वह झूम-झूमकर गाता ही चला गया।

यह सूरमासिंह की आवाज़ का जादू ही था, जो मुझ जैसे नास्तिक को भी हर सुबह गुरुद्वारे के हॉल में पहुँचने पर मजबूर कर देता।

हॉल बहुत बड़ा था। दीवारों पर दमकती हुई सफ़ेदी के कारण सारा हॉल जगमग करता नज़र आता था। फ़र्श पर क्वायर मैटिंग और उस पर लाल हाशिएवाली गहरे नीले रंग की दरी बिछी थी। एक ओर ऊँचे तख़्त पर गुरु ग्रंथसाहब का प्रकाश होता था। अक्सर ज्ञानीजी वहाँ बैठे दिखाई देते। उनके पीछे कोई सिक्ख लड़का खड़ा चँवर हिलाता, सिर के ऊपर रंगदार चाँदनी फैली हुई थी, जिसमें से हरे, लाल, पीले रंग के लट्ट से लटके दिखाई देते ! खिड़कियों के चौखटे और तख़्ते भी सफ़ेद वार्निश से रँगे हुए थे। बाहर से आनेवाली रोशनी भी उज्ज्वल होती थी। दीवारों पर पंद्रह-बीस बड़ी-बड़ी तस्वीरें लटकी थीं, जिनमें से कुछ तो गुरू साहिबान की थीं और कुछ तस्वीरों में सिक्ख इतिहास के भिन्न-भिन्न दृश्य दिखाए गए थे।

भरी सभा में जब सूरमासिंह प्रवेश करता तो संगत में एक हलचल-सी मच जाती। हर रोज़ के सुननेवालों का यही हाल था। उस समय सूरमासिंह ख़ासा बन-ठनकर आता था। खद्दर का चमकदार कुर्ता और खद्दर का ही चूड़ीदार पायजामा, सिर पर गोल ढंग से बँधी हुई सफ़ेद पगड़ी, गले में नीले रंग का साफ़ा, आँखों पर काला चश्मा, जिसके शीशे और कमानियाँ चमकती नज़र आतीं। अक्सर पाँव में मोज़े भी होते थे। उस समय उसके हाथ में लाठी के बजाय एक डफली होती थी, जिसे बजाकर वह समाँ बाँध देता। लोगों का कहना था कि सूरमासिंह ने पवित्र वाणी गा-गाकर कई ग्रंथी आत्माओं को सीधे रास्ते पर डाल दिया था।

ऐसा होना असंभव नहीं था। मेरे जैसे भौतिकवादी लड़खड़ा सकते हैं, तो भला जो पहले से ही लड़खड़ाए हुए हों वे तो ··· ख़ैर, इन बातों को छोड़कर भी मैं यह स्वीकार करता हूँ कि सूरमासिंह की आवाज़ लोगों को एक शांतिमय आनंद में नहला देती थी, अगरचे मुझ पर उलटा ही प्रभाव पड़ता था। मैं उसकी आवाज़ से बेचैन-सा हो उठता था, उसके शब्दों से प्रभावित नहीं होता था। केवल उसकी आवाज़ मेरे मन में एक हलचल-सी पैदा कर देती थी, उसके

स्वर में पहाड़ी नाले जैसी तीव्रता और बेचैनी थी। महासागरों में डूबी हुई गुफाओं की अनजानी और अनदेखी तारीकी का अनुभव होता था ··· असल में उसकी आवाज़ के गुण शब्दों में नहीं बताए जा सकते। यों लगता था जैसे सूरमासिंह सिवाय आवाज़ के कुछ नहीं है। उस स्वर में उसका अकेलापन, फैले हुए विशाल संसार में कोई अपना न होने का एहसास एक झुँझलाहट और तुंधी, एक अनबुझी प्यास, अनमिटी भूख—और फिर उसकी आवाज़ से यों भी महसूस होता था, जैसे दिल की कोई पुकार बल्कि चीख़ उसकी आवाज़ की मधुरता में अपना गला घोंटकर रह गई हो ···

धूप अपना आँचल पश्चिम की धुँधलाहट में छिपा चुकी थी, केवल हलका प्रकाश पहाड़ों पर छाया हुआ था।

कुलियों के ठेकेदार ने कमरे में चारों ओर नज़र दौड़ाई, "आपको कितना कुली चाहिए ?"

"एक।"

"आप इकला है ?"

"हाँ, मैं अकेला हूँ।" इसके साथ ही मुझे वह हलवाई की दूकान याद आ गई, जहाँ मैं एक बार कचौड़ी खाने बैठा तो पहाड़ी नौकर बार-बार आकर पूछता था, 'साब, कुचड़ी चाहिए ?' पहले तो मैं चकराया, तब समझा कि वह कचौड़ी को कुचड़ी कह रहा है।

ठेकेदार की आँखें सामान का जायज़ा ले रही थीं, लेकिन सामान था कहाँ। बिस्तर पर मैं स्वयं ही बैठा था। एक हलकी-सी अटैची चारपाई के नीचे छिपी थी। मैंने मुस्कुराकर कहा, "एक बिस्तर है और एक छोटा-सा सूटकेस !"

यह कहकर मैंने बिस्तरे की चादर का लटकता हुआ सिरा ऊपर उठाया। ठेकेदार ने झुककर सूटकेस का जायज़ा लिया, "दो रुपए लगेगा साब।"

"बस के अड्डे तक कितनी देर में पहुँचेगा ?"

"पौन घंटा।"

"याद रखना, मुझे आठ बजे की बस पर सवार होना है, इसलिए कुली पौने सात के लगभग यहाँ पहुँच जाए।"

अब तक ठेकेदार दरवाज़े के बाहर पाँव रख चुका था, "अच्छा साब !"

उसके चले जाने के पश्चात् कुछ समय तक तो मेरे कानों में 'अच्छा साब' की आवाज़ गूँजती रही और जब मैंने वह पन्ना ढूँढ़ लिया जिसे मैं पढ़ रहा था, तो एकदम नया शोर उठा ···

शोर ! शोर ! शोर—यहाँ किसी-न-किसी प्रकार का शोर उठता ही रहता

था। कभी शब्द-कीर्तन का, कभी औरतों की लड़ाई का, कभी आसपास के बच्चों में रोने की प्रतियोगिता होने लगती—लेकिन यह शोर नीचे से आ रहा था ··· सूरमासिंह के कमरे की ओर से ··· क्या आज फिर निहंगसिंह ने उसका टेंटुआ दबा दिया था ?

शायद मेरे मन में यह ख़याल आया हो कि सूरमासिंह का गला तो कम-से-कम बचा ही रहना चाहिए, एकाएक उठा, दरवाज़े में से निकलकर रसोईघर में देखा तो दोनों निहंगसिंह हाथ में तामचीनी के मग लिए चाय पी रहे थे। मैंने पूछा, "यह शोर कैसा है ?"

उनके कान भी खड़े हो गए। मैं ज़ीना उतरते हुए नीचे पहुँचा। शोर सचमुच ही सूरमासिंह के कमरे से ही आ रहा था। कुछ लोग वहाँ जमा भी हो गए थे। मैंने झाँककर देखा कि एक मोटी भद्दी-सी औरत, जिसकी आयु तैंतीस-चौंतीस साल की होगी, चारपाई पर खूब फैलकर बैठी हुई है और पास ही सूरमासिंह फ़र्श पर घुटनों के बल खड़ा-सा था और बकरे की-सी दाढ़ीवाले एक सरदारजी खूब कस-कसकर उसके मुँह पर थप्पड़ जमा रहे हैं। वह शहरी टाइप के सरदारजी थे—नाटा कद, फूला पेट, पिलपिला बदन, परंतु बाँहें पतली, हाथ नरम छोटे-छोटे, गिलहरी के पंजों की तरह।

"बात क्या है ?" कई आवाज़ें आईं।

सरदारजी हाँफते हुए बोले, "यह आदमी बैठा इन्हें घूरे जा रहा है—मना करने पर भी ···"

गोया सूरमासिंह का कसूर यह था कि वह उबली हुई आँखों और कीचड़ के-से रंगवाली चारपाई पर बैठी औरत ···

इतने में ज्ञानीजी भीड़ में से मलाई की तरह फिसलकर सरदारजी के पास पहुँचे और अपनी लाल-लाल नाक आगे को बढ़ाकर बोले, "पर ··· जी ··· यह तो सूरमासिंह है, नेत्रहीन है, भला यह किसी को क्या घूरेगा ! इस समय और कोई कमरा ख़ाली नहीं था। मैंने आपको इसलिए सूरमासिंह के कमरे में टिका दिया है ··· यह बेचारा अपना कमरा छोड़कर कहाँ जाए ··· "

थप्पड़ों की मार से सूरमासिंह का काला चश्मा तो आँखों से हट गया था, परंतु मार-पीट करनेवालों ने अपने जोश में उसकी आँखों की ओर ध्यान ही नहीं दिया। ख़ासकर औरत बहुत परेशान हुई, अपने मर्द पर गुर्राकर बोली, "बस आप आगा देखें न पीछा, धड़ाधड़ पीटने लगे।"

अब सरदारजी सिमटकर गिलहरी बन गए। मालूम होता था कि उन पर अपनी सरदारनी का काफ़ी रोब था। इधर-उधर की दो-चार बातें हुईं। और

सरदारजी थैला हाथ में पकड़ और कान लपेटे बाज़ार से सब्ज़ी लाने को चल दिए। ज्ञानीजी दरवाज़े की ओर दो क़दम बढ़े और वहाँ खड़े लोगों को दोनों हाथों से इशारे करते हुए बोले, "जाओ सज्जनो ! अपना-अपना काम करो ··· यहाँ कोई मदारी का तमाशा नहीं हो रहा है।"

ज्ञानीजी की पतली और जुकाम में डूबी हुई आवाज़ का ऐसा प्रभाव पड़ा कि सब लोग खिसक गए। तब घूमकर ज्ञानीजी ने उबले हुए अंडों की-सी आँखोंवाली औरत को, छोटा-सा भाषण देते हुए समझाया, "बहनजी, सूरमासिंह के गले में बड़ा रस है। आप तो आज यहाँ पहुँची हैं। कल सुबह गुरुद्वारे में आकर इनका कीर्तन सुनिएगा तो निहाल हो जाइएगा—इनकी आवाज़ में वह जादू है कि जिसने भूले-भटके लोगों को सीधे रास्ते पर लगा दिया है।"

उसी समय तोते ने सूरमासिंह के संबंध में बड़े ही अनुचित शब्दों का प्रयोग किया, तब ज्ञानाजी ने घूरकर तोते की ओर देखा। इधर इनकी नाक लाल थी, उधर तोते की चोंच सुर्ख़।

ज्ञानीजी ने उस महिला को भी समझा दिया कि यह सब निहंगसिंहों की करतूत है ··· सूरमासिंह का यह दुखता हुआ फोड़ा फूट पड़ा। उसने निहंगसिंहों के अत्याचारों की पोल खोल दी ··· औरत बोली, "सूरमासिंह, भला मैं ज्ञानीजी की बात का विश्वास करूँगी या तोते की बात का ··· ।"

"वाह ! कैसी बुद्धिमानी की बात कही है आपने," यह कहते-कहते ज्ञानीजी अपनी नाक खींचते हुए वहाँ से चले गए।

एक नन्ही-सी रंगीन पहाड़ी चिड़िया खिड़की की चौखट पर नृत्य करने लगी।

औरत की आवाज़ में ऐसी हमदर्दी, नम्रता और मिठास थी कि सूरमासिंह के असीम अँधेरे संसार में वह आवाज़ चाँदी से चमकते हुए तार की-सी पगडंडी बनाती चली गई ··· ऐसी पगडंडी, जो सूरमासिंह को उसकी मंज़िल तक पहुँचती दिखाई देती थी।

शहनाज़

आगे बरसाती नदी थी, एक मील चौड़ी।

कोचवान ने बग्घी रोक ली। घोड़े थरथराए और सिर घुमाकर पीछे की ओर देखने लगे। कोचवान ने कुछ कहने से पहले झुककर बग्घी के अंदर झाँका। पर दोनों औरतें सो रही थीं। एक की आयु होगी लगभग पैंतालीस वर्ष। चेहरा जवानी में यदि सुंदर नहीं, तो असुंदर भी न रहा होगा। अब वह दादी अम्माँ-सी तो नहीं प्रतीत होती, किंतु एक हँसमुख माँ-सी अवश्य दीख पड़ती थी। उसके साथ उसकी बूढ़ी दासी थी। कहने को तो वह दासी थी, किंतु वह स्त्री उसकी गोद में पली थी।

मूसलाधार वर्षा में कोचवान को अपने स्थान से उठना पड़ा। दरवाज़े के निकट आकर वह चिल्लाया—"बेगम साहब !"

दोनों नींद में बेहोश थीं, थकान की नींद में।

"बेगम !"

बुढ़िया ने जम्हाई ली।

"आगे नदी है, और पानी चढ़ा हुआ है।"

दूसरी औरत की आँख भी खुल गई।

कोचवान की भौंहों से पानी की बूँदें टपकने लगीं। वह बोला, "बेगम ! ऐसे में पार जाना मुश्किल है।"

बुढ़िया ने गर्दन बढ़ाकर, नदी का पानी देखना चाहा। लेकिन अँधेरे में कुछ दिखाई न दिया।

"पानी उतर रहा है। दिन होने तक काफी उतर जाएगा।"

औरत ने बिजली की चमक में घड़ी देखी। तीन बजे थे। आख़िर वे किस जगह शरण लें ?

"गाड़ी घुमाओ।"

गाड़ी घुमा ली गई, और वह ऊबड़-खाबड़ सड़क पर हिचकोले खाती,

धीरे-धीरे बढ़ने लगी।

वह जगह सुनसान थी—शहर की सिविल लाइंस से भी। बाहर एक अकेली कोठी दिखाई पड़ती थी। लेकिन बिना जान-पहचान कैसे किसी का द्वार खटखटाया जाए ? दस-पंद्रह मिनट बीत गए। दो-तीन जानवर सड़क काटकर भागे। घोड़े बिदके। चाबुक खाने पर भी आगे बढ़ने के बजाय उलटे पाँव चलने लगे। एक बार तो अगली टाँगें उठाकर पिछली टाँगों पर खड़े होने की कोशिश भी की। बग्घी एक घनी बाढ़ में घुस गयी।

"क्या है ?" भीतर से आवाज़ आई।

"हुजूर, घोड़े बिदक गए हैं, आगे नहीं बढ़ते।"

"हाय !" वह और रुआँसी होकर चीखी।

घोड़ों ने फिर हिनहिनाकर ज़ोर मारा। बग्घी बाढ़ के भीतर घुसती ही चली गई। स्त्रियाँ घबराकर नीचे उतर आईं, गर्म-गर्म कंबलों में से एकदम बारिश में।

"छतरी ! छतरी !"

सेविका ने छतरी उसके सिर पर तान दी।

"हो-हो ! कौन है ?"

एक लंबे-तड़ंगे आदमी ने फाटक में से लालटेन आगे करते हुए गर्दन आगे बढ़ाई। फिर वह लट्ठ लिये हुए आगे बढ़ा। बोला, "कौन हो, भाई ? क्या मामला है ?"

"कुछ नहीं, भैया। घोड़े बिदक गए हैं। जनानी सवारी साथ है।"

"अरे बेटा, पार जाना था। नदी में बाढ़ है। घोड़े बिगड़े हुए हैं। बारिश हो रही है।" सेविका ने कहा।

नवागंतुक, जो सूरत से दरबान जान पड़ता था, पहले मुँह खोले उनकी ओर देखता रहा, फिर उसे वास्तविक स्थिति का ज्ञान हुआ।

"भाई, अगर कहो, तो हम अंदर चले आएँ। बारिश थमे तो चल देंगे।"

दरबान अपना कद्दू-सा सिर अस्वीकृति में हिलाने ही को था कि दूसरी औरत ने विनम्र स्वर में कहा, "भाई, हम शरीफ़ लोग हैं, कोई चोर-चमार नहीं।··· यदि तुम इजाज़त दो, तो···"

औरत समझदार थी। लगता था कि वह इस प्रकार के लोगों के मनोविज्ञान को खूब समझती है।

" 'शरीफ़' तो आप ज़रूर हैं।··· फिर ना कैसे कहें ?" और उसने फाटक खोल दिया।

औरतें तो कोठी की ओर बढ़ीं, और वे दोनों घोड़ों को आगे-पीछे से हाँकने लगे। बड़ी कठिनाई से बग्घी सायबान के नीचे पहुँची।

बरामदे में बेंत की कुर्सियाँ पड़ी थीं। और ठंडे गद्दों पर सिमट-सिमटाकर बैठ गईं। दरबान ने बिजली का बटन दबाया। रोशनी हो गई।

इमारत लाल रंग की थी। दीवारों पर बेलें चढ़ी थीं और काई जमी हुई थी। जगह बहुत खुली हुई और लंबी-चौड़ी थी। एक ऊँची, घनी बाढ़ कोठी को घेरे हुए थी।

दरबान अभी तक उत्सुक दृष्टि से उन्हें देख रहा था। वह मालकिन-सी लगनेवाली महिला और उसके कपड़ों से बहुत प्रभावित हुआ। औरत की शक्ल से गंभीरता और भद्रता टपकती थी। रंग लाली लिए हुए गोरा, शरीर कुछ भारी-सा। उसके बैठने के ढंग और बातचीत के अंदाज़ में एक ख़ास शान पाई जाती थी। यहाँ तक कि दरबान को पूर्ण विश्वास हो गया कि वे 'शरीफ़' हैं। वह वहाँ से खिसक गया।

थोड़ी देर बाद वह फिर आया।

"आप लोग अंदर चलिए। मालिक ने बुलाया है।"

"अंदर ?" औरत सोच में पड़ गई—"क्या अंदर औरतें हैं ?"

"जी नहीं ! औरत यहाँ एक भी नहीं।"

"तो फिर हम इसी जगह ठीक हैं। कोई हर्ज़ नहीं। हम आराम से हैं।"

"पर मालिक बोलते हैं कि आप लोगों को अंदर बैठाया जाए।"

"कौन हैं तुम्हारे मालिक ?"

दरबान चुप रहा।

"बूढ़े हैं ? अकेले रहते हैं ? कोई बच्चा, कोई औरत, कोई भी नहीं ?"

"कोई भी नहीं।"

औरतों ने एक-दूसरे की ओर भेद-भरी दृष्टि से देखा।

"बहुत 'शरीफ' हैं हमारे मालिक, आपकी ही तरह 'शरीफ़'।"

औरत को दरबान की इस बात में धोखे की बू नहीं आई। दोनों औरतें अज्ञात भय का अनुभव करती हुईं, अंदर जाने के लिए तैयार हो गईं।

बरामदे में ऊपर की ओर चौड़ी सीढ़ियाँ थीं। दरबार उन पर चढ़ने लगा। आगे एक बहुत ऊँचा दरवाज़ा था। दरबान ने दरवाज़े के तख़्तों को बारी-बारी से खोला, और रंगीन पर्दों को हटा दिया।

पहला कमरा बहुत बड़ा था। बड़े-बड़े दरवाज़े, साधारण दरवाज़े के बराबर खिड़कियाँ, ऊँची छत, फ़र्श पर दरी, गलीचे, कोच, रंगीन भारी पर्दे, दीवारों

पर बहुमूल्य चित्र, कीमती फ़र्नीचर।

दरबान के पीछे-पीछे वे आगे बढ़ती गईं। बड़े कमरे के बाद एक तंग किंतु लंबे कमरे में से गुज़रना पड़ा। रोशनी भी मद्धिम थी। इसके बाद जो दरवाज़ा खुला, तो आँखें चौंधिया गईं।

तीसरा कमरा छोटा, किंतु सजा हुआ था। सजावट में भी सादगी और सुरुचि झलकती थी। एक ओर एक भारी मेज़ थी। उस पर काग़ज़, किताबें, इन्साइक्लोपीडिया, डिक्शनरियाँ आदि बिखरी पड़ी थीं। आलमारियों में अनगिनत पुस्तकें भरी थीं। मकान-मालिक विद्या और साहित्य का प्रेमी जान पड़ता था। एक बड़ा तख़्त लगा था, जिस पर सफ़ेद चादर बिछी थी और कोनों पर दो गावतकिए रखे थे।

औरतें कुर्सियों पर बैठ गईं। दरबान चला गया।···

बगल के दरवाज़े का पर्दा उठा। पचास-पचपन वर्ष का बूढ़ा तौलिए से हाथ पोंछता हुआ भीतर आया, और एक कुर्सी पर बैठ गया। साधारण सलामबंदगी हुई।

"आपको हमारी वजह से सचमुच बड़ी तकलीफ़ हुई। हम नहीं चाहते थे कि आपको जगाया जाए। नौकर ने हमारी रज़ामंदी के बिना जगा दिया आपको।" औरत ने खेद प्रकट किया।

"बिलकुल नहीं। मैं आजकल चार-पाँच घंटे से ज़्यादा नहीं सो सकता। यों समझिए, कि मैं दस बजे के करीब सो जाता हूँ, और तीन बजे से पहले या उसके लगभग जाग उठता हूँ। अगर आप आराम करना चाहें तो इंतज़ाम हो सकता है।"

"शुक्रिया ! हम सोयेंगे नहीं।" औरत ने अपने सामान का ख़याल रखते हुए कहा क्योंकि अभी तक उसे खटका था–"पालमपुर से आगे मेरे एक रिश्तेदार हैं। उनसे मिलने के लिए हम जा रहे थे। अभी-अभी गाड़ी से उतरे थे। ख़याल था कि सुबह तक पहुँच जाएँगे, लेकिन रास्ते में आपकी नदी आ गई।"

बूढ़ा हँसा। बोला, "जी, इन बरसाती नदियों का कोई भरोसा नहीं। ··· यहाँ से लगभग बाईस मील पश्चिम की तरफ़ मोतीचूर जंगल है। एक बार हम वहाँ शिकार खेलने के लिए गए। मौसम बरसात का था। वापसी पर एक बरसाती नदी में से होकर गुज़रे। शाम का वक़्त था। नदी में पानी मामूली था। तय हुआ कि रात नदी के किसी टीले पर बिताई जाए। एक चट्टान पर चढ़ गए। आसमान साफ़ था। छः-सात घंटे के बाद आँख खुली तो देखते क्या

हैं कि हर तरफ़ पानी-ही-पानी। और पानी पल-पल बढ़ता जा रहा था। हमें डर लगा कि कहीं पानी चट्टान के ऊपर से होकर न गुज़र जाए, लेकिन हम बच गए। बरसाती नदियाँ जल्द ही उतर जाती हैं। अगर सुबह तक पानी न उतरा, तो आप पुल पर से चली जाइएगा। पाँच-छः मील का चक्कर तो ज़रूर पड़ेगा।"

"आपको शिकार का शौक है ?" औरत ने बात का रुख़ बदला।

"शौक ? शौक तो बहुत-से थे।"

सेविका अँगीठी के पास आराम-कुर्सी पर जा लेटी। कमरा खूब गर्म हो रहा था। औरत ने बूढ़े की ओर ध्यान से देखा। साधारण क़द, चेहरे पर गहरी रेखाएँ, छोटी-सी दाढ़ी, पीलापन लिए हुए सफ़ेद बाल, बातचीत में गंभीरता, रहन-सहन में सभ्य। शरीर के ढाँचे से प्रतीत होता था, किसी समय अच्छा-ख़ासा, मज़बूत जवान रहा होगा।

"मेरा ख़याल है, कि आपके कपड़े भीग गए होंगे।"

"बिलकुल नहीं। हम गाड़ी के अंदर थे। काफ़ी पानी बरस गया, पर हम बचे रहे। गाड़ी से उतरते समय दो-चार छींटे, मुमकिन है पड़ गए हों। सो उनका कोई हर्ज़ नहीं।"

बूढ़े ने धीरे से पूछा, "ये आपकी माँ हैं ?"

"नहीं, नौकरानी हैं। लेकिन मैं इनको अम्माँ ही कहती हूँ। जब मैं छोटी थी, तब ये जवान थीं। मैं इनकी गोद में ही बढ़ी हूँ।"

कुछ देर मौन रहा।

"अजब संयोग की बात है। चार बरस से मेरे यहाँ मेहमान के रूप में कोई न आया था।"

"आपका कोई रिश्तेदार नहीं है ?"

"नजदीकी कोई भी नहीं है। ··· और दूर की रिश्तेदारियाँ आप जानती हैं ··· "

"आप इस जगह बिलकुल अकेले रहते हैं ?"

"बिलकुल।"

"आपको साहित्य से बहुत दिलचस्पी मालूम होती है।"

"मैं पहले ही कह चुका हूँ, कि मेरे शौक अनगिनत थे। अब तो मैं कमज़ोर हो चुका हूँ, इसीलिए यही शौक बाकी रह गए हैं, जिनमें कोई तकलीफ़ न उठानी पड़े। संगीत से मुझे लगाव है। मैं जवानी में बाँसुरी और सितार बजाया करता था। शिकार का मुझे काफ़ी ज़्यादा शौक था। कविता से भी

दिलचस्पी थी, हालाँकि मैंने कभी कविता नहीं की। साहित्य से भी प्रेम है। दर्शन प्रिय विषय है। चित्रकला से मुझे असाधारण प्रेम है। मैं अपने वाटर कलर और ऑयल के काम आपको दिखाऊँगा। मुझे उम्मीद है कि आप पसंद करेंगी।"

"शुक्रिया ! क्या सामने की तस्वीर 'वेन गफ़' की है ?"

"जी हाँ ! तो आप भी इन चीज़ों से दिलचस्पी रखती हैं ?"

औरत मुस्कुरायी। मुस्कुराने में उसकी आँखों के कोनों की हल्की झुर्रियाँ गहरी हो गईं।

"बस दिलचस्पी ही रखती हूँ।··· दिलचस्पी रखने से क्या होता है ? यों तो मुझे साहित्य से भी हमेशा से लगाव रहा है। लिखा-विखा कभी नहीं। हाँ, पढ़ने का शौक रहा है।"

"सच पूछिए तो मैं मन में सोच रहा था, कि दो बूढ़ी औरतें—ख़ैर आप इतनी बूढ़ी न सही—और एक बूढ़ा कैसे वक़्त काट सकते हैं।··· लेकिन यह जानकर कि आप कला और साहित्य से दिलचस्पी रखती हैं, मुझे बड़ी प्रसन्नता हुई।"

"आपकी मेहरबानी है। कला और साहित्य तो बड़ी चीज़ें हैं। मैं किस गिनती में हूँ भला ?"

बूढ़े के होंठों पर प्रसन्नता की मुस्कुराहट दौड़ गई।

" 'वेन गफ़' मेरा प्रिय चित्रकार है। मुझे इसकी विक्षिप्तता बहुत पसंद है। जितना ज़ोर इसके कामों में है, शायद ही किसी और के यहाँ हो। यह समझने की तस्वीर उसकी प्रसिद्ध तस्वीरों में से है। सुविधा के ज़िए हम इसे तीन भागों में बाँट लेते हैं। आकाश, पहाड़ और आगेवाले खेत। तस्वीर में एक चीज़ आपको प्रमुख दिखाई देगी—एक चंचलता-सी, बेचैनी-सी, विक्षिप्तता-सी। आसमान को देखिए। बादलों के सिलसिले कैसे उचके पड़ते हैं, कितने जानदार मालूम होते हैं। जैसे हरकत कर रहे हों। यही कैफ़ियत पहाड़ों की है। छोटे-से-छोटा पत्थर घूमता-भागता नज़र आता है। चट्टानें मानो एक-दूसरे का पीछा कर रही हों। कितनी तीव्र गति का अनुभव होता है। उधर मैदान में उगी हुई फ़सल पर नज़र डालिए। जैसे पौधे हवा के एक ही तेज़ झोंके के साथ आसमान की तरफ़ उड़ जाएँगे। और वे पेड़ जैसे आग की चिता हों, और पत्ते लपटों-से लगते हैं। उसकी तस्वीरों की इस परेशानी, इस बेचैनी, इस गतिशीलता, इस ज़ोर पर मैं फ़िदा हूँ। ये सब उसकी मानसिक दशा के चित्र हैं। ऐसा लगता है जैसे ज़ालिम ने कूची नहीं, तलवार चलाई है। जैसे रंगों

को एक चक्कर दे दिया गया है और जैसे अनंत काल तक वे घूमते ही चले जाएँगे।

औरत ने बूढ़े मेजबान की गतिविधि तथा उसके स्वर में जवानों के-से उत्साह का अनुभव किया। उसे महसूस हुआ कि जैसे कमरे के शिथिल वातावरण में जीवन के लक्षण पैदा हो गए हों।

"मैं समझती हूँ कि ये आपके मनोभावों का भी चित्रण करते हैं, नहीं तो आप इनसे इतना अपनापन ज़ाहिर न करते। ··· आप खुद भी बड़े जोशीले होंगे !" कहकर वह हँसी। उसकी हँसी आकर्षक थी।

बूढ़े ने घनी भौंहों के नीचे से अपनी पलकों को उठाया। उसकी ठोड़ी आगे को बढ़ी, मुँह खुला। फिर वह मुँह से एक हल्की-सी चटाख की आवाज़ निकालकर रह गया। वह सोचने लगा कि उसे एक प्रतिभाशालिनी और मामले की तह तक पहुँचनेवाली औरत से वास्ता पड़ा है।

"अच्छा हो, अब अगर हम कॉफ़ी मँगा लें। ··· आप कॉफ़ी पसंद करेंगी, या चाय ?"

"जो आप पसंद करें।"

"तो कॉफ़ी ही रहे। ··· बड़ी बी तो ऊँघने लगीं।"

नौकर को बुलाकर, कॉफ़ी के लिए कहा गया। मेहमान औरत के दिल से पराएपन का अनुभव दूर होने लगा।

वार्ता को जारी रखते हुए मेज़बान ने कहना शुरू किया, "आप ठीक समझीं। मेरा शारीरिक जोश कम था, मानसिक अधिक। मेरा दिमाग़ एक ज्वालामुखी पर्वत से कम न था। एक ऐसा दर्द, एक ऐसी जिज्ञासा, एक ऐसी कुरेद लगी रहती थी जिसका मैं वर्णन नहीं कर सकता। मैं एकांतप्रिय था और मुझे एकाध दोस्त की ही संगत पसंद थी। मेरा एक ही दोस्त था महेंद्र। महेंद्र उन दिनों कैंब्रिज स्कूल में पढ़ता था। हमारे स्कूल की इमारत बिलकुल सफ़ेद थी। वह शहर से दूर एक चौड़ी बरसाती नदी के किनारे पर था। दूर पहाड़ पर बसे हुए शहर की पीली-पीली इमारतें दिखाई पड़ती थीं। काली रातों में जब उस पहाड़ी शहर पर बिजली की बत्तियाँ जगमगातीं तो ऐसा लगता, मानो घाटी के सब जुगनू रूठकर पहाड़ पर जा इकट्ठे हुए हों। कभी-कभी किसी पहाड़ की बर्फ़ से ढँकी चोटी ऐसी दिखाई पड़ती मानो कोई राजकुमारी सफेद ताज सिर पर रखे, एड़ियाँ उठाकर हमें देख रही हो। यों तो पहाड़ बिलकुल निकट दिखायी पड़ते थे, लेकिन जैसे-जैसे हम उनकी ओर बढ़ते, वे पीछे हटते जाते। हमें उन दिनों प्राचीन यूनान और रोम के वीरों की कहानियाँ पढ़ाई जाती थीं,

इसलिए हम पर ऐसे दृश्य देखने से एक रोमानी प्रभाव छा जाता था। मैं अपने दोस्त के साथ नदी पार करने जाया करता था। मैं प्रायः स्वेटर, नेकर और फूलबूट पहना करता था। किसी-किसी ठंडी शाम को रास्ते में जेनी, हमारी सहपाठिनी, जिसे मैं प्यार से 'साइकी' कहा करता था, सफ़ेदे के पेड़ों के नीचे घूमती और लीचियाँ खाती दिखाई दे जाती थी। उसे मेरा लाल रंग का स्वेटर बहुत पसंद था। जेनी को देखते ही मैं उसके बटन जान-बूझकर खोल देता और उसके पास जाकर कहता, 'अच्छी साइकी, हमारे बटन तो लगा दो ज़रा।' जेनी अपनी चमकीली आँखें मटकाकर हँसती, अपने नन्हे हाथों से बटन लगा देती और कहती, 'तुम, मुझे विश्वास है, बड़े होकर सुंदर जैसन बनोगे।' और मैं अकड़ता हुआ आगे बढ़ जाता। जब कभी कोई बड़ा-सा चमगादड़ अपने पर फैलाए हमारे सिरों पर से गुज़र जाता तो हम सोचते कि हो सकता है कि वह 'परसीआस' ही हो और शायद 'मेडोना' का सिर काटकर उड़ा जा रहा है। जंगल की झाड़ियों में घूमते समय ख़याल आता कि हो सकता है कि 'अपालो' अपना रथ छोड़कर यहीं किसी जगह आ बैठा हो। सौंदर्य और संगीत का देवता, 'दफनी' का निराश प्रेमी। उसे देख पाएँ, तो शिकायत करें कि तुम्हारी प्रेम-कहानीवाला पाठ बहुत कठिन है। और वह ठंडी साँस भरकर चुप हो जाए। भला उसके लिए ही वह पाठ कहाँ सरल था ? हम चश्मे के पास बैठ जाते। हवा और ठंडी हो जाती। पेड़ साँय-साँय करने लगते। और दूर चाय के बगीचों से गीदड़ों की 'हुआँ-हुआँ' की आवाज़ आने लगती। पहाड़ों की ओट से चाँद निकल आता, और उसका अक्स पानी में दिखाई पड़ने लगता।··· उसे भी 'नार्कसिस' की भाँति पानी में अपना चेहरा देखने का बहुत चाव था। पर यह चाव था बुरा।··· 'नार्कसिस' बहुत सुंदर लड़का था। सुर्ख गाल, गहरी चमकीली आँखें, चमकीले सोने के-से बाल। उसने एक बार अपना अक्स पानी में देख लिया, और उस सूरत पर मरने लगा। वह बिना नागा घंटों पानी में अपना अक्स देखा करता। आख़िर यह पागलपन रंग लाया। वह वहीं मर गया, तड़प-तड़पकर। और··· 'आस्कर वाइल्ड' के शब्द याद कीजिए—'जब नार्कसिस मर गया तो घाटी के सुंदर फूलों के हृदयों पर दुख और शोक की काली घटाएँ छा गईं। वे उस चश्मे से पानी माँगने लगे, जिसमें कि वे उसके शोक में आँसू बहा सकें। 'आह !' चश्मे ने जवाब दिया, 'अगर मेरे पानी की बूँदें आँसू ही होतीं तो भी नार्कसिस को रोने के लिए अपर्याप्त होतीं। मुझे स्वयं उससे प्रेम था। तुम भला उससे प्रेम किए बिना कैसे रह सकते थे ?' फूलों ने कहा, 'कितना सुंदर था वह !' 'क्या वह सचमुच सुंदर था ?' चश्मे

ने पूछा। 'यह बात तुमसे ज़्यादा कौन जान सकता है ?' फूल बोले, 'वह बिना नागा पेट के बल लेटकर तुम्हारी सतह पर अपना अक्स देखा करता था कि नहीं ?' 'अगर मैं उससे प्रेम करता था', चश्मे ने जवाब दिया, 'तो इसका कारण यह था कि जब वह मुझ पर झुकता था, तो उसकी आँखों में मुझे अपने ही हुस्न की झलक दिख जाया करती थी'।''

मेहमान औरत बड़ी तन्मयता से मेज़बान की ओर देख रही थी। अँगीठी में आग के शोले उठ रहे थे।

बारिश के शोर में मेज़बान ने अपनी बात जारी रखी, ''आह, वह फूलों और पौधों की घाटी ! वहाँ की मस्ती-भरी सुगंधित हवाएँ ! वहाँ बसंत ऐसे आता था, जैसे देवी वीनस दबे पाँव, मधुर मुस्कान के साथ भीनी रातों में जूपिटर के शयनागार में जा घुसती थी। देखते-देखते बर्फ़ पिघल जाती, पहाड़ियाँ और टीले मखमली लिबास में खड़े नज़र आते, रंग-बिरंगे पक्षियों के झुण्ड-के-झुण्ड आ इकट्ठा होते। कण-कण में सुंदरता और जवानी अँगड़ाइयाँ लेने लगती। दिन के समय सूर्य चमकता और ख़ामोश रातों में चाँद अपनी चमक-दमक दिखाता। कैसी गजब की सुंदरता ! सौंदर्य आँख झपकते में नष्ट हो जानेवाली एक आफ़त है। यह एक मौन धोखा है। ··· आह, अब नए सिरे से यह मुसीबत सहने की तमन्ना दिल में पैदा हो रही है। अब फिर धोखा खाने को जी मचलता है।''

बात ख़त्म कर चुकने के बाद भी मेज़बान का मुँह खुला रहा। जैसे अभी वह कुछ कहने को हो। लेकिन फिर सिर हिलाकर वह चुप हो गया। औरत कुछ क्षणों तक उसकी आवाज़ की गूँज से आनंदित होती रही। फिर औरत ने कॉफ़ी की प्याली बढ़ा दी।

''शुक्रिया !''

''यह था आपका बचपन ?''

मेज़बान चुप रहा। उसकी मुद्रा से प्रकट था कि उसने सवाल सुना था, पर वह स्वीकारात्मक उत्तर नहीं देना चाहता था। शायद उसका मतलब यह था कि अभी तो उसे बहुत कुछ कहना है।

''क्या बीते हुए दिनों की हसरत अभी तक दिल में है ?''

मेज़बान हँसा। कहने लगा, ''आपके सवालों और मेरे जवाबों से ऐसा प्रकट होता है जैसे आप मुझसे इंटरव्यू लेने आई हैं। ··· आप मेरी मेहमान हैं। मेरा फ़र्ज़ है कि आपके दिल बहलाने का सामान करूँ। आप अपनी ज़िंदगी के हालात इस तरह बताने को शायद ही राज़ी हों। लेकिन आप शिक्षित हैं।

यही कारण है कि हम इतने थोड़े समय में दो बेतकल्लुफ़ दोस्तों की तरह बातें कर रहे हैं।'

"मैं सचमुच बहुत आनंदित हो रही हूँ," कहकर औरत अपने ख़ास अंदाज़ में मुस्कुराई।

मेज़बान भी इस मुस्कुराहट से आनंदित हुए बिना न रह सका।

कॉफ़ी पीने के बाद दोनों आराम-कुर्सियाँ घसीटकर अँगीठी के पास आ बैठे। बारिश की बौछारों की आवाज़ बराबर सुनाई दे रही थी। लकड़ियाँ चटक-चटककर जल रही थीं। कुछ देर तक इधर-उधर की बातें होती रहीं।

"मेरा ख़याल है कि हम असल विषय से भटक गए हैं। आप अपने बारे में कुछ बता रहे थे।"

"जी, वह बात तो मैं ख़त्म कर चुका।"

"मैं तो उसे आपके हालात की केवल भूमिका समझती थी।"

"भूमिका ? ··· हा-हा-हा ! ··· जी नहीं। बहुत दिनों बाद आज बातचीत का मौक़ा मिला, इसलिए दिल का गुबार निकाल लिया।"

"मेरे ख़याल में ऐसे रोमांटिक बचपन के बाद ज़िंदगी की कटु वास्तविकताओं ने आपके रोमांसपूर्ण जीवन के दृष्टिकोण को तो मटियामेट ही कर दिया होगा ?"

कुछ सोचने के बाद बूढ़े ने जवाब दिया, "सच पूछिए तो जीवन की उन वास्तविकताओं से जिनको आमतौर पर वास्तविकताएँ समझा जाता है, मैं बहुत प्रभावित नहीं हुआ। ज़िंदगी में निर्धनता भी एक कटु वास्तविकता है, लेकिन मुझ पर उसका कभी गहरा असर नहीं हुआ। मैं बेकार भी रहा, भूखा-प्यासा भी रहा, लेकिन ये ऐसी गौण चीज़ें थीं जिनसे मैं अधिक प्रभावित न होता था। मैं समझता था कि जब चाहूँ रुपया कमा सकता हूँ। किंतु इसे मैं उतना ही महत्त्व देता था जितना उसका जीवन की आवश्यकताएँ पूरी करने से संबंध था। इसका कारण कोई महात्मापन नहीं था, बल्कि यों समझिए कि मुझे इन बातों में दिलचस्पी ही न थी। मैंने ज़िंदगी का कुछ भाग रुपया ख़र्च करने में भी लगाया, और उसमें मुझे काफ़ी सफलता भी मिली।"

"आख़िर वह क्या चीज़ थी जिसकी ओर आपका मन इस तरह लगा कि दूसरी बातों की सुधि ही न रही ?"

बूढ़े ने तनिक विलंब किया। उसकी घनी भौंहों के बीच माथे पर की रेखाएँ और स्पष्ट हो गईं। फिर वह बोला, "आप इस तरह के सवाल कर रही हैं जिनके जवाब देने के लिए मैं तैयार न था। सारांश यह कि अकेलेपन

का भाव था जिसने मेरा दिमाग़ सोच-विचार की ओर लगा दिया। और अकेलेपन की यह भावना इसलिए नहीं थी कि दुनिया में मेरा कोई नहीं था बल्कि इसलिए कि मेरी यह भावना इतनी तीव्र थी कि इस मैदान में मेरा कोई भी प्रतिद्वंद्वी न था। या यों समझिए कि मेरे विचार नए या दूसरों से भिन्न थे ··· इसलिए मेरा किसी से समझौता न हो सका। ··· दरअसल मैं आपको समझा न सकूँगा। बस, इतना समझ लीजिए कि मैं बिल्कुल अकेला रहा। मैं किसी ऐसी चीज़ की प्रतीक्षा करता रहा, जिसे मैं स्वयं न जानता था न बयान कर सकता था। और न उसे मैं पा ही सका। न किसी व्यक्ति ने मुझमें ऐसी खूबी ही देखी कि वह मुझे असाधारण महत्त्व देता।"

"आप निराश हो गए होंगे। आपको कोई न मिला, जिसे आप अपना बना सकते।"

"मैंने किसी से नहीं कहा कि वह मेरा बने। और न किसी ने अपने आप इस बात की ज़रूरत ही महसूस की।"

"ज़िंदगी आपके लिए अँधेरी हो गई होगी ?"

"ऐसी बात नहीं। मेरी तबियत में एक ज़िद, एक उजड्डपन था, जिसने मुझे जीवित रखा। वास्तव में मेरे जीवन में प्रेम की कमी ही रही। ज़िंदगी में मुहब्बत की कमी रह जाना एक पुरानी कहानी है। बहुतों की ज़िंदगी में ऐसा हो जाता है। लेकिन मैंने एक तो बड़ी नफ़रत से अकेला रहना स्वीकार कर लिया इससे इसका अनुभव कम हो जाने के बावजूद उसका प्रभाव कम-ज़्यादा मौजूद है। सबसे अधिक निराशाजनक पहलू इस संबंध का यह था कि मैंने कभी पराजय स्वीकार नहीं की, और न कभी अपने दर्द को प्रकट होने दिया। मैं इस बात को समझता हूँ कि दुनिया में मेरा होना या न होना कुछ भी महत्त्व नहीं रखता, और न मेरे व्यक्तिगत जीवन का प्रश्न समस्त मानव-जाति की समस्याओं में कुछ भी महत्त्व लिए जाने के योग्य है। यह तो मेरे निजी मामले हैं, बिल्कुल मेरी निजी उलझन जिसे आप कुरेद-कुरेदकर पूछ रही हैं।"

औरत दोनों जुड़े हाथों पर गाल टिकाए, खोई-खोई दृष्टि से बूढ़े की ओर देखती रही।

"ज़िंदगी ··· "

"हाँ, इंसानी ज़िंदगी की बाबत भी जो राय मैंने कायम की है, उस पर मेरे व्यक्तिगत हालात का असर है। मुझे जीवन के खोखलेपन का बहुत ख़याल है। मैं जानता हूँ कि यह शुद्ध पूर्वीय विचार है। लेकिन जीवित रहने के पक्ष में कौन-सा तर्क है जो उपस्थित किया जा सकता है ? यानि अगर यह मान

भी लिया जाए कि वास्तव में जीवन एक ही है, और कुछ भी नष्ट नहीं होता···"

औरत अधीरता से बोली, "अब बात का रुख़ बदल चुका है और शायद इससे आगे मैं आपका साथ न दे सकूँ।··· लेकिन मैं जानना चाहती हूँ कि क्या आप बुराई और भलाई, नेकी और बदी में विश्वास करते हैं ? क्या आप मानव की भलाई पर विश्वास रखते हैं ?"

"भलाई और बुराई स्वतः ऐसी चीज़ें हैं जिनके लिए स्थायी मान्यताएँ कायम करना कठिन होगा। 'मानवता की भलाई' एक बहुत ही अस्पष्ट-सी बात है। आख़िर कहाँ होगी मानव या मानवता की भलाई ? ···लेकिन यदि हमें जीवित रहना ही है अर्थात् अगर हम जीवित रहने पर बिना किसी विशेष कारण के विवश या तुले हुए ही हैं तो अवश्य ही हमें सोचना पड़ेगा कि जीवित रहने का फिलहाल सबसे अच्छा ढंग कौन-सा हो सकता है। यदि यह बात स्पष्ट न हो तो और विस्तार से कहूँ ?"

"धन्यवाद ! मैं चाहती हूँ कि बातचीत हल्की किस्म की हो। क्यों न हम कला के विषय पर ही बात करें ?"

बादल खूब गरजने लगे। बिजली तो ऐसी कड़की, जैसे कहीं गिरी हो।

"कला को समझने और उसकी सेवा करने की क्षमता स्वभावतः मुझमें थी। लेकिन मैं दूसरी बातों से तंग आकर इसकी ओर आकर्षित हुआ। मैंने कला को जीवन की समस्याओं के लिए लगा दिया। और जीवन की समस्याओं के बारे में आप सुन चुकी हैं कि मेरे विचार क्या हैं।··· रचना करने में अवश्य ही कलाकार को कुछ शरण मिलती है।"

औरत सोचने लगी कि बात घूम-फिरकर फिर जीवन की कठिन समस्याओं के दलदल में फँसी जा रही है। वह सींखचे से जलती हुई लकड़ियों को कचोके देने लगी। बूढ़ी सेविका की भी आँख खुल गई। और आग फिर भड़क उठी।

"इस उम्र में आपकी भावनाएँ तो और भी तीव्र होंगी ? आपके बाल-बच्चे क्या हुए ?"

बूढ़े ने आश्चर्य से औरत की तरफ़ देखा। बोला, "बच्चे ! बच्चे कैसे ? मैंने शादी ही कब की थी ? और भावनाओं के तीव्र होने के विषय में बस यह समझ लीजिए कि यह दुनिया किसी के साथ रियायत नहीं करती।"

इसके बाद बहुत देर तक ख़ामोशी छाई रही। सिर्फ़ बारिश की आवाज़ आती रही। मेहमान और मेज़बान दोनों के सिर झुक गए। वे किसी गहरे सोच

में डूब गए। बूढ़ी सेविका का चेहरा भावनाओं से ख़ाली था। वह उनकी शुष्क बातों की ओर से बिलकुल बेपरवाह दिख रही थी।

"क्या कभी किसी औरत से आपका संबंध स्थापित नहीं हुआ ?" औरत ने आगे की ओर हाथ बढ़ाए।

मेज़बान क्षण-भर अँगीठी को घूरता रहा। फिर बोला, "संबंध तो अवश्य हुआ। एक-दूसरे के बहुत करीब आ जाने का मौक़ा भी मिला। लेकिन ··· किसी के प्रति भी मुझे अपनेपन का अनुभव न हुआ।"

"किसी से भी नहीं ?"

बूढ़े ने हाथ मलते हुए कुछ रुककर औरत की ओर देखा। कहा, "सिवाय एक के ··· "

"एक ?"

"जी हाँ, एक ! लेकिन मैंने उसे देखा कभी नहीं। बस, निकटता का अनुभव होकर ही रह गया। आप शायद एक असफल प्रेम की कहानी सुनने की आशा रखती हों ? लेकिन बात ऐसी नहीं।"

औरत फिर एक बार अपने ख़ास अंदाज़ में मुस्कुराई। "वह कौन थी ?"

"मैं ज़्यादा कुछ नहीं जानता। ··· उसका नाम था ··· "

औरत आगे को झुक गई।

बूढ़े ने फर्श पर नज़रें गड़ाकर कहा, "उसका नाम था शहनाज़ !"

औरत ने दुपट्टे से सिर ढाँप लिया और टाँगें समेटकर बैठ गई।

"मुझे उसकी दो चिट्ठियाँ मिलीं। उसने किसी नुमायश में मेरे हाथ की बनी तस्वीरें देखीं, और उसे वे इतनी पसंद आईं कि वह मुझे पत्र लिखने को विवश हो गई। ··· आशा है कि आप बुरा न मानेंगे। ··· जवाब जल्द-से-जल्द दें। ··· वगैरा-वगैरा। ··· बस यही लिखा था।"

"आपने क्या जवाब दिया ?"

"मैंने ? ··· आप जानती हैं औरतों से संबंध निभाने के ढंग मुझे बिलकुल नहीं आते। खैर, उस चिट्ठी का जवाब तो मैंने दे ही दिया। पहले तो मैंने लिखा कि शहनाज़ उसका फर्ज़ी नाम है। उसे चाहिए कि वह अपना असली नाम और हालात लिखे। फिर मैंने अपनी नई कृतियों पर उसकी राय माँगी। इस बात पर आश्चर्य प्रकट किया कि मेरा पता कहाँ से मिला। अंत में मैंने लिखा कि मैं औरतों से पत्र-व्यवहार करने की कला से अनभिज्ञ हूँ। आप किसी बात का बुरा न मानें।"

औरत की दिलचस्पी बढ़ी। बोली, "उसने क्या जवाब दिया ?"

"उसने जवाब बहुत दिनों के बाद दिया। ··· वही औरतों की पुरानी आदत। ··· ज़रा ठहरिए, शायद असल चिट्ठी ही यहीं कहीं मिल जाए।"

बूढ़ा उठा। बड़ी मेज़ के ड्राअर बाहर खींच-खींचकर टटोले और एक बड़ा-सा पुराना लिफाफा उठा लाया। "यह रही। सुनिए। 'जवाब बहुत देर से दे रही हूँ। आप तो इंतज़ार करते-करते थक गए होंगे। बुखार और खाँसी इतनी बढ़ी कि न पूछिए। बहुत दुर्बल हो गई हूँ। आपकी नाराज़ी का ख़याल न होता तो अभी पत्र लिखने की हिम्मत न करती। आप मेरे बारे में क्या जानना चाहते हैं ? मैं वायदा करती हूँ कि आप जो सवाल करेंगे उनका सही जवाब दूँगी। नाम तो मेरा सचमुच शहनाज़ नहीं लेकिन आप मुझे इसके लिए मजबूर न करें तो अच्छा हो। आपके पते के बारे में यही कहना है कि ढूँढ़ने से तो ईश्वर भी मिल जाता है। ··· मुझे खुशी है कि आपने मेरी धृष्टता का बुरा नहीं माना। ··· '

"वगैरा-वगैरा। ··· इसके बाद मेरी तस्वीर पर आलोचना है। अंतिम लाइनें ये हैं–'मैंने विस्तार के साथ अपने विचार प्रकट कर दिए हैं। अपनी राय लिखें तो बड़ी कृपा हो। आपके पत्र की अंतिम लाइनों के विषय में निवेदन है कि मुझे आपका पत्र पाकर बड़ी प्रसन्नता हुई। नापसंद या बुरी क्यों लगने लगी कोई बात। अंत में इतनी देर से जवाब देने के लिए फिर माफ़ी चाहती हूँ। आपके जवाब का बेहद इंतज़ार रहेगा। कृपा कर देर न कीजिएगा।

जवाब की प्रतीक्षा में–

शहनाज़'।"

औरत ने आँखें झपकाईं–"आपने क्या जवाब दिया ?"

बूढ़ा कुछ देर तक उसकी ओर अर्थहीन दृष्टि से देखता रहा। फिर बोला, "उनका अब तक जवाब का 'बेहद इंतज़ार' है।"

औरत कुर्सी के पीछे की ओर झुक गई। फिर बोली, "आपने ऐसा व्यवहार क्यों किया ?"

"ज़रा शब्दों पर ग़ौर कीजिए। 'आप तो इंतज़ार करते-करते थक गए होंगे।' मूर्ख कहीं की ! मैं भला क्यों इंतज़ार करने लगा ? इसके बाद अपनी बीमारी और कमज़ोरी का रोना। और फिर 'आपकी नाराज़ी का डर न होता ···' मूर्खता तो देखिए, भला मुझको नाराज़ होने का अधिकार था ? ··· फिर अपने को इतना महत्त्व दे दिया, कि भली औरतों की तरह सीधी बात न लिख दी कि क्या नाम है, कौन है, क्या काम करती है। व्यर्थ की बकवास के क्या मानी ?"

औरत ने सिफ़ारिश के लहज़े में कहा, "आख़िर औरत ही तो थी। हो

सकता है कि कोई ख़ास कारण हो।"

"औरत ! औरत ! हो सकता है कि वह कोई चुड़ैल हो। हो सकता है कि एक सिरे से औरत का अस्तित्व ही न हो। यों ही कोई हज़रत दिल बहला रहे हों। आप ज़रा पत्र के शब्दों पर ग़ौर तो कीजिए।"

"हो सकता है कि वह भली लड़की हो, कला की प्रेमी, आपकी दोस्त। ··· ख़ैर, कभी-कभी उसकी याद तो आती ही होगी।"

बूढ़े ने माथे पर त्योरियाँ डालीं। "याद ? कभी नहीं, कभी नहीं ! बल्कि मैं उसको हमेशा के लिए भूल गया, उससे नफ़रत करने लगा।"

इस बात पर औरत गहरे सोच में डूब गई।

"अरे, आप सोचने क्या लगीं ?" बूढ़ा ठहाका लगाता हुआ बाहर निकल गया। ···

बादल हल्के हो गए। बारिश करीब-करीब थम गई। प्रातःकाल का प्रकाश फैलने लगा। पंद्रह-बीस मिनट के बाद बूढ़ा वापस आया।

"आप लोग नाश्ता कर लें। मैंने नौकर को नाश्ता लाने के लिए कह दिया है।"

मेहमान औरत बोली, "अब आप इजाज़त ही दें तो अच्छा हो।"

नाश्ते पर भी इधर-उधर की मज़ेदार बातें होती रहीं।

नौकर ने आकर पूछा, "कोचवान पूछ रहा है कि गाड़ी तैयार की जाए ?"

औरत ने सिर हिलाकर 'हाँ' कह दिया।

"आइए, तब तक आपको अपना स्टूडियो दिखाऊँ ?"

वे तीनों स्टूडियो में पहुँचे। एक बड़ा कमरा था, और अनगिनत चित्र—वाटर और आयल कलर के दीवारों पर लटके थे। औरत उनको देखकर बहुत आनंदित हुई।

एक घंटा बीत गया, फिर भी दिल न भरा।

जब वह जाने को तैयार हुई तो बूढ़े ने कहा, "ज़रा ठहरिए। मैं कोट पहन आऊँ। फिर नीचे चलेंगे।"

उसके चले जाने के बाद दोनों औरतें फिर चित्रों को देखने लगीं। एक ओर एक पुराना-सा दरवाज़ा था। सेविका ने उसकी चटकनी खोल दी। औरत ने मना किया। किंतु दरवाज़ा खुल जाने पर भीतर झाँक लेने में उसने कुछ हर्ज न समझा। छोटा-सा कमरा था। इधर-उधर साधारण सामान बिखरा हुआ था—काग़ज़ात, रंगों की प्यालियाँ, पैमाने इत्यादि। वह दरवाज़ा बंद करने को ही थी कि कमरे में एक ओर एक सुंदर पर्दा दिखाई पड़ा। सेविका के साथ

वह आगे बढ़ी और पर्दा हटा दिया। पर्दे के पीछे एक अति सुंदर युवती की आदमकद तस्वीर बड़े अच्छे ढंग से एक सुनहरे चौखटे में जड़ी रखी थी। युवती इतनी सुंदर थी कि औरत स्तब्ध रह गई। वह हैरान थी कि बूढ़े कलाकार ने वह तस्वीर उन्हें क्यों नहीं दिखाई। यह तो उसकी सर्वश्रेष्ठ कलाकृति थी। यह तस्वीर पूर्ण कर लेने के बाद यकीनन बूढ़े ने और तस्वीरें बनाना छोड़ दिया होगा। सेविका तक तस्वीर को देखकर हैरान रह गई। नीचे कुछ धुँधले अक्षर दिखाई पड़ रहे थे। औरत ने आगे बढ़कर पढ़ने की चेष्टा की। लिखा था–
'शहनाज़ !'

"शहनाज़ !" औरत के होंठ काँपे। बारिश में भीगी हुई गुलाब की दो ताज़ी कलियाँ चौखटे के आगे रखी थीं।

इतने में बूढ़े की आवाज़ आई–"हा-हा-हा ! ··· मुझे ऐसा महसूस होता है जैसे मैं सदियों ··· "

उसकी आवाज़ बंद हो गई। वह इधर-उधर देखने लगा। जल्दी से दरवाज़े के अंदर घुसा और देखा कि औरत काँपते हुए हाथों से 'शहनाज़' की तस्वीर पर पर्दा गिराने की चेष्टा कर रही है। बूढ़ा अपनी एक बाँह कोट की आस्तीन में डाल चुका था। और दूसरी बाँह ··· तो वह हिला ही न सका। ···

औरतें बग्घी में बैठ गईं।

मेहमान औरत ने दूसरी बार विनम्र स्वर में बूढ़े मेज़बान से पूछा, "मैं आपकी क्या सेवा कर सकती हूँ ?"

बूढ़ा मौन रहा। वह सायबान पर चढ़ी हुई घनी बेल के पत्तों से टपकनेवाली पानी की बूँदों की ओर देख रहा था। फिर उसने खोखली दृष्टि से औरत की ओर देखा। नीरस स्वर में धीरे से बोला, "धन्यवाद !"

उसका मुँह खुला रहा। निचला जबड़ा ज़रा-सा आगे को बढ़ा। मानो वह कुछ कहने को हो। लेकिन फिर वह सिर हिलाकर चुप रह गया।

पीठ मोड़कर बूढ़ा सीढ़ियों पर भारी क़दमों से चढ़ने लगा। उसके सिर के पीलाहट लिए सफ़ेद बाल चमक रहे थे। वह ऐसा दिखाई देता था मानो एक बहुत बड़ा टूटा हुआ जहाज़ हो जिसके पाल कट चुके हों। चौड़ी सीढ़ियों पर चौड़े और ऊँचे दरवाज़े के सामने वह कितना छोटा और हीन दिख रहा था !

एक हल्के-से धचके के साथ बग्घी चल पड़ी।

औरत की पलकें भीगी हुई थीं। फिर उसकी आँखें आँसुओं से भर गईं। एकदम झुककर उसने दोनों हाथों में अपना चेहरा छिपा लिया।

सेविका उसके काँपते कंधों पर हाथ फेरने लगी।

दीमक

चाबियों का गुच्छा जैनू के मैले आँचल से बँधा लटक रहा था। वह फूँकें मार-मारकर, आग जलाने में व्यस्त थी। मुँह लाल, आँखें गीली, और बालों में राख। खालिद हाथ में यूकलिप्टिस की चंद हरी पत्तियाँ लिए, अपनी माँ को उनकी खुशबू सुँघाने की कोशिश कर रहा था।

जब वे आलुओं के कतले मसाले और घी में खूब लथपथ हो गए तो उसने पतीली में डालकर उसे ढकने से ढाँप दिया। पानी डालने से जो सूँ की आवाज निकली, तो खालिद 'सूँ-सूँ' करके, उसकी नकल उतारने लगा। उसके बाल आगे को गिरे हुए थे और आँखें करीब-करीब ढकी हुई थीं।

नाजी, आठसाला बच्ची, मनीपुरी नाच नाचती हुई बावर्चीखाने में आ गई। पीछे-पीछे उसका बड़ा भाई, मज्जो, छोटे कनस्तर का मृदंग बजाता दाख़िल हुआ। नाजी ने दोनों हाथों की उँगलियाँ एक-दूसरे में फँसाकर बाजू ऊपर उठाए और आँखों पर हाथ का साया करके, पुतलियाँ मटकाने लगी। कभी-कभी नाक के एक नथुने से बहती हुई नली बाहर की तरफ झाँकती, लेकिन 'सुरुड़' की एक ही आवाज़ के साथ गायब हो जाती। नाजी कमर को ख़ास अंदाज़ में घुमा-घुमाकर कूल्हों को भद्दे ढंग से झटके दे-देकर लट्टू की तरह चक्कर जो खाने लगी तो उसका पैर रपट गया और वह औंधे मुँह बाल्टी में जा गिरी। खालिद हँसकर आगे को झुका। उसकी टेढ़ी कमज़ोर टाँगें उसका बोझ न सँभाल सकीं, बैलेंस ख़राब हो गया, वह सिर के बल गिरा, तो दो-तीन थालियाँ भी लुढ़क गईं और कोलाहल मच गया। मज्जो ने मृदंग बजाना बंद करके अंग्रेज़ी नाच शुरू कर दिया। जब वह पतली-पतली टाँगें उठा-उठाकर नाचता, तो उसके घुटने गले में अटके हुए कनस्तर से टकरा-टकराकर कानों के पर्दे फाड़ देनेवाला शोर पैदा करने लगते—

"ट्विंकिल्-टिंवकिल् लिटिल स्टार,
हाउ आई वंड़र, वॉट यू आर !

ट्विंकिल् ट्विंकिल्…"

माँ की ललकार सुनाई दी। बच्चों को शोर करने से बाज़ रखने के लिए वह खुद उनसे भी ज़्यादा ज़ोर से चिल्लाने लगती थी।

"मैं कहती हूँ, तूने मेरी रीडर कहाँ रख दी, नाजी की बच्ची !"–सबसे बड़ी बहन नजमी आकर चिल्लाई। उसके नथुने फड़क रहे थे। गर्दन की रगें बोलते वक़्त उभर आती थीं।

नाजी को माँ पुचकारने लगी। उसके होंठ से खून बह रहा था। वह रोए जाती थी। माँ ने दिलासा देते हुए, दो आने का लालच दिया, ताकि वह चुप हो जाए। लेकिन वह रज़ामंद न हुई। "नहीं, मैं दो आने नहीं लूँगी। मैं तो वह लाल-लाल फूलोंवाला फ्राक पहनूँगी।"

गोया यह नाच न था, एक ठग चाल थी, जिसमें अम्मा को फँसाकर दरअसल फूलदार फ्राक ऐंठने का इरादा था।

"नजमी मरदूद, तू सारस की तरह लंबी-लंबी टाँगें निकाले, बेशर्मी से इधर-उधर भागी फिरती है। तुझको अक़्ल कब आएगी ?"

"हाय रे ! मैं कहाँ जाऊँ ? मेरी रीडर जो छिपा दी है नाजी की बच्ची ने।"

बच्चों के अब्बा आए। "पानी गर्म हो गया क्या ?"

"हो रहा है। देखिए न ! बच्चों ने क्या गदर मचा रखा है।"

"अरे कमबख़्तो ! तुमको आज पढ़ने के लिए नहीं जाना है क्या ? ऐ ! क्यों बे खालिद, तू जितना ही छोटा, उतना ही खोटा ! अपनी माँ को काम नहीं करने देता। हर वक़्त उसका आँचल पकड़े रहता है। गधे के बच्चे !" अपनी गाली पर खुद ही मुस्कुराकर, उसने कनखियों से बीबी की तरफ़ देखा। "तेरा बाप गधा, और तेरी अम्मा गधी !"

"हटाइए भी !" जैनू बिगड़ी–"सुबह सबेरे अल्ला का नाम लीजिए ना ! बच्चे क्या तमीज सीखेंगे !"

जैनू को खालिद बहुत प्यारा था। वह उसको भाग्यवान समझती थी। इतना बड़ा हो गया था, पर माँ का दूध पिए जा रहा था और वह पिलाए जा रही थी। उसने घसीटकर खालिद को गोद में ले लिया। कमीज़ उठा, छाती उसके मुँह में दे दी, और ऊपर दुपट्टे का साया डाल दिया।

"भई, यह क्या हरकत है ? सौ मर्तबा समझाया कि अब इसे अपना दूध न पिलाया करो !"

"कहाँ पिलाती हूँ ? यह तो कभी-कभी चुप कराने का हीला है।"

"लाओ पानी।"

"ज़रा सब्र कीजिएगा। बैठ जाइए।"

वह स्टूल पर टिड्डे की तरह टाँग पर टाँग रखकर बैठ गया।

जैनू ने पानी में उँगली डाली। "नजमी, यों तो तू बड़ी शौकीन बनती है, एक की बजाय दो-दो चोटियाँ लटकाए फिरती है, लेकिन बाल सिमटते भी हैं तुझसे ? देख तो बालों की लटें कैसी उलझ रही हैं।"

"शौकीन, शौकीन ! कहाँ हूँ मैं शौकीन ? आप जब-तब मुझी पर इल्ज़ाम धरती रहती हैं। दो चोटियाँ न करूँ, तो करूँ भी क्या ? इतने घने बाल एक चोटी में सिमटते ही कहाँ हैं।" बड़बड़ाती हुई, ज़मीन पर ज़ोर-ज़ोर से पाँव मारती हुई, वह चली गई।

"मज्जो, जा मेरे बेटे, चाचा से कह कि खाना खा लें आकर। आज तो यों भी देर हो गई है।"

जैनू का देवर बी. ए. आनर्स का विद्यार्थी था।

मज्जो चचा को बुलाने गया। चचा कितने अर्से से बैठा उबल रहा था। उसने पक्का इरादा कर लिया था कि वह भूखा ही पढ़ने चला जाएगा, ताकि उसका बड़ा भाई भाभी पर ख़फ़ा हो, और आइंदा वह उसको एक ऐरा-ग़ैरा समझकर खाना तैयार करने में देर न लगाया करे। चुनाँचे इस तरफ़ से मज्जो कमरे के अंदर दाख़िल हुआ और दूसरी तरफ़ से चचा कमरे के बाहर। "चचा, अम्मा कहती हैं कि खाना खा लो।"

"अब इतना वक़्त कहाँ है ? खाना खा लीजिए अब ..." उसने अपनी सूरत ऐसी दुखियारे की-सी बना ली, मानो इस घर में हफ़्ते-भर से उसको खाना न मिला हो और न आइंदा सप्ताह-भर मिलने की आशा थी।

मज्जो ख़बर लाया—"चचा चले गए। वे कहते थे, अब वक़्त नहीं है।"

"हाय, मैं मर गई ! बेचारा भूखा चला गया ! सारे दिन भूखा रहेगा ! अच्छा, नौकर के हाथ खाना कॉलेज ही भिजवा दूँगी।"

"कॉलेज क्या करोगी भिजवाकर ? उसने सौ मर्तबा कहा है कि उसको खाना कॉलेज न भेजा करो। सबके सामने खाने में उसको शर्म महसूस होती है। लाओ मुझे पानी दो। कहीं मैं दफ़्तर से न रह जाऊँ।"

"यह लीजिए, पानी तो हो गया गर्म। ... अच्छा, मैं कहती हूँ, दोस्त को बुला लो। खाना खा ले। उसे भी जाना होगा।"

"बहुत अच्छा। पकाओ रोटी।"

वह उठा, स्टूल अंदर के बरामदे में रखा, और एक कुर्सी खिसका दी।

"मज्जू, मेरा अच्छा बेटा, जा नाजी को साथ ले जा। अपना मुँह भी धो, और छोटी बहन का मुँह भी धो डाल। फिर आकर खाना खा लो। तब मैं तुमको अच्छे कपड़े पहनाऊँगी।"

"कमबख़्त नौकर कहाँ है ?"

"वह दूध लेने गया है। जहाँ जाता है, बैठा रहता है। आप नहा चुके क्या ?"

"साबुन का पता नहीं। तौलिया मिलता नहीं।"

"ठहरिए, मैं निकाले देती हूँ नया तौलिया।" खालिद को छाती से हटाया, तो वह ठुनकने लगा। "अरे हट, बेटा ! माँ को नोचकर खा ही जाएगा क्या ?"

पति को साबुन और तौलिया देने के बाद वह फिर चूल्हे के आगे आ बैठी। मज्जो और नाजी भी मुँह धोकर आ गए।

"शाबाश, शाबाश ! कितने अच्छे बेटे हैं। लो बैठो, अब खाना खा लो। ··· मज्जू बेटा, तुम्हारी आया कहाँ है ?"

"आया नजमी अंदर के कमरे में कपड़े सीने की मशीन से लिपटी रो रही है।"

जैनू ने जल्दी से उनके आगे खाना रखा।

"मज्जू, छोटे भैया को भी बिठा लो, अपने पास। इसको बहुत छोटा लुक्मा (कौर) शोरबे में खूब भिगो-भिगोकर देना। झगड़ना नहीं। रोटी की ज़रूरत हो, तो प्लेट में से ले लेना।"

अंदरवाले कमरे में, जहाँ 'आया नजमी' कपड़े की मशीन से लिपटी रो रही थी, कुछ अधिक अँधेरा था। वहाँ बहुत बड़े-बड़े ट्रंक पड़े थे, जो जैनू को आज से लगभग चौदह बरस पहले शादी के मौके पर दहेज में मिले थे। इन सबके अलावा कीमती कपड़ों के ट्रंक, लोहे की पेटी, गहने, नक़दी वगैरह सबकुछ इसी कमरे में रखा जाता था। आया नजमी बकौल मज्जो के सिसकियाँ भर-भरकर रो रही थी। उसकी गदराई हुई टाँगें फैली हुई थीं। वह औंधे मुँह पड़ी थी। चेहरा बालों की घटाओं में छुपा हुआ था। उसने अम्मा के पाँव की चाप सुनी, लेकिन सिर ऊपर न उठाया, और न रोना बंद किया। वह लगातार हिचकियाँ लेती रही। जब वह गहरी-गहरी सिसकियाँ लेती तो उसके बाज़ुओं और कमर में कंपन पैदा हो जाता। जैनू चुपचाप उसके पास खड़ी हो गई। कुछ देर इसी तरह खड़ी रहने के बाद वहीं बैठ गई, और उसका सिर उठाकर अपनी गोद में रख लिया। वह और तेज़ी से रोने लगी। जैनू उसके सिर पर हाथ फेरती रही।

"नजमी रानी, क्या बात है ? मेरी बच्ची, तू मेरे कहे का बुरा मानेगी ? तू तो मेरे जिगर का टुकड़ा है, मेरी आँखों का नूर है। पगली, तुझे इतना भी मालूम नहीं, कि तेरी अम्मा तुझे कितना प्यार करती है। मेरी रानी, तेरे ही दम से तो इस घर की रौनक है। तुझे क्या तकलीफ़ है ? तेरे पास अच्छे-अच्छे कपड़े नहीं, या ख़र्च करने के लिए पैसे नहीं या खूबसूरत गुड़िया नहीं ? कोई लड़की है अड़ोस-पड़ोस में, जिसके पास तुझसे ज़्यादा कपड़े हों ? तू मेरी सयानी बेटी है। तू उस दिन फ़ातमा की अम्मा से कह रही थी कि 'हमारी अम्माजी हमको फिजूल प्यार नहीं करतीं। वह दिल में हमसे मोहब्बत करती हैं।' बता तो मेरी लाडली, आज तुझ पर क्या वहम सवार हो गया, कि तेरी अम्मा तुझको प्यार नहीं करतीं ? क्यों तू इस काल-कोठरी में पड़ी फूट-फूटकर रो रही है ? तेरे दुश्मन रोएँ। तेरी बला जाने, यह रोना-धोना क्या होता है। क्या अब तू यह समझने लगी है कि तेरी अम्मा बेइंसाफ़ है, तुझ पर इतनी सख़्त है, बेरहम है ?"

नजमी सिसकियाँ भरती रही।

जैनू ने घसीटकर बेटी को गोद में ले लिया। "मेरी लाडली, अब तू सयानी हो गई है। जानती है अब तेरी उम्र क्या है ? अब तेरा तेरहवाँ बरस शुरू हो चुका है। मैं पंद्रह बरस की उम्र में ब्याही गई थी। तुझे क्योंकर समझाऊँ ? तू खुद ही समझ ले। अब तू दूधपीती बच्ची नहीं रही, अच्छा तू ही बतला, कि तेरी उम्र की लड़की एक तंग-सा फ्राक और एक जाँघिया पहने, रानों तक नंगी टाँगें निकाले घूमती अच्छी मालूम होगी ? माना कि तू अपने घर में ही रहती है, लेकिन अब तेरी उम्र इस तरह घूमने की नहीं है। मेरी बच्ची, ये बातें वालदैन को इशारे से ही बतानी पड़ती हैं। अक़्लमंद और सुघड़ बेटियाँ थोड़े कहे को बहुत समझती हैं। आबरू के इशारे से मतलब को पा लेती हैं।... अपने बाल देख, रानी ! बालों की देखभाल किया कर। कितने लंबे, कितने काले, कितने घने और किस कदर बोझिल हैं तेरे बाल ! मैं तुझको दो चोटियाँ गूँथने से मना नहीं करती, और न मैं इसको बुरा समझती हूँ। सुन मेरी लाडली, यह भी तो ठीक नहीं, कि तेरे बाल बिलकुल आज़ाद होकर हवा में लहराते रहें और तू सिर पर चिंदरिया तक न रहने दे। तू कुँआरी है। अब तू कमसिन नहीं कि तेरी हरकतों का कुछ ख़याल न किया जाए। इतनी-सी बात थी, जो मैंने तुमसे कही। मैं समझती थी कि मेरी बेटी मेरा कहना मान जाएगी। लेकिन तू बजाय मेरी नसीहत पर अमल करने के, रोने लगी !"

नजमी ने अपनी बाँहें माँ के गले में डाल दीं।

"अरी देख तो, अब तू मेरे बराबर की होने को है। अब तो तेरे बोझ-तले मेरी टाँगें दुखने लगती हैं। जब बेटी माँ के बराबर हो जाए, तो वह बेटी नहीं रहती, बल्कि बहन बन जाती है। मेरी नाजों पली बिटिया, तुझको चाहिए कि अब तू हर काम में मेरा हाथ बटाए, घर के मामलों में अपनी राय दे। मैं अब थक गई हूँ। मेरा जिस्म खोखला हो चुका है। तू पराई दौलत है। लेकिन जब तक मेरे पास है, उस वक़्त तक तो मेरा सहारा बनकर रह। मैं तो तुझसे इन बातों की उम्मीद रखती हूँ, और तू न मालूम कौन-सी दुनिया में बसती है। अब तू सयानी बेटी बन !"

जैनू की रानें सचमुच दुखने लगीं। नजमी को देखकर उसे ख़ौफ़ मालूम होता था। किस कदर बढ़ गई थी कमबख़्त ! डील-डौल में पूरी औरत मालूम होती थी। और दो-ढाई बरस बाद तो उस पर नज़र ही न ठहर सकेगी। वह नजमी के जिस्म को गौर से देखने लगी। किस कदर भरा हुआ लचकदार, बेऐब, बेदाग़, तनी हुई त्वचा, महका हुआ जिस्म, जैसे खेत की साफ़-सुथरी नमदार मिट्टी की बू, या जैसे जंगल में हरी-हरी घास की सोंधी-सोंधी खुशबू ! वह उसके जिस्म पर आहिस्ता-आहिस्ता हाथ फेरने लगी। किस कदर खूबसूरत, पूरे बढ़े हुए, दिलफ़रेब नज़र को अटका लेनेवाले बाल, बलखाते और लहराते हुए, जैसे सिर की खाल में से फव्वारे की तरह फूटकर लावे की-सी तेज़ी के साथ बह निकले हों, जैसे आगे ही बढ़ते चले जाएँगे ! उसके बाज़ुओं में जकड़ा हुआ नजमी का जिस्म किस कदर जानदार, कसमसाया हुआ, बल खाया और लचकता हुआ-सा था। इस बात को महसूस करके, कि यह जिस्म उसीके खून का पोसा हुआ है, उसको अजीब किस्म की शांति-सी महसूस होने लगी। जब उसने नजमी के आधे के लगभग बाल मुट्ठी में लिए, तो उसकी मुट्ठी भर गई। वह उनको मुट्ठी में आहिस्ता-आहिस्ता दबाती रही। उसने नजमी का मुँह ऊपर उठाया, और उसके गालों पर अपने होंठ रख दिए। कितनी लज्जत थी। वह फख्र करने लगी कि उसी ने इस जिस्म को अपनी कोख से जन्म दिया था। वह नजमी को नये सिरे से देखने लगी, जैसे उसने इसको ज़िंदगी में पहली मर्तबा देखा हो। उसके लिए वह एक अजूबा थी, एक तिलिस्म थी। ज्यों-ज्यों नजमी जवान होती जा रही थी त्यों-त्यों अपनी माँ के हृदय के निकट होती जा रही थी। वह अपनी कुँआरी बेटी के अछूते जिस्म को चूमने लगी। अब उसने उसकी गर्दन पर अपने होंठ रखे, तो वह कसमसाकर हँसने लगी। "उई ! मुझे गुदगुदी लगती है।"

"शरीर कहीं की ! ले, अब उठ। मैं और काम भी कर लूँ।"

"नहीं, मैं नहीं !" यह कहकर, नजमी माँ के गले से लिपट गई, और जैसे माँ के कान में जादू फूँक रही हो। "अम्मी, अब मैं कभी न रोऊँगी, न कभी सारस की तरह टाँगें निकाले फिरूँगी, और न सिर को नंगा रहने दूँगी।"

"मेरी लाडली बेटी ! मेरी लाडली बेटी।"

"और अम्मी, आप नाजी और मज्जो के कपड़े निकाल दें। मैं ही उनको कपड़े पहनाऊँगी ?

"मेरी सयानी बेटी ! अच्छा तो चल, मैं तुझको कपड़े निकाल दूँ।"

"और अम्मी," नजमी ने और भी लिपटते हुए कहा, "आज मेरे लिए दो अण्डे मँगवा लेना। जब मैं स्कूल से वापस आऊँगी, तो अण्डों की सफ़ेदी में दूध मिलाकर अपने बालों को घुँघराले बनाऊँगी।"

घर के बीसियों छोटे-छोटे कामों से निबटकर, दोपहर के वक़्त जैनू दसूती, धागा और पिटारी सँभाल, ड्राइंग-रूम में कोच पर जा बैठी। दसूती पर झुके-झुके वह रोने लगी।

"चची, आप रो रही हैं ? क्यों ?"

उसने आँसू पोंछ डाले। "आ सलमा, मेरे पास बैठ जा। तू कब आई चुपके से दबे पाँव ?··· मुझे तो पता भी न चला।"

"आप रोने में इस कदर खोई हुई थीं कि मेरे आने की आपको खबर भी न हुई।"

"ओह, मैं छोटी बहन को याद करके रो रही थी। बेचारी ···"

सलमा के चेहरे की सबसे ज़्यादा दिलकश चीज़ उसकी आँखें थीं। वह आँखों से हँसती, आँखों से रोती, आँखों से सुनती और आँखों ही से बातें करती। चुनाँचे अब उसने आँखें झुका लीं।

जैनू ने बात का रुख बदलना मुनासिब समझा।

"तुम्हारी अम्मा क्या कर रही थीं ?"

"कुछ भी नहीं। बस लेटी थीं।"

"हमारे यहाँ क्यों नहीं चली आईं ?"

"न जाने।"

कुछ देर मौन रहा।

"सलमा, अब मेरा जी नहीं लगता।"

"क्यों ?"

"न मालूम।"

सलमा फ़र्श की तरफ़ देखने लगी जैसे उससे कोई पाप हो गया हो।

"मेरा जी चाहता है, कि···"

"क्या जी चाहता है आपका ?"

"यही कि तुम जल्द दुल्हन बनकर हमारे यहाँ आ जाओ !"

सलमा ने शरमाकर बुर्के के आँचल में चेहरा छिपा लिया, सिवाय आँखों के, हालाँकि उसको चाहिए था कि आँखें छिपा लेती, बाकी चेहरा चाहे खुला रहने देती। जैनू के देवर से उसकी मँगनी हो चुकी थी।

जैनू हमेशा की तरह सलमा को दुल्हन की हैसियत से जाँचने लगी। सलमा और जैनू को एक-दूसरे से मोहब्बत थी। सलमा ने अपनी अम्मा को जता दिया था कि वह जैनू चची ही के यहाँ दुल्हन बनकर जाएगी।

"जब तू मेरे पास आ जाएगी सलमा, तो मेरे आधे दुख ख़त्म हो जाएँगे। तू आकर इस घर को सँभाल ले। फिर मैं आराम से खाट पर पड़ी रहा करूँगी। रानी अपने घर की आप देख-भाल कर लिया करेगी।"

सलमा को चची की बातचीत का यह अंदाज़ बहुत पसंद था। उसकी इस मीठी ज़बान और मन को मोह लेनेवाली बातों पर वह फ़िदा थी।

कुछ देर रुककर सलमा बोली, "चची, अब तो नजमी भी जल्द ही दुल्हन बनेगी।"

"देख तो कितनी बढ़ गई है, कम्बख़्त ! खुदा मेरी लाडली को नज़रेबद से बचाए। उसकी जवानी है या ज्वार-भाटा ? अल्लाह सबकी आबरू रखने वाला है। सलमा बेटी, अब तू भी जवान है, तंदुरुस्त है। लेकिन वह मुई हाथ-पाँव की कितनी मज़बूत, किस कदर तेज़ और तुन्द मिज़ाज है ! उसके लिए तो कोई ऐसा दूल्हा चाहिए, जो उसको हर तरह से काबू में रख सके, वरना वह सबके नाक में दम कर देगी। लेकिन मेरी बेटी दिल की बुरी नहीं।"

"हाँ चची। यों तो बात-बेबात पर मुझसे उलझ पड़ती है, लेकिन चची, सच कहती हूँ, अगर कभी मैं खफ़ा हो जाऊँ तो फिर सौ-सौ तरह से मनाती है मुझको।··· हम दोनों साथ-साथ खेली हैं। शादी हो जाने पर न जाने कहाँ जाएगी हमारी नजमी।"

"बेटी, यही दस्तूर है दुनिया का। कैसी-कैसी सहेलियाँ थीं मेरी ! मैं ध्यान से सबकी सूरतें देख सकती हूँ। कैसी शोख, हँसमुख, अलबेली ! हाय, एक दफ़ा बिछुड़कर हम सब एक मर्तबा भी पहले की तरह इकट्ठा न हो सकीं। अपने-अपने धंधों में फँसकर रह गईं सब। उनको याद करती हूँ तो दिल में एक हूक-सी उठती है। वह झूले, वह चर्खे···"

"एक बात और कह दूँ चची। आप अभी बिलकुल नौजवान दिखाई देती

हैं। नजमी ने तो यों ही बढ़कर आपको आन लिया। सच्ची बात तो यह है कि आप उसकी माँ तो मालूम ही नहीं होतीं। आप तो उसकी बड़ी बहन दिखाई देती हैं।"

जैनू हज़ार गंभीर और सुदृढ़ सही, लेकिन यह बात सुनकर फूल गई। उसका चेहरा कानों तक सुर्ख़ हो गया। उसने अपनी प्रसन्नता को छिपाने की कोशिश भी नहीं की। "भई, मेरी उम्र भी क्या है ? ज़रा हिसाब तो लगाओ। पंद्रह वर्ष की उम्र में मेरी शादी हुई। ··· और भई, एक साल बाद नजमी पैदा हुई। यानी मैं उस वक्त सोलह वर्ष की थी। और अब नजमी सात महीनें ऊपर बारह बरस की है अब हिसाब लगाओ तो हुई न मैं अट्ठाईस बरस की ? ··· पहले तो शादियाँ भी छोटी उम्र में हो जाया करती थीं। बेटी, अब तेरी उम्र भी पंद्रह से ऊपर की है। तीन बरस से पहले तेरी शादी क्या होगी ? क्या तू समझती है कि शादी के सात-आठ साल बाद तू बूढ़ी भी हो जाएगी ?"

बार-बार अपनी शादी का ज़िक्र सुनकर सलमा खुश भी होती थी और झेंपती भी थी। अब फिर बेचारी को थोड़ी देर के लिए ज़मीन की तरफ़ देखना पड़ा। " ··· चची, एक बात और भी है। मुझे ऐसा मालूम होता है जैसे आपकी तबीयत नासाज़ रहती है। आप कुछ ग़म करती रहती हैं।"

"ग़म क्या सलमा ! यही छोटी बहन के मरने से दिल दुखी रहता है। बेचारी की याद आती है तो बेअख़्तियार रो देती हूँ।"

"नहीं चची, यह तो एक महीने पहले की बात है न ? लेकिन मैं आपको करीबन ढाई महीने से यों ही देख रही हूँ। आप खोई-खोई-सी रहती हैं। अच्छा बताइए, चचा ने अपना पुराना मकान क्यों बेचा ? ··· मैं कोई ग़ैर तो नहीं हूँ। आप छिपाती क्यों हैं ?"

"नहीं बेटी, मैं अकेली जान और इस पर इतनी परेशानियाँ। छोटे-छोटे बच्चे, देवर, बच्चों के अब्बा, सभी की देखभाल करनी पड़ती है। घर के बीसियों छोटे-मोटे काम करते हैं। तुमसे कुछ छिपा नहीं। हमदर्दी में झूठ-मूठ भी ज़बान हिलानेवाला कोई नज़र नहीं आता। अलबत्ता मेरी बोटियाँ नोचने को सब तैयार ! यह गृहस्थी भी जान-जोखिम का काम है। और तो और, नौकर तक नहीं, कि हाथ ही बँटाएँ। ले-देकर वह चुंधी आँखोंवाला छोकरा है। नौकर हैं, कि टिकते ही नहीं। कम्बख़्त फ़ाके करते, चीथड़े लटकाए आते हैं। अच्छा खाने को मिलता है, अच्छा पहनने को। बस आँखों पर चर्बी चढ़ जाती है। फिर तो ऊँचे उड़ने लगते हैं। कहाँ याद रहती है उनको अपनी हैसियत ?"

"कम्बख़्त नौकरों का भी काल पड़ गया है। हमारे घर में भी यही हाल है। तभी तो हमने भैंस बेच डाली। अब कौन करे देखभाल ? ··· चची, आप दोपहर के समय हमारे घर आ जाया करें। हमारे बंगलों के दरम्यान एक बाड़ ही तो है। कौन-सा काले कोसों का फ़ासला है ? देखिए ना, मैं दिन-भर में एक-दो चक्कर ज़रूर लगाती हूँ। ··· अगर आप वहाँ आ जाया करें तो आपका दिल बहला रहेगा। अकेले में आप रोने लगती हैं। मुफ़्त में सेहत बरबाद होती है।"

"मेरा निकलना भी तो हो। अकेला घर छोड़कर कहाँ जाऊँ। जब तक बच्चे घर में रहते हैं, सिर खुजाने तक की फुर्सत नहीं मिलती। ··· ऐ लो ! आ गया ग़रीब कॉलेज से। आज सुबह खाना भी नहीं खाकर गया था। उठूँ, अब दूँ कुछ बेचारे को।"

इधर तो सलमा के होनेवाले पति भूखे मुर्गे की तरह चोंच खोले लड़खड़ाते अंदर दाख़िल हुए, उधर उनकी होनेवाली बीवी बुर्का लपेट, बगुले की तरह कमरे से बाहर झपट गई।

सुबह के हंगामे के बाद शाम के हंगामे का दौर शुरू हुआ। रोना-धोना, चीख़ना-चिल्लाना, मारना-पीटना, खाना-पीना, नाचना-गाना, प्यार, दिलासा, सबकुछ हो चुका तो बच्चे पड़कर सो गए।

काली रात ! जैनू बड़ी-सी लंबी-चौड़ी खिड़की की चौखट पर कुहनी टेके और हथेली पर ठुड्डी रखे थकी-माँदी-सी खड़ी थी। साथ के कमरे से बच्चों के हिलने-डुलने की आवाज़ें आ रही थीं। सबसे परले कमरे में कत्थई रंग के सिमटे हुए पर्दे में से उसको अपना देवर नज़र आ रहा था, जो खाना खाने के बाद बड़े इत्मीनान के साथ बेंत की बनी हुई आरामकुर्सी पर बैठा रेडियो सुनने में लीन था। जैनू ने अभी तक खाना न खाया था। वह पति का इंतज़ार कर रही थी।

"अभी-अभी देहली से आप उस्ताद अब्दुसत्तार से ठुमरी सुन रहे थे। इस वक़्त ग्यारह बजने को हैं। हमारा आज का प्रोग्राम ख़त्म होता है। हम कल सुबह आठ बजे तक आपसे रुख़सत चाहते हैं। आदाब अर्ज़।"

जवाब में 'आदाब अर्ज़' कहकर उसके देवर ने रेडियो बंद करके रोशनी गुल कर दी और कंबल लेकर सो गया।

यह आख़िरी आवाज़ थी। इसके बाद ख़ामोशी ही ख़ामोशी, अँधेरा ही अँधेरा। किस कदर बेछोर फैलाव आसमान का ! कितना गहरा फैला हुआ अँधेरा ! परे खेतों के सिलसिले। अँधेरे में ईंटों के टूटे-फूटे भट्ठे के खँडहर। उससे भी परे गारे के बने हुए मकानोंवाला गाँव तारों की छाँव में एक धब्बे

की तरह दिखाई दे रहा था।

पाँवों की चाप सुनाई दी—वह इस आवाज़ से परिचित थी। उसका पति आ रहा था। भीतर पहुँचते ही उसने कुछ फ़ाइलें मेज़ पर पटक दीं। उसने बताया कि वह खाना बाहर ही खा आया था। उसे ज़्यादा बातचीत करने की फुर्सत नहीं थी, क्योंकि आज उसे एक मित्र के यहाँ ब्रिज खेलने के लिए जाना था। इस समय वह बहुत खुश था, अपने-आप ही चहक रहा था ···

कपड़े बदलकर वह फिर बाहर चला गया। इधर वह ज्यों की त्यों स्थिर-सी बैठी रही। दिमाग़ में उलझन थी। थकान से बोझिल ऊँघ महसूस हो रही थी।

खिड़की में से ऊपर को उठी हुई हरी-हरी भंग के पौधों की नाजुक कोंपलें दिखाई दे रही थीं ··· मटमैले वातावरण में हलके नीले रंग के फूल। ··· स्थिर ! मौन !

ब्रिज ?

क्या वाक़ई उसके पतिदेव उसे दूधपीती बच्ची समझते थे ? क्या उनका ख़याल यह था कि वह कुछ नहीं जानती थी ?

आसमान किस क़दर विशाल था !—झपझपाते हुए-से तारे कितने धुँधले, गँदले, फीके, मटमैले ···

काली तित्तरी

काली तित्तरी चरी विच बोले
ते उड्डी नूँ बाज पै गया।

बड़े मज़े में मौला ने चिलम में तंबाकू और उसके ऊपर सुलगते हुए उपले के दो टुकड़े जमा दिए और फिर मारे सर्दी के दाँत कटकटाता हुआ चारपाई पर चढ़ टाँगों पर धुस्सा डाल मग्न हो गया।

रोटी खाने के बाद उसको हुक्के की बड़ी तलब होती थी। उसने आँखें मूँदकर दो-चार कश ही खींचे होंगे कि दरवाज़े पर दस्तक सुनाई दी। यह दस्तक उसे बड़ी बुरी लगी। उसने कड़े स्वर में पूछा, "कौन है ?"

जवाब में फिर खट-खट की आवाज़ सुनाई दी।

पीर दा ठट्टा छोटा-सा गाँव था। ठीक उसके सिर पर मौला का कच्चा मकान था जहाँ वह अपनी बूढ़ी माँ और एक विधवा बहन सहित रहता था ! गाँव में घुसते समय उसका मकान सामने पड़ता था, इसलिए राहगीर उसी से किसी के मकान का पता या अगले गाँव का रास्ता पूछने के लिए दरवाज़ा खटखटाते थे। लेकिन उस समय आधी रात हो रही थी। और फिर, जाड़ों के मौसम में तो शाम ही से गाँव पर सन्नाटा छा जाता था। न जाने ऐसे बेवक़्त कौन आ धमका था। जब मौला को विश्वास हो गया कि उसे उठना पड़ेगा तब उसने हुक्के की नाल एक ओर को हटाई और धुस्से को सँभालता हुआ दरवाज़े की ओर बढ़ा।

दरवाज़ा खोला तो देखा कि बाहर अंधकार में मँझले क़द का एक सिख खड़ा है। पगड़ी उसके सिर पर मोटे रस्से की तरह लिपटी हुई थी और उसके एक सिरे से उसने अपने चेहरे का, आँखों के अतिरिक्त, निचला भाग छिपा रखा था। उसका रंग साँवला था, भवें मोटी, घनी और लंबी थीं। आँखें तेज़ और चमकीली। उसकी नाक की जड़ के पास आँखों के नीचे महीन और गहरी रेखाओं का जाल-सा बुना हुआ था।···

मौला कोई कटु वाक्य कहते-कहते रुक गया। उसने भारी तथा शुष्क स्वर से पूछा, "तुम कौन हो ?"

नवागंतुक ने क्षण-भर उसकी ओर पैनी दृष्टि से देखा और फिर बोला, "मैं भँबोड़ी गाँव से आ रहा हूँ।"

"भँबोड़ी ? वह तो यहाँ से बीस कोस की दूरी पर है। पर तुम ऐसे बात कर रहे हो जैसे पड़ोस के गाँव से आ रहे हो ··· "

नवागंतुक ने बेचैनी से पहलू बदलते हुए कहा, "मैं डाची पर आया हूँ।"

मौला को उसका बोलने का ढंग पसंद नहीं आया। उसने बेपरवाही से कहा, "ख़ैर, मुझे इससे क्या मतलब ! सवाल तो यह है कि तुम मेरे पास क्यों आए हो ?"

"मुझे बग्गासिंह भँबोड़ीवाले ने भेजा है।"

यह सुनकर मौला चौकन्ना हो गया। उसने हाथ बढ़ाकर नवागंतुक का बाजू थाम लिया और जल्दी से बोला, "तो यहाँ खड़े क्या कर रहे हो । अंदर चले आओ न ?"

नवागंतुक एक ही जस्त में अंदर आ गया। वह बड़ा मज़बूत दिखता था। उसने शरीर पर मोटा खेस लपेट रखा था।

मौला ने ड्योढ़ी में से झाँककर भीतर की ओर देखा और इस बात का इत्मीनान कर लिया कि उसकी बहन और माँ सबसे पीछेवाली कोठरी में रजाइयों में घुसी पड़ी हैं तो उसने आँगनवाला द्वार बंद कर लिया और नवागंतुक से मुख़ातिब होकर बोला, "मैंने दरवाज़ा बंद कर दिया है ताकि हमारी बातों की आवाज़ें अंदर तक न पहुँचें।"

नवागंतुक कुछ नहीं बोला। मौला ने तेज़ी से बाहरवाले दरवाज़े में से झाँककर इधर-उधर निगाह दौड़ाई। फीकी चाँदनी में दूर जोहड़ का पानी पिघले हुए सीसे की टिकली की भाँति दीख रहा था। हवा बंद थी। और दूर-दूर तक फैली झाड़ियाँ निश्चल खड़ी थीं। यह देखकर मौला ने अपने दाँतों में अटकी हुई हुक्के की नाल को होंठों में दबोचकर बड़ी निश्चिंतता से गुड़-गुड़ की आवाज़ की और फिर द्वार बंद करके लौटा। नवागंतुक ड्योढ़ी के अंदर बनी हुई खुरली से टेक लगाए खड़ा था।

"भूख लगी हो तो बताओ। खाने-खूने का कुछ बंदोबस्त करूँ।"

"नहीं, मैं खाना खाकर आया हूँ। पास के गाँव से ··· बस अब काम हो जाना चाहिए।"

"क्यों, इतनी जल्दी भी क्या है ?"

"मुझे फौरन लौटना होगा।"

"क्यों ?"

"बग्गे ने यही कहा था। मेरा यहाँ रहना ठीक नहीं। किसी ने देख लिया तो शक होगा, खामखाह।"

"डाची कहाँ है ?"

"डाची को साथवाले गाँव में अपने एक दोस्त के यहाँ छोड़ आया हूँ।"

"और बंदूक ?"

"बंदूक मेरे पास है।"

मौला को आश्चर्य हुआ कि इतनी बड़ी बंदूक इसने कहाँ छिपा रखी है।

इस पर नवागंतुक ने तनिक झुंझलाकर खेस के नीचे से दुनाली बंदूक दिखाई जिसकी दोनों नलियाँ अलग करके उसके कुंदे सहित अँगोछे में लपेट रखी थीं और फिर उस पर रस्सी कसकर बाँध दी थी।

अब मौला समझा। सिर हिलाकर बोला, "अच्छा, तोड़कर बाँध रखी है।"

"हाँ, वैसे तो छिप नहीं सकती न।"

"ठीक।"

"अब जल्दी करो।"

"और कारतूस ?"

नवागंतुक के माथे पर बल पड़ गए। बिगड़कर कहने लगा, "देखो, मैं बिलकुल तैयार होकर आया हूँ। बस अब मुझे मौके पर ले चलो।"

"अच्छी बात है।" यह कहकर मौला ने हुक्के के दो-तीन खूब गहरे-गहरे कश लिए। फिर धुस्से को शरीर पर खूब अच्छी तरह लपेटा और मुस्कुराकर बोला, "उस्ताद, तुम्हें मेरे घर का पता कैसे लगा ? किसी से पूछा था ?"

"मैं ऐसा कच्चा नहीं हूँ कि किसी से तुम्हारे घर का पता पूछता फिरूँ। इस तरह तो तुम पर शक किया जा सकता था। बग्गे ने मकान का ठीक-ठीक पता और तुम्हारा हुलिया बता दिया था और कहा था कि वह तुम्हारी राह देखता होगा।"

"हाँ-हाँ क्यों नहीं।" मौला हँसकर बोला, "बग्गू यह काम किसी मामूली आदमी को नहीं सौंप सकता था ··· अच्छा तो लो, मैं चला। अभी दो-तीन और आदमियों को भी बुलाना है।"

"बुला लाओ ··· पर मैं उनको अपनी सूरत नहीं दिखाऊँगा।"

"बेशक-बेशक ! ज़रूरत भी क्या है ?"

यह कहकर मौला चलने लगा तो नवागंतुक बोला, "हुक्का लेते जाओ।"

"क्यों ?"

"हुक्का गुड़गुड़ाते चलोगे तो शक नहीं होगा देखनेवालों को।"

"यह तो सचमुच खरी बात कही तुमने।"

मौला ने हुक्का उठाया। नाल दाँतों में दबाई और चिलम से बँधी हुई चिमटी झुलाता, लुंगी लहराता ड्योढ़ी से बाहर निकल गया।

नवागंतुक ने उसे जाते ही किवाड़ भीतर से बंद कर लिए और सरकण्डों का बना हुआ बालिश्त से ऊँचा मोढ़ा घसीटकर सुलगते हुए उपलों से भरी मिट्टी की अँगीठी दोनों टाँगों के बीच रखकर बैठ गया।

मौला केंचुओं की भाँति बल खाती हुई सुनसान और तंग गलियों में से होता हुआ अंत में एक पुराने कच्चे मकान के आगे खड़ा होकर आवाज़ें देने लगा, "सौदागरा ! ओए सौदागरा !"

कोई उत्तर न मिलने पर उसने फिर हाँक लगाई, "ओह सौदागर ! सौदागरा होए !!"

फिर वह इत्मीनान से हुक्का गुड़गुड़ाने लगा। दिमाग़ में जो तरावट पहुँची तो उसका दिल नवागंतुक को दुआएँ देने लगा, जिसने हुक्का उसके साथ भिजवा दिया था।

मकान का दरवाज़ा खुला। भीतर से घने और काले बालोंवाला एक नौजवान बाहर निकला। उसने पहले तो मौला की ओर स्वप्निल दृष्टि से देखा, किंतु जब पहचाना तो उसकी आँखें पूर्ण रूप से खुल गईं।

मौला ने पीले-पीले दाँतों का प्रदर्शन करते हुए कहा, "आवाज़ें दे-देकर मेरा तो गला भी बैठ गया। कहाँ ··· घुस पड़ा था लाँ के मौड़े ?"

इस पर दोनों हँसने लगे।

सौदागर ने पूछा, "हाँ बे बता।"

जवाब में मौला चुपचाप हुक्का गुड़गुड़ाता रहा, फिर उसने शरारत और अर्थपूर्ण ढंग से भौं ऊपर चढ़ाकर एक आँख इस तरह मारी जैसे ढेला खींचकर मार दिया हो।

सौदागर समझ गया।

"चलो।" मौला ने कहा।

"ठहरो, मैं ओढ़ने के लिए तो कुछ लाऊँ अंदर से।"

वह भागा-भागा भीतर गया और काले रंग की एक लोई शरीर पर लपेटता हुआ तुरंत लौट आया।

दोनों वहाँ से आगे बढ़ गए। गाँव पर पूर्ण निस्तब्धता छाई थी। कहीं-कहीं

कोई खुजली की मारी कुतिया दाँत निकालती हुई दूकान के एक तख़्ते से निकलकर दूसरे तख़्ते के नीचे दुबक जाती। या गारे के बने हुए मकानों की दीवारों के नीचे छछूँदरें जान छिपाती फिरती थीं।

दबे-दबे स्वर में बातें करते हुए वे दोनों बढ़ते चले गए। उन्होंने मेलासिंह को उसके मकान से और लब्भू को ढोरों के तबेले से बुलाकर अपने साथ लिया और मौला के मकान पर वापस पहुँच गए।

भीतर से नवागंतुक ने द्वार खोला। उसका चेहरा पगड़ी के शमले में छिपा हुआ था। सौदागर, लब्भू और मेलासिंह अभी नौजवान थे। इन कामों में नये-नये दाख़िल हुए थे। नवागंतुक का नकाब के पीछे छिपा हुआ चेहरा और जिन्न की भाँति घनी भौंहों के नीचे उसकी चमकती हुई आँखों को देखकर उनके शरीर में सनसनी की लहरें दौड़ गईं।

नवागंतुक ने जल्दी से उनके चेहरों का निरीक्षण किया। फिर उसने खेस से हाथ निकालकर इशारा किया कि अब देर किस बात की है।

उसका हाथ भी काला था। उस पर मोटे-मोटे बाल उगे हुए थे।

मौला ने उत्तर दिया, "देर किसी भी बात की नहीं है।"

"तो अब चलो।"

"ज़रूर।"

मौला ने आगे क़दम बढ़ाया और शेष सब लोग उसके पीछे-पीछे हो लिए। नवागंतुक के क़दम बड़ी फुर्ती से उठ रहे थे और उसकी दोनों पुतलियाँ क्षण-भर को भी एक जगह नहीं रुकती थीं, माला के दानों की भाँति खटाखट घूमती रहतीं।

दूर से कभी-कभार चौकीदार के चिल्ला उठने की आवाज़ यों सुनाई दे जाती थी मानो वह कोई भयानक स्वप्न देखकर बड़बड़ा उठा हो। उस आवाज़ और अपने बीच काफ़ी अंतर रखते हुए वे बड़ी तेज़ी से बढ़ते चले जा रहे थे।

गाँव से निकलकर लगभग पौन मील की दूरी पर स्थित पीराँवाले रहट पर पहुँचकर वे रुक गए। मौला के इशारे पर सौदागर ने रहट के निकटवाले बाड़े में घुसकर एक मरियल बैल को बाहर निकाला और फिर वे उसे हाँकते हुए तनिक दूर ले गए और गाँव के एक बड़े महाजन के खेत में उसे छोड़ दिया। वे स्वयं बबूल के पेड़ की छिदरी छाया के नीचे जा खड़े हुए।

आकाश पर पूर्णिमा का चाँद चमक रहा था।

नवागंतुक सिख ने फुर्ती से अपनी बगल में से बंदूक का अंजर-पंजर

निकाला। नलियों को उसके कुंदे से जोड़ा और नीचे की ओर काठ की खपच्ची जमाई और हथेली की एक ही चोट से उसे अपनी जगह पर जमा दिया।

फिर उसने दोनों नलियों में ठोस गोलियाँवाले कारतूस भरे और एक निगाह मरियल बैल पर डाली जो ठण्डी हवा में कान फड़फड़ाता और पतली तथा कमज़ोर दुम को हिलाता घास पर मुँह मार रहा था। फिर उसने निशाना बाँधकर लबलबी दबाई। गोली खाते ही बैल बिना किसी संघर्ष के ज़मीन पर ढेर हो गया। यह गोली तो शेर को ठण्डा कर देने के लिए काफ़ी थी, किंतु बंदूकची ने संतोष के लिए एक दूसरी गोली भी उसकी गर्दन में धँसा दी।

बैल का काम तमाम होते ही नवागंतुक सिख ने अपनी और भी तेज़ी से चमकती हुई आँखों से मौला और उसके साथियों की ओर देखा, फिर भारी स्वर में बोला, "अच्छा, अब मुझे चलना चाहिए। सुबह से पहले वापस पहुँचना ज़रूरी है।"

मौला ने हाथ बढ़ाकर कहा, "अच्छी बात है।"

नवागंतुक सिख चारों से हाथ मिलाते हुए एक बार फिर भारी स्वर में बोला, "साब सलामत।"

"साब सलामत।"

नवागंतुक ने फिर अपनी बंदूक को तोड़-तोड़कर उस पर कपड़ा लपेट दिया और फुर्ती से डग उठाता हुआ तनिक फीकी चाँदनी में गायब हो गया।

वे चारों कुछ देर तक उसे जाते हुए देखते रहे, फिर वे बैल की ओर बढ़े और देखा कि वह बिलकुल मर चुका है।

अब वे जल्दी-जल्दी गाँव की ओर बढ़े और गाँव के निकट पहुँचकर उन्होंने एकदम पकड़ो-पकड़ो की पुकार लगाई।

लोगों को डाकुओं का डर लगा रहता था। अतएव बहुत बड़ी संख्या में ग्रामवासी घरों से बाहर निकल आए। और तब उन्हें पता चला कि बेचारे मौला का बैल गोली से मार दिया गया।

मौला देर तक गोली मारनेवाले की माँ और बहनों से अपना रिश्ता गाँठता रहा और जब उसका गला बैठ गया तो सूर्योदय से पहले-पहले वह छः कोस परे थाने में इस बात की रिपोर्ट लिखाकर गाँव लौट आया।

पीर का ठट्टा गाँव छोटा था किंतु यहाँ का सबसे धनी घराना मान्हा दूर-दूर तक मशहूर था। आस-पास के गाँवों में भी उनके आसामी मौजूद थे। अब मान्हों का दबदबा कुछ कम हो गया था, क्योंकि पीर का ठट्टा और आसपास

के कुछ गाँवों के बदमाशों ने मिल-जुलकर खामखाह मुक़दमेबाज़ी के चक्कर में डालकर उन्हें खोखला बना दिया था। और अब उनके लिए मौला ने एक नई मुसीबत खड़ी कर दी।

जाड़ों का सूर्य कुछ अधिक ऊँचा नहीं होने पाया था कि इलाके के थाने से एक लंबा-तड़ंगा मुसलमान थानेदार घोड़े पर बैठा दो साइकिल सवार सिपाहियों को साथ लिए पीर का ठट्टा में आ धमका।

गाँव के बाहर एक बड़े और वृद्ध पीपल के पेड़ के नीचे पहुँचकर थानेदार घोड़े पर से उतरा। सुनहरी कुलाह पर लिपटी हुई उसकी खाकी रंग की कलफ़ लगी पगड़ी के लहराते हुए शमले दूर ही से दीखने लगे। अतएव गाँव-भर के चमारों, भंगियों और किसानों के बच्चे तथा कुत्ते गाँव में घुसते ही उसके पीछे हो लिए। और अब वे एक बड़ा-सा घेरा बनाए खड़े थे। पीपल के नीचे धूल थी जिसमें सूखे पत्ते और भूसे के तिनके मिले हुए थे।

घोड़े की लगाम सिख सिपाही के हाथ में थमाकर थानेदार ने दोनों ओर से वर्दी को खींचकर अपने सुडौल शरीर पर जमाया। उसका ऊँचा क़द कुलाहदार पगड़ी के कारण और भी ऊँचा दिखता था। उसका दमकता हुआ माथा खूब चौड़ा था। और उसकी नाक जड़ ही से एकदम ऊपर को उठ गई थी। अपनी शानदार नाक के कारण वह बड़ा रौबदार दीख पड़ता था। अभी नौजवानी की अनुभवहीनता उसके चेहरे से स्पष्ट झलकती थी, किंतु वह प्रतिभाशाली अवश्य था। अपनी हरे रंग की पुतलियों के कारण देहातियों के कथनानुसार 'अंग्रेज़' जान पड़ता था।

पहले उसने खुली हवा में टहल-टहलकर दो-तीन गहरी साँसें लीं और फिर जेब टटोलकर एक खाकी रंग का काग़ज़ बाहर निकाला और उसे ध्यान से देखने लगा।

इसी बीच में गाँव के लोग इकट्ठा होने लगे। उधर सिख सिपाही ने घोड़े की लगाम पीपल की जड़ से बाँध दी।

कहीं से नम्बरदार को ख़बर मिली तो वह बेचारा सिर पर पाँव रखकर भागा। जब वहाँ पहुँचा तो यह हाल था कि दम फूला हुआ और पगड़ी टाँगों में उलझी हुई थी।

थानेदार ने टाँगें अकड़ा-अकड़ाकर नज़र ऊपर उठाई और घेरे में खड़े हुए आदमियों में से एक को पास आने का इशारा किया।

वह बेचारा घबराकर इधर-उधर देखने लगा।

थानेदार ने आदेशात्मक स्वर में कहा, "मैं तुम्हीं को बुला रहा हूँ।"

"जी, मुझको !" उस आदमी ने अपनी छाती पर उँगली जमाते हुए पूछा। और सिपाही के स्वीकारात्मक ढंग से सिर हिलाने पर उसने हास्यास्पद ढंग से आँखों की पुतलियाँ दायें-बायें घुमाकर इधर-उधर देखा और पगड़ी सँभालता हुआ थानेदार की ओर बढ़ा।

"तुम मौला का घर जानते हो ?"

"आहो जी ··· आहो।"

"जाओ, उसे बुला लाओ।"

वह आदमी सरपट भागा लेकिन मौला हुक्का हाथ में लिए पहले ही से लुंगी उड़ाता चला आ रहा था।

थानेदार से आँखें चार होते ही उसने दूर ही से हुक्का ज़मीन पर रख दिया और झुककर फ़र्शी सलाम किया और फिर आगे बढ़कर बोला, "मोतिया वाल्यो। मैंने दूर ही से आपको देख लिया था। बस, हुक्का ताज़ा करने में देर हो गई।"

यह कह मौला ने बड़ी चापलूसी से हुक्के की नाल उसके मुँह से भिड़ा दी।

नम्बरदार आते ही चारपाई का प्रबंध करने के लिए उल्टे पाँव लौट गया। बैठने का कोई उचित स्थान न पाकर थानेदार एक मुगदर पर बैठने लगा तो मौला ने बढ़कर अपना खेस बिछा दिया उस पर और ललकारकर वहाँ खड़े लोगों से कहा, "ओए मायाव्यो ! भागकर मेरे घर से चारपाई और बिस्तर ले आओ।"

उसकी बात सुनते ही दो-तीन आदमी भाग निकले।

थानेदार ने पहले तो चुपचाप हुक्के के खूब गहरे-गहरे कश लिए और फिर मौला की ओर मुड़कर मुस्कुराते हुए बोला, "ओए भूतनी पलस्तर ! बात क्या है, आज चोरों के घर मोर पड़ गए।"

"तौबा ! मेरी तौबा !" कहते-कहते मौला वहीं उसके क़दमों में बैठ गया। "जबरदस्ती ! जभी तो कहते हैं कि बद अच्छा बदनाम बुरा।"

"हाँ, खूब याद आया।" सिपाही को संबोधित कर थानेदार बोला, "ओए अजैब सिंहिया ! जा ज़रा रामलाल मान्हें ते ओहदे लड़के को तो बुलाके ले आ।"

पहले ही सधाए हुए सौदागर ने आगे बढ़कर हाथ जोड़ दिए और विनम्र स्वर में बोला, "खान साब ! बड़ा अनर्थ हुआ ए जी। बेचारे मौला की तो कम्मर ही टूट गई। किसान को बैल का बड़ा सहारा होता है।"

मौला ने ठंडी साँस भरकर मुँह नीचे को लटका दिया।

इधर-उधर की बातें हो ही रही थीं कि रामलाल सफ़ेद धोती और उस पर सफ़ेद कुर्ता पहने आ पहुँचा। उसके साथ उसका नर्म और नाजुक युवा पुत्र हीरालाल भी था जो पतलून पहने था।

थानेदार ने बाप-बेटे को सिर से पाँव तक देखा। बाप बेचारा अधेड़ अवस्था का गंभीर पुरुष था लेकिन थानेदार को लड़के के खड़े होने के ढंग से विद्रोह की गंध आई थी। फिर उसने अपने को काफ़ी सँभालकर पूछा, "अबे लौंडे, अपना नाम बताइयो।"

इस पर पढ़े-लिखे लड़के को कुछ गरमी आ गई। तनिक उत्तेजित हो अंग्रेज़ी में बोला, "यू शुड नाट बी रैण्डी।"

थानेदार को अंग्रेज़ी बस वाज़िबी आती थी, इसलिए वह तनिक कठोर स्वर में बोला, "देख, ओए मुंडिया ! हमसे ज़्यादा गिट-पिट नहीं करना ··· जो कहना हो सो अपनी बोली में कहो जिसमें कि सब लोग तुम्हारा बयान समझ सकें।"

नवयुवक को उसकी यह बात भी पसंद न आई। बोला, "आप अफ़सर हैं, आपको ज़रा तमीज़ से बात करनी चाहिए।"

यह जवाब सुन थानेदार का खून खौल गया। उसकी आँखों से अंगारे निकलने लगे। उसने सिपाही को पास आने का इशारा किया और होंठ काटकर बोला, "अजैब सिंहिया ! इस मुंडे को थोड़ा तमीज़ दिखाओ !"

अजैबसिंह के दो-तीन झापड़ खाकर नवयुवक के दाँत हिल गए। उसके नथुनों में से खून निकलने लगा। थानेदार ने उसके चिकने बालों के गुच्छे को हाथ में दबाकर कहा, "बेटा ! मैं तुम्हारे ऐसे शरीफ़ बदमाशों को सीधे रास्ते पर लाना खूब जानता हूँ।" फिर उपस्थित लोगों की ओर देखकर बोला, "देखो जी, एक तो ग़रीब किसान का बैल गोली से उड़ा दिया और ऊपर से धौंस जमाते हैं। क़ानून हमारे हाथ में है। दूध का दूध और पानी का पानी कर दिखाना हमारा काम है।"

उपस्थित जनों में से अधिकांश ने उसकी हाँ में हाँ मिलाई। थानेदार गुर्राकर बोला, "ओए मौलिया !"

"जी मोतिया वाल्यो !"

मौला बग़ल ही से निकलकर हाथ बाँध थानेदार के सामने खड़ा हो गया।

"बैल कहाँ पर मरा पड़ा है ?"

"शहंशाहजी ! वह तो मान्हों के खेत ही में पड़ा है। बेचारा किस्मत

का मारा बाड़े से निकल इनके खेतों में जा निकला। बस, उठाके गोली दाग दी इन्होंने। भला दो डंडे मारकर निकाल देते साले को, गरीब का बैल तो बच जाता।" यह कहते-कहते मौला ने रोनी सूरत बनाई।

मान्हा यह आरोप सुन सिटपिटा गया। किंतु बेटे की दुर्गति देख चुका था, इसलिए चुप हो रहा।

"हम मरा हुआ बैल मौक़े पर देखेंगे।"

"चल्लो मोतियाँ वाल्यो।"

अब आगे-आगे मोतियाँवाला, साथ-साथ मौला, सौदागर, लब्भू इत्यादि, उनके पीछे मान्हें और सबके पीछे नाक सुड़सुड़ाते बच्चे और दुमें हिलाते हुए कुत्ते।

यह टोली खेत पर खेत लाँघती जब मान्हों के खेत में पहुँची तो देखा कि सर्दी से अकड़ा हुआ बैल खेत में टाँगें पसारे पड़ा है। मौला ने पहले ही से एक लौंडे को वहाँ बैठा दिया था जिससे कि मृत बैल के शव के पास गिद्ध या कुत्ते न आने पाएँ।

खाँ साहब (थानेदार) ने बैल की अगली टाँगों के नीचे और गर्दन में लगी हुई गोलियों के चिह्नों को ध्यान से देखा। गाँव के तीन-चार आदमियों को भी देखने का हुक्म दिया। फिर गाँव वापस आकर पीपल की छाँव तले बिछी हुई चारपाई पर बैठ गए ··· उस समय उनके लिए मक्खन और लस्सी का कटोरा तैयार था।

मक्खन का गोला निगलकर ऊपर से लस्सी चढ़ाकर खाँ साहब ने बाछें झाड़ननुमा रूमाल से साफ़ करते हुए कहा, "हाँ बे मौलू ! अब बता सारा किस्सा। तेरा बयान लिखा जाएगा अब।"

मौला ने खाँसकर गला साफ़ किया और बताना शुरू किया कि कैसे पिछली रात को वह अपने बाड़े तक यह देखने के लिए गया कि वह लौंडा जो वहाँ मवेशियों की रखवाली के लिए रखा गया था, वहाँ मौजूद भी था या नहीं, क्योंकि उस साले का एक चमारिन से याराना था। मौक़ा पाकर रातों को उधर भी खिसक जाया करता था।

"तुम अकेले थे या और भी कोई साथ था ?"

"नहीं जी अकेला कैसे ? मेरे साथ सुदागर, मेलू और लब्भू भी तो थे।"

"ये कब से तुम्हारे साथ थे ?"

"पातशाहो ! ये तो हर रोज़ मेरे साथ होते हैं। खाने-खूने से छुट्टी पाकर कभी ये मेरे पास आ जाते हैं और कभी मैं इनके पास चला जाता हूँ, गप

उड़ाने के लिए।"

"अच्छा-अच्छा, फिर क्या हुआ ?"

"फिर शहंशाहो ! अभी हम बाड़े से दूर ही थे कि धाँय-धाँय दो बार बंदूक चलने की आवाज़ सुनाई दी। हम तो जी डर के मारे खेतों में छिप गए ···।"

"अच्छा ! तो तुम डर गए ?" खाँ साहब ने पूछा क्योंकि शक्ल ही से मौला उन आदमियों में से दिखाई देता था, जिन्हें डर कभी छूता भी नहीं।

"आहो जी ! हम डर गए।"

"अच्छा, फिर।"

"इतने में यह निक्का मान्हों गाँव की तरफ भागता दिखाई दिया।"

खाँ साहब ने स्वीकारात्मक ढंग से यों सिर हिलाया, मानो वे इस मामले की तह तक पहुँच गए हों, "फिर ?"

"फिर जी, हम बाड़े की तरफ बढ़े। रास्ते में इन्हीं के खेत पड़ते हैं। वहाँ हमें सफेद-सफेद चीज दिखाई दी। हम डरते-डरते पास पहुँचे तो देखा कि मेरा बैल मरा पड़ा है। मैंने तो सिर पीट लिया और नजदीक से देखा तो गोलियों के निशान दिखाई दिए।"

थानेदार साहब ने मौला से अनेक प्रश्न किए। फिर मेलू, सौदागर और लब्भू से जिरह की गई।

"अच्छा तो सौदागर ! तुमने अच्छी तरह पहचान लिया था कि वह रामलाल का बेटा हीरालाल ही था।"

"आहो जी !"

इसी तरह सबने अलग-अलग इस बात की पुष्टि की। अब खाँ साहब फिर हीरालाल की ओर आकृष्ट हुए, "देखो हीरा ! सच-सच बता दो कि आख़िर बात क्या है, नहीं तो याद रखो कि मैं मुजरिमों का बहुत सख़्त दुश्मन हूँ। थाने पहुँचकर दो कानों के बीच सिर कर दूँगा तुम्हारा ··· "

अब हीरालाल ताव में आने के मूड में नहीं था। अभी पहली मार से ही उसकी नाक जल रही थी और होंठों पर सूजन आ गई थी। उसने धीमे स्वर में कहा, "यह इल्ज़ाम बेबुनियाद है। मैं तो खाना खाकर घर से बाहर तक नहीं निकला।"

खाँ साहब ने उसके बाप की ओर देखकर कहा, "लाला ! तुम्हारा लौंडा ज़रा कड़ा दाना मालूम होता है। लेकिन हमारा काम भी भूले-भटकों को रास्ते पर लाना है। समझा लो अपने बेटे को, नहीं तो एक बार मैंने हाथ उठा दिया तो पहचान नहीं पाओगे कि इसका सिर किधर को था और मुँह किधर को।"

रामलाल मुक़दमेबाज़ी से तंग आ चुका था। हाथ जोड़कर बोला, "खाँ साहब ! अभी लड़का ही तो है। शायद ··· मैं बैल की कीमत देने को तैयार हूँ।"

"बैल की कीमत !" मौला ने चिल्लाकर कहा, "गरीब के बैल की जान ऐसी सस्ती नहीं होती कि जब जी चाहा मार दिया और फिर पैसे की धौंस जमाने लगे।"

खाँ साहब बोले, "चुप रहो जी तुम ! बकवास बंद करो।"

"नईं पातशाहो ! मेरी क्या मजाल है ?" मौला हाथ जोड़कर अलग खड़ा हो गया।

"अच्छा लाला ! अपनी बंदूक तो मँगवाओ ज़रा।"

बंदूक हाज़िर की गई।

हीरा बोला, "देखिए, बंदूक की नाली में ग्रीस लगाकर मैंने अलग रख छोड़ी थी।"

खाँ साहब ने हीरा की तरफ़ घूमकर देखा और ज़ोर से सिर हिलाकर बोले, "सब समझता हूँ। यह ग्रीस तो आज ही की लगी मालूम होती है।" थोड़ी देर तक बंदूक का निरीक्षण किया गया। फिर उन्होंने सिपाही से कहा, "अजैबसिंह ! काग़ज़ लाओ तो बंदूक की रसीद लिख दूँ।"

इसके बाद सबके बयान पूरे किए गए और फिर थानेदार ने कहा, "बंदूक थाने में जमा होगी। बेटा हीरा ! चलो थाने, फिर देखो कि मैं हीरा का बटेरा कैसे बनाता हूँ।"

रामलाल बेटे के लिए बड़ा परेशान था। हाथ बाँधकर बोला, "खाँ साहब, दया कीजिए। मैं बैल की कीमत और जुर्माना देने को तैयार हूँ।"

"ये तो बाद की बातें हैं ··· मालूम होता है कि तुम्हारी जेब में रुपये उछल रहे हैं लाला !"

रामलाल ने मुश्किल से थूक निगलते हुए पूछा, "क्या ज़मानत नहीं हो सकती ?"

"यह सब थाने पहुँचकर तय होगा।"

यह कहकर खाँ साहब घोड़े पर सवार हो गए। जब वे हीरा को लेकर चलने लगे तो रामलाल की आँखों में आँसू आ गए। वह जानता था कि लड़के ने जोश में आकर गुस्ताख़ी की है, इसलिए उसकी कुशल नहीं। कुछ सोचकर आगे बढ़ा और हाथ जोड़कर बोला, "खाँ साहब, एक बात कहूँ।"

खाँ साहब ने घोड़ा रोक लिया।

"बात यह है कि मौला के बैल को गोली मैंने मारी थी।"

खाँ साहब ने हँसकर घोड़े को एड़ लगाई और बोले, "लाला ! लड़के को बचाने के लिए झूठ बोल रहे हो। ज़रा गवाहों से तो पूछो। हम तो क़ानून के बंदे हैं।"

जब थानेदार साहब उन सबकी दृष्टि से ओझल हो गए और बंदूक भी अपने साथ ले गए तो मौला ने भी अपने घर की ड्योढ़ी में पहुँचकर पहले आकाश की ओर देखा और फिर भारी स्वर में बोला, "या मौला !" इसके बाद सौदागर को संबोधित कर उसने कहा, "देख बे सुदागर ! घोड़ी पर सवार होकर सीधा भँबोड़ी चला जा और बग्गासिंह से कह दे कि धाँय-धाँय बोलनेवाली चिड़िया पिंजड़े में बंद हो गई है।"

अभी सूरज ढल ही रहा था कि एकदम इस ज़ोर की आँधी उठी कि ज़मीन से आसमान तक धुआँधार हो गया। ऐसा लगता था, मानो पृथ्वी की छाती फट गई है और चारों ओर के बादल गगनचुंबी पहाड़ों की तरह झूम-झूमकर उठ खड़े हुए हैं। और धूल का यह समुद्र घास-फूस और मिट्टी को उड़ाता, उमड़ता चला आ रहा है। ··· सूर्य अकस्मात् छिप गया। चारों ओर धुंध फिर अंधकार बढ़ने लगा और धुँधले आकाश में आनेवाली आँधी का समाचार देनेवाले चीलों के झुंड भी इस असाधारण धुँधलाहट में विलीन हो गए।

लकड़ी के बने हुए भारी-भारी चरखड़ोंवाले रहट के ऊपर छाए हुए फुलाह के पेड़ों के झुंड में से कपूरासिंह ठट्टेवाला एक आग उगलती थूथनीवाली सिर से पाँव तक काली और मज़बूत घोड़ी पर सवार बाहर निकला। उसने पहले पीर का ठट्टा की ओर देखा और फिर दूर-दूर तक फैले हुए खेतों पर निगाह दौड़ाई। किंतु उसकी दृष्टि दूर तक नहीं जा सकी क्योंकि आँधी प्रति क्षण बढ़ती आ रही थी। खेतों की फ़सलें धूमिल वायु के आगमन से एक बड़े तालाब के मैले गँदले पानी की भाँति हिलोरें लेती दीख रही थी।

कपूरा ठट्टेवाला, जिसे आमतौर से लोग काला तीतर कहते थे, अपने गाँव से निकाल दिया गया था। कई वर्ष से उसने गाँव में प्रवेश करने का साहस नहीं किया था। किन्तु एक सप्ताह पूर्व वह चोरी-छिपे अपनी बहन से मिलने के लिए गया। केवल एक रात रहकर और यह मालूम करके कि ससुराल से लाए हुए गहने कहाँ पर रखती है, वह चुपचाप लौट आया था। आज उन गहनों और उनके साथ अड़ोस-पड़ोसवालों पर हाथ साफ़ करने का उसने निश्चय

किया था।

उस विशालकाय पुरुष का रंग काला भुजंग था, कुटिलता और धूर्तता नस-नस में भरी हुई थी। उसका हृदय दयाहीन और स्वभाव क्रूर था।

अभी वह दूर-दूर तक दृष्टि दौड़ा ही रहा था कि खेतों में कुछ परछाइयाँ दिखाई पड़ीं जो उसकी ओर बढ़ रही थीं।

आँधी का वेग बढ़ने लगा।

गाँव के चारों ओर फैली हुई धूल पर पहले तो हल्की गर्द की चादरें लहलहाईं, फिर भारी गर्द ऊपर को उठने लगी और तालाब के पानी की सरसराते हुए साँपों की तरह नन्ही-नन्ही लहरें करवटें लेने लगीं। तोते, कौवे तथा अन्य घरेलू पक्षी पीपल और धरेक के पेड़ों में दुबक गए।

खेत-खेत चलते हुए वे आदमी जब निकट पहुँचे तो कपूरे ने उन्हें पहचान लिया। आगे-आगे मौला था और उसके पीछे-पीछे सौदागर, लब्भू तथा मेलासिंह।

उन्हें देखते ही कपूरा कठोर स्वर में बोला, "तुम लोग कहाँ थे ?"

"यहीं तो थे।" सौदागर ने हँसकर जवाब दिया।

कपूरे को सौदागर की हँसी बिलकुल पसंद न आई। उसने उसकी ओर कड़ी दृष्टि से देखा। वह स्वयं बहुत कम हँसता था। प्रकट तो यह होता था कि वह सौदागर के मुँह पर उलटे हाथ का झापड़ देगा, किंतु फिर खून का घूँट पीकर रह गया और मौला से बोला, "मौला !"

"हूँ।"

"सब ठीक ?"

"हम तो सब ठीक ही हैं ··· तैयारी तो तुम्हारी होनी चाहिए।"

उसे मौला की हाज़िर-जवाबी भी पसंद नहीं आई। लेकिन उस समय गुस्से का मौका नहीं था। और कुछ नहीं तो डाके का मामला चौपट हो जाने का डर था। फिर भी उसने कटु स्वर में कहा, "हमारी तैयारी से तुम्हारा मतलब ! तुम अपनी कहो।"

"हमारा काम तो कभी का हो चुका। गाँव में एक बंदूक थी सो अब थाने में है।"

"किसी तरफ से कोई बात निकली तो नहीं ?"

"नहीं।"

"कोई अफवाह ? शक-शुबहा ?"

"कुछ नहीं।"

कपूरे की घोड़ी शायद आँधी में कई प्रकार की गंध पाकर बेचैन हो-होकर बिदकती और बेचैनी से ज़मीन पर दुम झाड़ती थी। किंतु वह उस पर खूब जमकर बैठा था।

अंधकार क्षण-प्रतिक्षण बढ़ता जा रहा था। कपूरे की दाढ़ी के लोहे की तारों के समान कड़े बाल लहराने लगे। खेतों से भागकर लोग-बाग अपने-अपने घरों में घुस गए थे। चोर प्रसन्न थे। आज भगवान् भी उनकी सहायता करने पर तुले थे।

उन्हें कई साथियों का इंतज़ार था, जो दूर-दूर अर्थात् पटियाले तक से आनेवाले थे। कपूरे ने सोचा कि यदि आँधी का यही हाल रहा तो उन्हें कार्यवाही जल्दी शुरू करनी होगी।

कपूरा बोला, "अच्छा, अब मैं चलता हूँ।"

"अभी बाकी लोग तो नहीं आए होंगे ?"

"आ गए होंगे। चलकर देखता हूँ। तुम लोगों को खोजने में मेरा बहुत समय खराब हुआ।"

"हम तुम्हें देखते रहे। तुम कहीं दिखाई ही नहीं दिए।"

"रहट पर मिलने का वादा था। मैं सीधा इसी जगह पहुँच गया था।"

"पहले हम भी रहट पर गए थे। फिर हम खेतों में चले गए।"

"क्यों ?"

"हमने सोचा कि कहीं रहट पर हमें कोई साथ-साथ देख न ले।"

"यह अच्छी हरकत की तुमने। इस प्रकार की बुद्धिमानी करोगे तो आप भी फँसोगे और हमें भी फँसाओगे।"

मौला बोला, "अच्छा जो होना था, सो हो गया। हम अपनी जगह से तुम्हें देखने की कोशिश करते रहे पर आँधी के कारण तुम दिखाई नहीं दिए··· भई ! आगे को ख़याल रखेंगे। ऐसी गलती नहीं होगी।"

इस पर कपूरा खुश हो गया।

"देखो, हम आकर पहले इसी जगह रुकेंगे। अगर कोई ऐसी-वैसी बात हो तो हमें खबर कर देना।"

"अच्छी बात है।"

"मौला ! तुम्हारा घर तो बिल्कुल सामने पड़ता है ?"

"आहो।"

"तो फिर ज़रा निगाह रखना जिससे कि जब हम यहाँ पहुँचें तो तुममें से एक आदमी हमें यहाँ आकर मिले। समझे ?"

"लेकिन आँधी बढ़ती जा रही है। न जाने कब तक इसका ज़ोर रहे। थोड़ी देर में हाथ तक न सुझाई देगा। तुम लोग इत्ती दूर से कैसे दिखाई दे सकते हो ?"

कपूरे ने कुछ सोचा, फिर बोला, "यह भी ठीक है पर अब करें क्या ?"

"तुम यह बताओ कि सबको लेकर कब तक लौटोगे ?"

कपूरे ने तनिक सोचने के बाद उत्तर दिया, "भई पटियाले और जीन्द तक से जवान आ रहे हैं, अगर सब पहुँच गए तो हम एक घंटे तक लौट आएँगे।"

"अच्छी बात है।"

"और क्या, अब रात भीगने का इंतज़ार तो करेंगे नहीं हम। आँधी से तो इतना अँधेरा छा जाएगा कि बस तबीयत खुश हो जाएगी।"

"ठीक है।"

"तो अब मैं चला।"

यह कहकर कपूरे ने घोड़े को एड़ दी और बवंडर की-सी तेज़ी के साथ क्षण-प्रतिक्षण धुँधलाती हुई झाड़ियों में विलीन हो गया।

एक घंटा बीतने भी न पाया था कि पीर का ठट्टा पर ऐसा घोर अंधकार छा गया कि पहले कभी देखने में नहीं आया था।

कपूरा और उसके साथी घोड़ों तथा साँडनियों पर सवार अंधाधुंध चले आ रहे थे। तीव्र वायु मानो उनके कपड़े नोचकर उनके शरीर से अलग फेंक देना चाहती थी। उनकी दाढ़ियाँ और मूँछें धूल से अट गई थीं। आँखों की पलकें एक-दूसरी से चिपकी जा रही थीं। यदि कपूरा उनका पथ-प्रदर्शन न करता तो वे कभी रास्ता न खोज पाते।

उनमें हिंदू, मुसलमान और सिख सभी लोग शामिल थे। उनके पास दो कच्ची राइफलें थीं जिनकी नलियों के मुँह उन्होंने कपड़े की डाटों से बंद कर रखे थे जिससे कि धूल भीतर न जाने पाए। लारी के स्टियरिंग की नलीवाली एक बंदूक भी थी। इनके अतिरिक्त उन सबके पास कृपाणें, छवियाँ, लाठियाँ और जफाजंग भी थे।

उस समय दूर से पीर का ठट्टा मरे हुए भैंसे के समान दीख रहा था।

गाँव से हटकर संत दतारसिंहजी की टूटी हुई समाधि की ऊँची दीवारें अलग-अलग खड़े हुए दैत्य के समान दीख रही थीं। जर्जर दीवार के निकट सड़े हुए पानी की एक खाई थी जिसकी सतह पर हरे रंग की काई जम रही

थी और दीवार की दरारों से जंगली बेलें लटक आई थीं और उनकी पत्तियाँ पानी की सतह को चूमा करती थीं।

मौला ने सौदागर को कपूरे के आदेशानुसार मौक़े पर भेज दिया था। सौदागर रेत के टीले की ओट में सिर और कानों को धुस्से में लपेटे और सिर दोनों घुटनों के बीच दाबे बैठा था। देखने के लिए उसने आँखों के आगे एक छोटा-सा छेद खुला छोड़ दिया था। भला ऐसे अंधकार में क्या दिखाई दे सकता था। दृष्टि ने तो कुछ काम किया नहीं, अलबत्ता कानों में घोड़ों के सुमों की टपाटप और साँडनियों के बलबलाने की आवाज़ें आईं तो उसने चौकन्ना होकर गर्दन ऊपर उठाई किंतु डाकू पलक झपकाते में उसके सिर पर थे।

इस अंधकार में छवियों की मंद-मंद चमक और भी अधिक भयानक दीख रही थी।

आँधी के शोर में आवाज़ गूँजी, "कौन ?"

"सुदागर !" सौदागर ने जल्दी से जवाब दिया। यह सोचकर कि कहीं उत्तर देने में देर हो और उसका सिर छवि के एक ही वार में कटकर अलग जा गिरे।

"सुदागर कौन ?"

अब सौदागर के हाथ-पाँव फूल गए। चिल्लाकर बोला, "ओए मैं··· मैं सुदागर ठट्टेवाला। कपूरा कित्थे ए ?"

उसी समय कपूरे की घोड़ी मचलकर आगे बढ़ी, "सुदागर !"

"हाव कपूरिया !"

"ओए अपना ही मुंडा।" कपूरे ने साथियों से कहा। फिर सौदागर को संबोधित कर पूछा, "मौला भी है ?"

"नहीं, वह घर पर है।"

"बाकी सब ठीक है ?"

"सब ठीक-ठाक है।"

इस बीच में धूल-भरी हवा तूफानी वेग से बहती रही। घोड़े तथा साँडनियाँ बेचैनी से नाचती रहीं।

नवागंतुक डाकुओं ने कुछ क्षण आपस में विचार-विनिमय किया और फिर कपूरा सौदागर से बोला, "सुदागर बच्चू ! अब हमें रहट की तरफ से ले चलो।"

सौदागर कुछ कहे बिना उठा और रहट की ओर चल पड़ा। वे सब उसके पीछे-पीछे हो लिए।

कपूरे ने रहट के निकट पहुँचकर कहा, "सौदागर ! तबेला तो खाली है।"

"हाव, बिलकुल खाली है।"

"ऐसा न हो कि कोई बाहर का आदमी घुसा होवे।"

"अरे नहीं।"

रहट पर पहुँचकर वे घोड़ों और साँडनियों से नीचे उतरे। जानवरों को तबेले में बंद करके सौदागर को रखवाली के लिए छोड़ दिया और स्वयं सारे साजसामान सहित गाँव की ओर बढ़े।

मौला के घर का द्वार अधखुला था। उसने दरवाज़े में ईंट फँसाकर तख़्तों को एक जगह जमा दिया था और वह स्वयं लब्भू के साथ बैठा हुक्का पी रहा था। मेलासिंह अलग बैठा दाढ़ी कुरेद रहा था।

उन्होंने दरवाज़े में से डाकुओं के गिरोह को पहचान लिया। जब वे पास आ गए तब उन्होंने देखा कि उनमें सबके-सब मज़बूत और लंबे तिरछे शामिल थे।

मौला तहमद झाड़कर उठ खड़ा हुआ और बोला, "साब सलामत।"

"साब सलामत एजी ?" दबे-दबे मिले-जुले स्वर सुनाई पड़े।

मौला बढ़कर ड्योढ़ी तक गया। उसने देखा कि उसके दरवाज़े के आगे भाँति-भाँति की आकृतियाँ खड़ी हैं। उन्होंने पगड़ियों के शमले घुमाकर चेहरे ढाँप रखे थे। सिवाय आँखों के उनके चेहरों का कोई भाग दिखाई नहीं पड़ता था। उनके शरीर नंगे थे और सरसों के तेल के कारण न केवल चमक रहे थे बल्कि तेल की हल्की-हल्की गंध भी फैल रही थी।

मौला ने गिरी हुई लंबी मूँछों पर उँगलियाँ फेरते हुए कहा, "आज ता अल्लाह दा बड़ा फ़जल है जी।"

"हाव।"

मौला ने कपूरे की नंगी पीठ पर हाथ रखकर कहा, "आमा। पानी-पूनी पी लो सारे।"

कपूरे ने सिर को नकारात्मक ढंग से हिलाते हुए कहा, "नहीं भई ! वक्त घट ए। पानी-पूनी की बात छड।"

मौला ने इधर-उधर देखा।

"जारो ! सवारी बिना आ गए हो।"

"नईं, घोड़े-डाचियाँ तबेले में छोड़ आया हूँ।"

"पर यार ! घोड़े कुछ नजीक रखो। भागते समय ज़रूरत पड़ेगी···और फिर कपूरिया ! तुम्हें किसी ने पहचान लिया तो आफत ही आ जाएगी। अपनी

घोड़ी बहुत नजीक रखना।"

कपूरे को मौला की बात पसंद आई। उसने मुस्कुराकर एक साथी के कान में कुछ कहा और वह 'हाव' कहकर तबेले की ओर रवाना हो गया।

"मौलिया ! अब देर मत करो।" कपूरे ने मौला से कहा, "बस, चलो। ऐसा मौका फिर कभी हाथ नहीं आएगा।"

"बहुत अच्छा।"

मौला ने फूँक मारकर दीया बुझाया तो उसकी लंबी-लंबी मूँछें फड़कीं।

अब वे एक लंबी पंक्ति के रूप में एक-दूसरे के साथ लगे-लगे बढ़ने लगे।

गोबर के ढेरों, पोखरों और अरूढ़ियों के निकट से होते हुए वे गली में घुस गए।

आँधी के कारण भयानक शोर उत्पन्न हो रहा था। ऐसे अवसर पर कुत्ते भी तंदूरों में दुबके हुए थे। एकाएक दबे स्वर में भौंका भी तो उसकी आवाज़ आँधी के शोर में दबकर रह गई।

उनकी राइफलें भरी हुई थीं। उन सबके हथियार बिलकुल तैयार थे। प्रत्येक महत्त्वपूर्ण मोड़ पर कपूरा एक आदमी खड़ा कर देता।

मौला की अभी तक बग्गासिंह से कोई बात नहीं हुई थी। बग्गा बहुत कम बोलता था। मौला यह बात जानता था इसलिए उसने भी कोई बात नहीं की। वह बग्गे के साथ-साथ चला जा रहा था। बग्गा ताड़ की तरह लंबा था। उसकी आँखें भीतर की ओर धँसी हुई थीं किंतु उनमें हिंसक पशु की आँखों की-सी चमक और जिज्ञासा थी। वही उन सबका सरदार था।

डाकू लंबे कनखजूरे की भाँति दीवारों से लगे-लगे बढ़ रहे थे।

बग्गे ने मौला से पूछा, "मकान है कहाँ ?"

"गाँव के बीचोबीच !"

यह सुनकर बग्गे के माथे पर बल पड़ गए। उसने दबे स्वर में कहा, "यदि लोग-बाग जाग पड़े तो इस अँधियारी और आँधी में गाँव से बाहर निकलने के लिए बड़ी सावधानी और होशियारी की ज़रूरत पड़ेगी।"

मौला ने तनिक बेपरवाही से कहा, "ओए आ ! तुम लोगों के सामने कौन टिका रह सकेगा। चाहे सौ आदमियों से भी टक्कर क्यों न हो जाए।"

बग्गे पर मौला की इस बात का कोई विशेष प्रभाव नहीं पड़ा। वह जानता था कि वे लोग गाँववालों का भली-भाँति मुकाबला कर सकते हैं किंतु वह एक छटा हुआ अनुभवी डाकू था। उस समय सवाल मुकाबला कर सकने या न कर सकने का नहीं था। बल्कि असल सवाल यह था कि गिरोह का हर आदमी

बचकर निकलना चाहिए, नहीं तो एकाध भी पुलिस के हत्थे पर चढ़ गया तो सारे गिरोह पर आफत आ जाएगी। इतनी तीव्र आँधी, अँधियारी और शोर में यह सारा काम कुशलतापूर्वक पूरा हो जाना उतना सरल नहीं था जितना कि मौला को लग रहा था।

सहसा बग्गू एक ओर रुक गया और उसके पीछे सबके सब डाकू रुक गए।

अंधकार में सामने से उन्हें एक बहुत ही काली छाया दिखाई पड़ी। लगता था कि कोई आदमी जल्दी-जल्दी कदम उठाता बढ़ा चला आ रहा है।

वे सब पलक झपकते में दीवार की छाया से लगकर खड़े हो गए।

वह व्यक्ति शरीर पर काली चादर लपेटे तेज़ी से बढ़ता आ रहा था। क्षण-प्रतिक्षण वह उनके निकट पहुँच रहा था।

डाकू दम साधे खड़े थे। संयोग से उस दीवार पर एक छज्जा बढ़ा हुआ था इसलिए वे बिल्कुल अँधेरे में खड़े थे। यों आसानी से पास खड़ा हुआ आदमी भी दिखाई नहीं देता था। यह तो केवल बग्गा की पैनी दृष्टि ने ही आगंतुक को आते देख पाया था।

कुछ क्षणों के बाद वह व्यक्ति उनके पास से गुज़रने लगा। उस बेचारे को इस बात का तनिक भी पता नहीं था कि वह हथियारबंद डाकुओं की छवियों के साये के नीचे से गुज़र रहा है। यदि कहीं उसके मुँह से चूँ की आवाज़ निकल जाती तो उसका सिर तन से जुदा हो जाता।

डाकू एकदम साँस रोके खड़े थे। वे उस पतले-दुबले से आदमी की छाया को अपने पास से गुज़रते देख रहे थे। आख़िर वह उनसे आगे बढ़ गया। उसके जाने के बाद सबने इत्मीनान की साँस ली क्योंकि वे उस समय खून-खराबा नहीं करना चाहते थे। यदि कहीं उसकी बहुत तेज़ चीख़ निकल जाती और उस चीख़ को सुनकर गाँव में शोर मच जाता तो उन्हें खाली हाथ वापस भागना पड़ता।

गाँव के अंदरवाले चौराहे पर पहुँचे तो देखा कि ऊँचे चबूतरेवाले बड़े कुएँ की मुँडेर पर पानी निकालने की ऊँची-ऊँची चर्खड़ियाँ सिर झुकाए उदास मुद्रा में खड़ी हैं। और उन चर्खड़ियाँ के चरणों में ऊबड़-खाबड़ पेंदेवाले लोहे के डोलचे हवा के ज़ोर से हिल-हिलकर एक शोर-सा उत्पन्न कर रहे थे और चबूतरे के निकट खड़े मानो उन्हें रोषपूर्ण दृष्टि से देख रहे थे।

वे सब तुरंत पेड़ों के झुंड के नीचे चले गए जिससे कि आपस में सलाह कर लें।

कपूरे ने घूम-घूमकर सबकी संख्या मालूम की फिर संतुष्ट होकर कहा, "इस जगह कम से कम तीन जवान खड़े रहने चाहिए।"

"वह क्यों ?" उनमें से एक ने जो लुधियाने के इलाके का जरा हथछुट जवान था, आपत्ति की।

कपूरे को उसका यह सवाल पसंद नहीं आया। उसने माथे पर गहरे बल डालकर उसकी ओर देखा और अपने दृष्टिकोण को स्पष्ट करने लगा।

"इस जगह से सिर्फ एक तंग गली आगे को जाती है जो मकानों के अंदर ही खत्म हो जाती है। हमारे भाग निकलने का सिर्फ़ यही एक रास्ता है।"

"ओए, अपने को इसकी परवाह नई। अपना कौन मुकाबला कर सकता है ?" नवयुवक ने बाजू हवा में लहराकर बेपरवाही से उच्च स्वर में कहा।

अब तो कपूरे का जी चाहा कि उसकी गर्दन मरोड़कर रख दे। उसके ये तेवर देखकर नौजवान भी बिफरने लगा। नौजवान मज़बूत और जोशीला ही सही किंतु कपूरे के मुकाबले में खड़ा होना तो सरासर उसकी मूर्खता थी।

शायद उनके दो-दो हाथ हो भी जाते किंतु बग्गे ने युवक को आँख दिखाई तो वह ठंडा पड़ गया। फिर बग्गा कपूरे को संबोधित कर बोला, "हाँ तो क्या कह रहे हो तुम ?"

"उधर जो तंग गली तुम देख रहे हो उसी के अंदर हमें जाना है। वह मकान, जिस पर हमारी नज़र है, किले के समान मज़बूत और सुरक्षित है। पहले तो वहाँ पहुँचने का किसी डाकू को आज तक साहस ही नहीं हुआ। हमारी यह पहली चढ़ाई है। यदि हम वहीं कहीं घिर गए तो बड़ी कठिनाई का सामना करना पड़ेगा। हमारी भलाई इसी में है कि हम यहाँ से सबके सब सही-सलामत निकल जाएँ ··· सिर्फ़ यही एक खुली जगह है। खतरे के मौके पर हमारा एक आदमी तुरंत गली के अंदर आकर हमें खबर कर सकता है। हमारी यह कोशिश होनी चाहिए कि पहले तो हमें मुकाबला करना ही न पड़े लेकिन यदि ऐसा हो भी तो यहीं खुली जगह में हो।"

बग्गे ने समर्थन में सिर हिलाया।

कपूरे ने फिर कहना शुरू किया, "यह आँधी हमारी सहायता भी कर सकती है और नुकसान भी। यदि कोई गड़बड़ हो गई तो इस हुल्लड़बाजी, आँधी और अँधेरे में अपने साथियों की गिनती भी नहीं कर पाएँगे।"

बग्गा उसके एक-एक शब्द से सहमत था।

अतएव तीन आदमी वहाँ पर छोड़कर वे लोग आगे बढ़े।

तंग गली में पहुँचकर उन्हें ऐसा अनुभव हुआ मानो वे कब्र में हों। आँधी और हवा का ज़ोर कम था किंतु इस गज़ब का शोर था कि कानों के पर्दे फटे जाते थे।

सहसा बग्गा एकदम रुक गया। उसके साथ ही सबके क़दम रुक गए और वे अपनी थुथनियाँ उसके करीब ले आए जिससे कि उसकी बात सुन सकें।

बग्गे ने साँहसी की ओर देखकर कहा, "बाँस नहीं लाए ?"

"अरे ! वे तो भूल गए।"

"वाह ! ओह भैया ··· तो क्या अब बाँस के सहारे चढ़ोगे छत पर ?"

"बाँस कौन दूर है ? मौला के घर ही से तो लाना है। भेलू, जा तू भागके जा और मौलू की ड्योढ़ी के भीतर आँगन के कोने में एक लंबा बाँस धरा होगा ··· बस उठाकर तुरंत वापस आना ···।"

भेलू ने थुथनी घुमाई और नाक की सीध में लंबे-लंबे डग भरता हुआ चल दिया।

वे सब फिर आगे बढ़े। कुछ दूर जाकर गली बाएँ हाथ को घूम गई थी। मोड़ से कुछ कदम आगे दाहिने हाथ को एक अधूरा मकान था जिसकी नींव भरने के बाद न जाने उसे क्यों छोड़ दिया गया था। अब वहाँ बड़े-बड़े सूखे झाड़ और मनछटी (कपास की छड़ियाँ) के अंबार अगले मकान की दीवार के साथ टिके हुए थे। जब किसी कुतिया को बच्चे जनने होते तो वह चीख़ती, कराहती, यहीं आकर शरण लेती। एक कोने में भड़भूजे का चूल्हा था, जिसमें उस समय बालू भरी थी।

वहाँ रुककर उन्होंने उस मकान के पिछवाड़े का निरीक्षण किया जिसके अंदर उन्हें सबसे पहले घुसना था।

छत से परे बिजली चमक-चमककर आँखें दिखा रही थी। घनघोर घटाएँ अपने काले आँचल लहराती असीम सेना की भाँति आकाश के विस्तार में फैलने लगीं। आँधी के वेग में कमी तो न आई थी किंतु हवा में पहली-सी धूल बाकी न रही थी।

कपूरे के इशारे पर वे फिर रुक गए। उनकी दाढ़ियाँ फिर एक-दूसरे के निकट आईं। उसने कहा, "सब लोग यहीं पर रुकें। मैं बग्गे को लेकर मकानों की अगली तरफ़ से देख लूँ ज़रा।"

वे दोनों कुछ ही क़दम पर पहुँचकर उन सबकी दृष्टि से ओझल हो गए।

साँहसी ने मकान की ओर देखा और फिर मन ही मन अनुमान लगाने

लगा कि उस पर बाँस की सहायता से चढ़ना संभव भी है या नहीं। उनमें से एक बोला, "भऊ ! मकान ज़रा ऊँचा मालूम होता है।"

"हाँ, है तो।"

"अगर तुम बाँस के ज़ोर से फाँदकर उस पर न चढ़ सके तो इधर-उधर से ऊपर जाने का कोई रास्ता या सहारा भी तो नहीं दिखाई देता। फिर तो आगेवाले दरवाज़े से ही जाना पड़ेगा।"

साँहसी चुपचाप दाँतों तले मूँछ का एक सिरा चबाता रहा। फिर यों बोला मानो अपने-आप ही को संबोधित कर रहा हो, "मैं आगे बढ़कर दीवार के नीचे से अंदाज़ा लगा सकता हूँ।"

यह कहकर वह आगे बढ़ा और दीवार के निकट पहुँचकर मनछरी के एक ढेर के पीछे गुम हो गया।

कुछ क्षण बाद बग्गा और कपूरा भी वापस आ गए। बग्गा बोला, "पहले तो कपूरे की बहन पर हाथ साफ करना होगा, इसके बाद पड़ोस के कुछ घर भी अच्छे हैं। उन पर भी जल्दी से हाथ फेर दिया जाए ··· अपना साँहसी यार किधर गया ?"

"वह दीवार की ओर गया है, आता ही होगा। अँधेरे में उसे भी कुछ सूझ नहीं रहा है।"

कुछ क्षणों के पश्चात् साँहसी आ गया।

उसे देखते ही बग्गे ने कहा, "मकान तो ऊँचा है भऊ !"

"हाँ भऊ !" साँहसी ने फिर एक बार मकान पर दृष्टि दौड़ाई और फिर तनिक व्यग्रता से हाथ मलने लगा। शायद उसके हाथ बाँस पकड़ने के लिए बेचैन हो रहे थे।

"फिर ?" बग्गे ने सवाल किया।

साँहसी ने उसकी ओर देखे बिना उत्तर दिया, "कोशिश करने में क्या हानि है ?"

बग्गा को उसके जवाब से संतोष नहीं हुआ किंतु उस समय इसके सिवा और कोई उपाय भी तो नहीं था।

इतने में भेलू हाथ में लंबा बाँस लिए इस प्रकार चलता हुआ आया मानो बड़ी दिलेरी का काम करके आ रहा हो।

साँहसी ने बढ़कर बाँस थाम लिया। पहले लचका-लचकाकर उसकी मज़बूती का अनुमान किया और रास्ता टटोल-टटोलकर आगे बढ़ा और फिर उसने मकान की छत की ओर निगाह दौड़ाई। मटियाले आकाश पर काले

बादल गँदले धब्बों के समान दीख रहे थे।

अब साँहसी ने अपनी कमर में एक लंबा रस्सा लपेटा और ज़मीन पर हाथ मारकर दो ढेले कमरबंद में ठूँस लिए और सिर घुमाकर मंद स्वर में साथियों से कहा, "अच्छा अब मैं कोशिश करता हूँ। छत पर सही-सलामत पहुँच गया तो ये दो ढेले तुम्हारी तरफ फेंकूँगा।"

इसके बाद उसने लंबे बाँस को सँभाला। उसे दोनों हाथों में तोला और फिर दो-चार बार पाँव के पंजों पर नचाकर तेज़ी से भाग निकला ··· सहसा उसके कदमों की आवाज़ बंद हो गई।

सबने उसे पर फड़फड़ाते हुए बड़े चमगादड़ की भाँति हवा में उठते देखा। अनुमान से लगता था कि वह छत पर पहुँच गया है।

यदि बिजली चमक जाती तो वे उसे देख लेते, नहीं तो ··· तड़ाक से दो डेले उनके पास आ गिरे। एक तो भेलू की टाँग पर लगा।

"ओए मायाव्या !" वह टाँग पकड़कर बैठ गया। लेकिन चोट बिलकुल मामूली थी। ढेला कच्ची मिट्टी का था।

अब बग्गे ने कुछ अंतिम निर्देश देते हुए कहा, "देखो ! अब हमें यह सारा काम जल्दी से खत्म करना है। इस गाँव में कुछ अच्छे लड़ाका जवान रहते हैं जो जान की बाज़ी लगा सकते हैं। इसलिए हमें चुपचाप फुर्ती से अपना उल्लू सीधा करके नौ-दो ग्यारह हो जाना चाहिए, समझे ?"

"हाव भऊ !" सबने एक स्वर में उत्तर दिया।

कपूरे ने भेलू के कंधे पर हाथ रखकर धीमे स्वर में आदेश दिया कि वह सब जवानों को लेकर मकान के दरवाज़े पर पहुँच जाए।

वे लोग उधर चले गए तो कपूरा बग्गे को साथ ले पिछवाड़ेवाली दीवार के पास पहुँचा। अभी उनके कदम रुकने भी न पाए थे कि छत पर से रस्सा लंबे नाग की तरह फनफनाता और रहगता हुआ नीचे गिरकर झूलने लगा।

एक-एक करके दोनों रस्से की मदद से छत पर पहुँच गए।

छत की मुँडेर मुश्किल से चार-छः अंगुल ऊँची होगी। तेज़ आँधी के ज़ोर में उन्हें ऐसा लगा मानो उनके पाँव उखड़ जाएँगे और वे पलक झपकाते में उड़कर गाँव के बाहर जा गिरेंगे। इसलिए वे झुके-झुके आँगन से आनेवाली सीढ़ी पर बनी हुई ममटी की ओर बढ़े। यह और खुशी की बात थी कि ममटी का दरवाज़ा अभी खुला था, नहीं तो उन्हें कूद-फाँदकर नीचे जाना पड़ता। इससे यह प्रकट होता था कि घर के लोग अभी सोए नहीं थे। बात वास्तव में यह थी कि अभी सोने का समय भी नहीं था।

कपूरे के हाथ में राइफल थी, बग्गे के हाथ में चमकती हुई छवि और साँहसी हमेशा की तरह लंबा-सा छुरा थामे था। उन्होंने एक बार फिर अपने-अपने चेहरों को पगड़ियों के शमले में छिपाया। केवल आँखों और भवों को नंगा छोड़ दिया और फिर फूँक-फूँककर क़दम रखते हुए सीढ़ियाँ उतरने लगे।

वे काफ़ी नीचे जा चुके थे कि सहसा मोड़ से टिमटिमाती हुई रोशनी दिखाई दी। वे तुरंत समझ गए कि कोई आदमी हाथ में लालटेन या चिराग़ लिए सीढ़ियों पर चढ़ता चला आ रहा है ··· वे ठिठककर रुक गए। रोशनी फैलती जा रही थी।

अभी वे कुछ तय भी न कर पाए थे कि चिराग़ के पीछे दो ज़नाने पाँव दिखे और उनकी आँखें एक तेरह-चौदह वर्ष की लड़की की आँखों से मिलीं जो दीये को अपने दोनों हाथों के घेरे में लिए थी, जिससे कि वह बुझ न जाए। उन्हें देखते ही लड़की का रंग उड़ गया। उसने बड़ी-सी जीभ बाहर निकालकर मुँह से एक ज़ोरदार चीख़ निकालने की कोशिश की किंतु मारे भय के उसकी आवाज़ जैसे कंठ ही में अटक गई। मिट्टी का दीया उसके हाथ से गिरकर टूट गया।

बग्गा ने फुर्ती से आगे बढ़कर उसे थाम लिया। वह बेहोश हो गई। उन्होंने उसके मुँह में उसी की चुनरी ठूँस-ठाँसकर उसके हाथ-पाँव बाँध वहीं कोने में डाल दिया।

आँगन में पहुँचे तो देखा, एक ओर ड्योढ़ी है और दूसरी ओर घर पसारा लगता था कि जिस दरवाज़े से बाहर निकलकर लड़की आई थी उसका कुंडा उसने बाहर से चढ़ा दिया था जिसमें कि वायु के वेग के कारण दरवाज़ा न खुले। अंदर रोशनी हो रही थी और घरवालों की बातें करने की आवाज़ें सुनाई दे रही थीं।

बग्गा और साँहसी दरवाज़े के दोनों ओर अपने-अपने हथियार सँभालकर खड़े हो गए और कपूरा काफ़ी साथियों को लिए गली का दरवाज़ा खोलने को ड्योढ़ी की ओर बढ़ा। ड्योढ़ी में मवेशी बँधे थे। एक बैल तो उसे इतना पसंद आया कि उसके मन में एकदम यह लोभ समाया कि उसे भी वह अपने साथ लेता जाए किंतु उस रात यह बिलकुल असंभव था।

ड्योढ़ी का द्वार खोलकर उसने गली में झाँका तो कुछ नज़र न आया। अतएव उसने बैल हाँकने के अंदाज़ में हट-हट करके दो-तीन आवाज़ें निकालीं तो कुछ साये उसकी ओर बढ़े जैसे काली दीवारों ने उन्हें जन्म दिया हो।

कपूरे ने एक जवान को बंदूक सहित घर के पिछवाड़े मनछटी के अंबारों के पास रहने को भेज दिया और बाकी लोगों को अंदर ले आया।

दो घड़ी बाद वे सब लोग दरवाज़े के सामने खड़े थे। बग्गे ने छवि बढ़ाई और दरवाज़े के कुंडे में उड़सकर जब धक्का दिया तो कुंडा बड़ी आवाज़ से खुलकर गिरा और तड़ातड़ बजने लगा। दरवाज़े के दोनों तख़्ते ज़ोर-ज़ोर से पंखा झलने लगे।

घर के लोग समझे कि लड़की ममटी का दरवाज़ा बंद करके लौटी है। वे कुछ देर तक उसके अंदर आने का इंतज़ार करते रहे लेकिन जब कोई सूरत न दिखाई पड़ी तो एक पुरुष जल्दी से बाहर निकल आया। पहले वह दरवाज़े के दोनों ओर खड़े बग्गू और साँहसी को नहीं देख पाया। जब उसने लड़की को आँगन में न पाकर गर्दन घुमाई तो बग्गू और साँहसी दीख पड़े। उसने घबराकर पूछा, "आप कौन हैं ?"

इसी बीच में बाकी आदमी भी ड्योढ़ी में घुस आए और दरवाज़े में से उनकी भयानक आकृतियाँ दीखने लगीं। वे दोनों चुपचाप खड़े रहे। पीछे से कपूरे ने उसकी गुद्दी पर उल्टे हाथ का ऐसा झापड़ दिया कि वह लड़खड़ाकर ज़मीन पर गिर पड़ा।

यह सब कुछ पलक झपकते में हो गया। वे सब तुरंत मकान के अंदर घुस गए। लालटेन की रोशनी में उनके हथियार जगमगा उठे। जान के डर से घर के किसी आदमी ने शोर नहीं मचाया। उनका भी वही इलाज किया गया जो पहले लड़की का किया गया था।

कपूरा तनिक छिपा-छिपा-सा रहा जिससे कि उसे कोई पहचान न ले। वह बग्गे को भीतरवाले कमरों में ले गया और उनकी पूँजी की ओर इशारा किया। देखते ही देखते सब कुछ समेट लिया गया। फिर वे सब आँगन में आ गए। बग्गू ने एक निगाह में साथियों की संख्या जाँच ली और फिर वे दो हिस्सों में बँटकर पड़ोस के मकानों की ओर बढ़े जिनके सेहन एक-दूसरे के साथ मिले हुए थे।

इतने में बाहर से गोली चलने की आवाज़ सुनाई दी। उनके कदम रुक गए। कान खड़े हो गए। फिर धड़ाधड़ दो गोलियाँ चलने की आवाज़ें सुनाई दीं। इसके बाद आँधी के शोर में पुरुषों के ललकारने की आवाज़ें सुनाई दीं।

मौक़े की नज़ाकत समझते हुए वे बाहर की ओर भागे।

जिस नौजवान निशानेबाज़ की ड्यूटी कपूरे ने बन्दूक सहित मकान के पिछवाड़े लगाई थी, उसने हड़बड़ाहट में ये गोलियाँ चला दी थीं। हुआ यह

कि आँधी के ज़ोर से मनछटी और झाड़ के अंबार हिलने लगे और लुढ़कते हुए उसकी ओर बढ़े तो वह घबड़ा गया और उसने न जाने क्या समझकर एक के बाद एक तीन गोलियाँ चला दीं।

इसी बीच गाँव के विभिन्न भागों से खतरे की आवाज़ें आने लगीं। चर्खड़ियोंवाले कुएँ की ओर से 'ऐली-ऐली' का शोर उठा जिसका मतलब यह था कि उनके साथी उन्हें खतरे का आभास दे रहे थे। अब उन्होंने भेलू को आगे लगाया और सरपट भागे।

चर्खड़ियोंवाले कुएँ तक पहुँचे तो वहाँ अंधाधुंध लाठियाँ चल रही थीं। गाँव के मनचले भी जल्दी में जैसा हथियार मिला, लेकर मुकाबले पर आ जुटे किंतु अंधकार और आँधी ने उन्हें कुछ भी करने न दिया।

उधर बग्गू के सधाए हुए साथी गाँववालों के कंधों से कंधे भिड़ाते हुए बड़ी सफ़ाई से इधर-उधर बिखरकर सही-सलामत गाँव से निकल गए।

इतने में कपूरे को अपनी काली घोड़ी दिखाई दी। वह तुरंत फलाँगकर उसकी पीठ पर सवार हो गया।

उसका विचार था कि जब वह अपनी मुँहजोर घोड़ी को एड़ देगा तो वह गाँव की भीड़ को काई की तरह चीरती हुई निकल जाएगी। लेकिन ठीक उसी समय बिजली चमकी तो गाँववालों में से कुछ ने उसे पहचान लिया और आँधी के भयानक शोर में 'काला तित्तर, काला तित्तर' का शोर घुलमिल गया।

एड़ दिए जाने पर घोड़ी सिमटकर जो उछली तो गाँव के मनचले युवक ने उसकी लगाम पर झपट्टा मारा। इस पर घोड़ी हिनहिनाकर पिछले पाँव पर खड़ी हो गई। उसकी आँखें फट गईं, कान फड़फड़ाए और आयल लहराए ··· सवार ने होंठ काटकर अपनी लंबे हत्थेवाली कुल्हाड़ी ऊपर उठाई किंतु घोड़ी के अगले पाँव ज़मीन पर लगने भी न पाए थे कि एक छवि चमकी और कपूरे के पेट की आँतें उधेड़ती हुई उन्हें पेट से बाहर निकाल लाई।

वह बड़े मगरमच्छ की तरह बल खाकर औंधे मुँह ज़मीन पर गिरा। पेट के खून का फव्वारा छूटा और क्षण-भर में ज़मीन उसके गाढ़े खून से लाल हो गई ···

फिर बारिश की मोटी-मोटी बूँदें गिरने लगीं।

शर्त

उस समय अजमेर सिंह के जीवन में दो अत्यधिक महत्त्वपूर्ण व्यक्ति थे—किक्कर सिंह तथा प्रीतम कौर।

किक्कर सिंह उसका चाचा था। अपने भाई की मृत्यु के बाद उसी ने अजमेर सिंह को पाला था। प्रीतम कौर केवल चार महीने पहले उसके जीवन में आयी, और आते ही छा गयी थी। बस यहीं से अजमेर सिंह के लिए बड़ी टेढ़ी समस्या उठ खड़ी हुई। किक्कर और प्रीतम नदी के दो किनारे थे, जिनका मिलाप असंभव था ··· एक ओर किक्कर जैसा लंबा-चौड़ा धाकड़ चाचा और दूसरी ओर ऐसी प्रेमिका, जिसके रंग-रूप को देखकर फूल भी शरमा जाएँ।

जब किक्कर सिंह पर जवानी आयी तो लोगों ने देखा कि उसका क़द बढ़ता ही जा रहा है। यहाँ तक कि उसकी पगड़ी का तुर्रा बादलों को छूने लगा। उसके बाहुबल तथा धाकड़पन के डंके दूर-दूर तक बज गए। इसी गहमागहमी में वह संभवतः किसी को दिल दे बैठा। तिकड़म से काम लेने के स्थान पर उसने पकड़-धकड़ का आश्रय लिया। फलस्वरूप गुल को तो कोई और ले उड़ा, और गुलफ़ाम ने दिल पर ऐसी चोट खाई कि स्त्री-जाति का शत्रु बन बैठा। बाल ब्रह्मचर्य का ढोंग रचाया। औरत के नाम पर थू-थू करने लगा। यहाँ तक कि अजमेर का पालन-पोषण भी इसी 'वातावरण' में हुआ। परंतु डंडपेल और लट्ठमार अजमेर स्त्री-जाति से पहली बार सामना होते ही सारी चौकड़ी भूल गया।

बेचारे अजमेर को क्या मालूम था कि उसके गाँव से केवल चार कोस पर एक युवती सौंदर्य और यौवन की भूल-भुलैया में राह भूल गयी थी। उसकी इस कैफ़ियत ने उसके सौंदर्य में चार चाँद लगा दिये। अपने रूप-रंग के प्रति उसकी इस बेखबरी ने उसके अंग-अंग में कैसी अनोखी आभा भर दी थी, इसका प्रीतम कौर को आभास ही नहीं हुआ था। उसकी डगमगाती तथा चूकी-चूकी-सी नज़र का निशाना कभी भी चूकता नहीं था।

चार महीने पहले तेज़ गर्मी में अजमेर कस्बे से लौट रहा था। घोड़ी की पीठ पर ज़ीन और काठी की जगह केवल एक टाट पड़ा था। शायद इसीलिए

उसकी रानें जल उठी थीं, होंठ सूख गए थे, और ज़बान काँटा हो गयी थी। कच्ची सड़क से कुछ ही दूरी पर ठंडे पानी में नहाया हुआ रहट दिखायी दिया। बैलों की घंटियों का संगीत वातावरण में गूँज रहा था।

अजमेर सिंह ने घोड़ी की बाग उधर ही को मोड़ दी।

इसी रहट पर प्रीतम कौर से उसकी आँखें चार हुईं। प्यास भूली, भूख भूली, मतलब यह कि आसपास की हर चीज़ भूल गयी। कब उसके हाथों का कटोरा-सा बना। कब कोमल हाथों ने ठंडे पानी का लोटा इन पर झुकाया ··· और फिर कब क्या हुआ ? अब इन बातों का हिसाब कौन दे। इश्क-प्रेम के पिटे-पिटाये मार्ग पर हर बार यह फुलझड़ी नये और अनोखे ढंग से ही छूटती है ··· अजमेर को इतना याद रह गया कि प्रीतम कौर के होंठों के ऊपर भी पसीने की नन्हीं-नन्हीं बूँदों के उज्ज्वल मोती बिखरे हुए थे, और उसकी हर बात में अनोखे साज़ों का संगीत था, और इस संगीत में मानो मोतियों की चमक-दमक घुल-मिल गयी थी।

यही नहीं, प्रीतम कौर भी अजमेर की मुहब्बत का दम भरने लगी। आँखों की मदिरा, गालों का गुलाल, होंठों की नज़ाकत, सीने का उतार-चढ़ाव, सब उस पर न्यौछावर करने लगी। सारा जीवन प्रियतम के साथ व्यतीत करने की कसमें खाने लगी। इस उद्देश्य में असफल होने पर जोगन बन जाने की धमकियाँ देने लगी। यह सब सुन-सुनकर अजमेर के दिल पर अनोखा-सा नशा छा गया। इसी नशे में उसे अपने जीवन की एक महत्त्वपूर्ण वास्तविकता स्मरण हो आयी--वह यह कि किक्कर सिंह उसका चाचा था।

प्रेमिका से मुलाकातें तो छिपी भी रह सकती थीं, परंतु उसे पत्नी बनाकर घर ले आना आसान नहीं था। चाचा की रजामंदी के बिना यह बिलकुल असंभव था। पहले-पहल तो उसे यही डर लगा कि कहीं प्रीतम कौर के माता-पिता ही इस रिश्ते को अस्वीकार न कर दें। वाह गुरू अकाल पुरख की दया से यह समस्या भी हल हो गयी। वे उसे दामाद बनाने पर राज़ी हो गए। अब चाचा किक्कर सिंह ही उसके रास्ते की एक ऐसी चट्टान बना हुआ था, जिसे वह न तो उठाकर एक ओर हटा सकता था, और न उसे चूमकर जहाँ का तहाँ छोड़ सकता था।

प्रीतम कौर के माता-पिता को डर था कि कहीं उनकी बेटी की प्रेम-कथा फैल न जाए, इसीलिए वे किक्कर सिंह से रिश्ते की बात पक्की कर लेना चाहते थे। भला अजमेर उन्हें कब तक टालता। आख़िर उसने सुझाया कि वह चाचा को उनके घर ले तो आएगा, परंतु पहली मुलाकात में रिश्ते की बातचीत नहीं

होनी चाहिए। पहली भेंट में तो एक-दूसरे से परिचय हो जाना ही काफ़ी है।

यह बात तय हो जाने के बाद एक दिन कस्बे की ओर जाते-जाते अजमेर एक दिन बहाना बनाकर अपने चाचा को प्रीतम के घर ले गया। इन दोनों का खूब आदर-सत्कार हुआ। प्रीतम कौर ने भी किक्कर सिंह को अपनी झलक दिखा दी, ताकि बाद में चाचा-भतीजा उसके संबंध में आसानी से बातचीत कर सकें। घर की अन्य स्त्रियाँ भी आस-पास मँडराती रहीं। कोई और होता तो चौकन्ना हो जाता परंतु किक्कर सिंह की बुद्धि इतनी तीव्र नहीं थी। उसने दिल खोलकर कड़ाह (हलुआ) पर हाथ साफ़ किया। मक्खन का गोला निगला और लस्सी पीने के बाद मूँछों को दाँतों में दबाकर चूसा। अंत में एक बार पुनः घोड़ों पर सवार होकर कस्बे की ओर चल दिए। न किक्कर ने पूछा कि इस नौटंकी का मतलब क्या था, न अजमेर को ही साहस हुआ कि वह इस रंगीन रहस्य पर से पर्दा हटा दे।

प्रेमियों की उमंगों और तरंगों का दम घुटने लगा। आख़िर प्रीतम कौर बिगड़कर बोली, "क्या इसी बूते पर प्रेम की पींगें बढ़ाई थीं ?"

अजमेर ने झेंपकर उत्तर दिया, "क्या कहूँ, जब से चाचा ने तुम्हारे घर का पानी पिया है, तब से उसके तेवर कुछ और भी बिगड़ गए हैं। वह खोया-खोया और परेशान-सा रहता है। तबियत में चिड़चिड़ापन आ गया है। डरता हूँ कि कहीं असली बात को भाँप न गया हो। मुझे तो उसकी आँखों में बिजलियाँ चमकती नज़र आती हैं। न जाने कब वह बिजली मुझ पर गिर पड़े ··· ओह ! तुम मेरे चाचा को नहीं जानतीं।"

बाज़ मामलों में स्त्रियाँ पुरुषों से कहीं अधिक चतुर होती हैं। अजमेर की यह बात सुनकर प्रीतम कौर के कान खड़े हो गए। उसकी भवें पलभर को यूँ ऊपर उठीं, जैसे किसी पक्षी की भाँति आकाश की ओर उड़ जाएँगी। वह अजमेर को घूर-घूरकर देखने लगी। शायद वह उसकी शक्ल से इस मामले की तह तक पहुँच जाना चाहती थी।

उसे दाल में कुछ काला-काला नज़र आने लगा ···

प्रीतम कौर का संदेह ठीक ही निकला। एक दिन उसने अजमेर सिंह के लटके हुए मुँह को अपनी कोमल उँगलियों का सहारा देते हुए कहा, "तुम बुद्धू नंबर एक हो।" प्रेमी के दुखी हृदय को इन शब्दों से कोई आश्वासन नहीं मिला। उसका मुँह और लटक गया। प्रीतम कौर ने भोलेपन से एक आँख बंद करके बड़े पते की बात बताई, "तुम इतना भी तो नहीं जानते कि किसी पुरुष की दशा एकाएक क्यों बिगड़ने लगती है।"

अजमेर चौंका। उसे अपने कानों पर विश्वास नहीं हुआ। प्रेमिका की बात का असली अर्थ समझने में उसे कुछ समय लगा। फिर एकाएक ही वह खुशी से उछलकर बोला, "बकवास !"

परंतु यह बकवास नहीं थी। इसीलिए अजमेर खुश भी था।

प्रीतम कौर के घर में दूर की एक रिश्तेदार विधवा भी रहती थी। उम्र बत्तीस वर्ष, शक्ल मज़े की। उसी दिन किक्कर सिंह से आँखें चार हुईं, वह बेचारी बेजबान ! विवश विधवा। इधर किक्कर सिंह बात-बात पर हंगामा उठानेवाला धाकड़। जब वह विधवा बच-बचकर खेतों में आती-जाती तो उसे आस-पास मँडराते हुए किक्कर सिंह की ठंडी आहों के संदेश सुनायी देते। पहले से ही सहमी हुई विधवा अब और भी सहम गयी थी।

यह रामकहानी सुनकर अज़मेर ने कहा, "उसके सहम जाने से क्या होगा ? यदि यह बात सच है तो एक दिन चाचा डंके की चोट पर उसे ज़बर्दस्ती उठा ले जाएगा।"

"हमारे लिए यह बहुत बुरा होगा। परंतु इसकी आवश्यकता भी क्या है ? तुम्हारा चाचा खुलकर बात क्यों नहीं कर लेता ? मैं जानती हूँ कि हमारे किसी संबंधी को इन दोनों के विवाह पर कोई आपत्ति नहीं होगी।"

इस पर अजमेर सिंह ने अपनी नर्म और खूबसूरत दाढ़ी को ज़ोर से अपनी मुट्ठी में दबोच लिया। कुछ देर तक वह गहरे सोच में डूबा रहा। फिर एकाएक उसने चुटकी बजाई, और उठकर अपने गाँव को चल दिया।

गाँव जाते समय बार-बार अजमेर सिंह के मन में यह प्रश्न उठता था कि क्या सचमुच ही चाचा ने अपनी कसम तोड़ दी थी ? अपने सिद्धांत छोड़ दिए ?—इसमें बुराई भी क्या थी ? चाचा चालीस वर्ष लाँघ जाने पर भी हृष्ट-पुष्ट एवं आकर्षक दिखायी देता था।

अगर यह सच है तो फिर उसके लिए कौन-सा कदम उठाना ठीक होगा।

एक-दो दिन इसी उधेड़बुन में बीत गए, आख़िर अजमेर सिंह इस नतीजे पर पहुँचा कि सारी बात चाचा को बतानी ही पड़ेगी।

एक दिन तीसरे पहर अजमेर सिंह गाँव से निकलकर आधे मील की दूरी पर अपने उस तबेले में पहुँचा, जहाँ फुर्सत के समय किक्कर सिंह ऊँघा करता था। तबेले के बाहर बरगद के घने वृक्ष के नीचे उनका रहट था।

जब अजमेर भीतर गया तो किक्कर सिंह सदा की भाँति ऊँघ रहा था। परंतु उसे देखते ही किक्कर सिंह ने सिर को झटका दिया और अपनी ढीली-ढाली पगड़ी सँभालते हुए बोला, "कहो पुत्तर !"

अजमेर उसका पुत्र तो नहीं था परंतु किक्कर सिंह उसे पंजाबी अंदाज़ में पुत्तर ही कहा करता था।

अजमेर सिंह ने दाएँ-बाएँ झाँककर उस दिन की चर्चा की जब वे प्रीतम कौर के घर गए थे। फिर जल्दी-जल्दी अपनी प्रेम-कथा भी सुना डाली। अंत में बोला, "चाचा, मेरी शादी के लिए उन्होंने एक टेढ़ी शर्त रखी है। वे कहते हैं कि अगर तुम्हारा चाचा किक्कर सिंह उस विधवा से विवाह कर ले, तो हम प्रीतम कौर से तुम्हारी शादी कर देंगे।"

अब तक किक्कर सिंह ऊबी हुई सूरत बनाए उसकी बकवास सुन रहा था। जब शर्तवाली बात सुनी तो वह साँड़ की तरह डकारता हुआ चारपाई से उठ खड़ा हुआ। वह ज़ोर-ज़ोर से गालियाँ देने लगा। फिर तबेले के सेहन में पहुँचकर भारी स्वर में गालियाँ बकने लगा। आकाश पर छायी हुई गहरी घटा के कारण प्रकाश बिलकुल ही मद्धिम हो गया था। उनके यहाँ काम करनेवाले बादलों की गरज और बिजली की कड़क के साथ-साथ किक्कर सिंह की दहाड़ भी सुन रहे थे। यहाँ तक कि खेतों के आवारा कुत्ते भी यह समझकर कि कवि-सम्मेलन हो रहा है, ज़ोर-ज़ोर से भौंकने लगे ··· अजमेर सिंह दुम दबाकर खेतों की ओर चला गया।

जब अजमेर सिंह अँधेरा घना हो जाने पर लौटा, तो किक्कर सिंह पटियाला मार्का लालपरी की बोतल अपने आगे रखे बैठा था। सदा की भाँति यह उसका मौज लेने का समय था। निकट ही तंदूर में भुना मुर्गा आकाश की ओर टाँगें उठाए पड़ा था। उसे देखते ही किक्कर सिंह ने कहा, "विधवावाली तू वह क्या बकवास कर रहा था ?"

सरसों के तेलवाले दीए के थरथराते प्रकाश में अजमेर सिंह किक्कर सिंह के समीप बैठ गया और उसकी तहमद के नीचे उस्तरे से मुंडी हुई पिंडलियों को हाथों से दबाते हुए बोला, "चाचा ! वह बकवास नहीं, बिलकुल सच्ची बात कर रहा था मैं।"

किक्कर सिंह ने ठर्रे का कुल्हड़ मुँह से हटाया, और ज़ोर की फूँक मारकर भीगी मूँछों के छींटे आगे को उड़ा दिए। फिर चाचा-भतीजे की आँखें मिलीं। अनायास ही चाचे की बाँछें इस कान से उस कान तक चिर गईं। पीले-पीले दाँत दिखाई देने लगे। उसने खुश होकर बालोंवाले भारी-भरकम हाथ से अजमेर की पीठ थपथपाते हुए गुर्राकर कहा, "सूर दा (सुअर का) पुत्तर !"

सज़ा

यह कहानी पंजाब के एक गाँव से संबंध रखती है।

छोटा-सा गाँव था। दो-एक हवेलियों को छोड़कर बाकी सारे घर गारे के बने हुए थे। वही पोखरा, वही बबूल, रीह और बेरियाँ, वही घने पीपल के नीचे रूँ-रूँ करते हुए रहट, वही सुबह के समय कुओं पर कुमारियों के जमघट, दोपहर को बड़े-बूढ़ों की शतरंज और चौपड़; संध्या समय नवयुवकों की कबड्डी और शांतिपूर्ण रातों में वारिसअली शाह की हीर, हीर और काज़ी के सवाल-जवाब, वही मज़बूत, नटखट और चंचल छोकरियाँ और वही सीधे-सादे ऊँचे क़द के चौड़े चकले नवयुवक।

संध्या हो चुकी थी।

घर में पकाने के लिए कोई वस्तु न थी इसलिए जीतकौर दाल लेने के लिए पैसा आँचल में बाँधकर घर से निकली। लेकिन चार क़दम चलकर रुक गई। सामने पीपल के नीचे फुम्मनसिंह चारपाई पर बैठा मूँछों को ऐंठ रहा था।

जीतकौर जानती थी कि जब वह उसके पास से निकलेगी तो वह उसे बिना छेड़े कभी न मानेगा, अतः उसने सोचा कि दाल के बजाय किसी खेत से साग लेती आऊँ। ऐसा करने से वह पैसा छोटा भाई चन्नन ख़र्च कर लेगा। आज दोपहर-भर वह चीनी की रंगदार गोलियों के लिए रोता रहा था। यह सोचकर वह खेतों की ओर चल दी।

सूर्य अस्त हो रहा था। बबूल और गन्नों की छाया लंबी होती जा रही थी। जीतकौर छोटी-छोटी काँटेदार झाड़ियों से शलवार बचाती हुई चली जा रही थी। जामुन के निकट बेरों की झाड़ियाँ थीं। उसने थोड़े से बेर चन्नन के लिए तोड़ लिए, फिर आगे बढ़ी। उसके चेहरे से उदासीनता और क्रोध के भाव प्रकट हो रहे थे। इस समय वह फुम्मनसिंह के विषय में सोच रही थी। आख़िर फुम्मनसिंह उसे क्यों तंग करता है। अगर कोई और नहीं तो सुमित्री

तो उससे कम सुंदर नहीं थी, वह उसे क्यों नहीं छेड़ता ? लेकिन सुमित्री के तीन जवान भाई थे। अगर कोई उसकी ओर उँगली भी उठाए, तो वे उसका खून पी जाएँ, यह विचार आते ही उसे अपना भाई याद आ गया। तीन वर्ष पूर्व पंद्रह वर्ष का उसका भाई घर से भोजन करके कुएँ पर गया, वहाँ उसने तरबूज खा लिया और शाम होने तक हैजे से मर गया। उसका भाई गाँव भर में सबसे अधिक लंबा-तगड़ा था। उसकी छाती ऐसी थी, मानो किसी बड़ी चक्की का पाट। एक बालिश्त ऊँची और मोटी गर्दन, चौड़े-चकले मज़बूत हाथ, कलाई पकड़ने और कबड्डी खेलने में दूर-दूर तक कोई उसकी बराबरी न कर सकता था। एक बार कबड्डी में उसने थप्पड़ मारकर अपने प्रतिद्वंद्वी नवयुवक की हँसली की हड्डी तोड़ दी थी। ये बातें याद करके जीतकौर की आँखों में आँसू आ गए। भला, आज उसका भाई जीवित होता, तो क्या फुम्मनसिंह की हिम्मत हो सकती थी कि उससे छेड़छाड़ करे। कल ही की तो बात है कि उसी दुष्ट ने उसका आँचल खींचकर उसका सिर नंगा कर दिया था। यह सब इसीलिए तो था कि वह नंबरदार का लड़का था और ये उनके ऋणी थे। माँ की मृत्यु के बाद उन पर संकटों के पहाड़ टूट पड़े। माँ के बाद पिता का स्वर्गवास हुआ, पिता के बाद उसका भाई मरा और अब बूढ़ा बाबा रह गया था, जिसे वह बापू कहा करती थी; या चन्नन था, छः वर्ष का बालक– माता-पिता की अंतिम निशानी। कई बार फ़सलें खराब हुईं और नंबरदार का डेढ़ सौ रुपये का कर्ज़ा सिर पर हो गया। भूमि अलग रेहन थी। बापू बूढ़ा था और इन सब विपत्तियों पर सबसे बड़ी कठिनाई यह थी कि निर्लज्ज फुम्मनसिंह उसे दम न लेने देता था।

अब जीतकौर का फिर से खून उबलने लगा। उसके हृदय में सभी पुरुषों के लिए घृणा उत्पन्न हो रही थी। मन ही मन वह कहने लगी, 'अब तारासिंह को ही देखो। उसके न कोई आगे है न पीछे, बस ले-देकर उसकी माँ है, थोड़े दिन की मेहमान। उसे भला काहे की चिंता ? भूमि है, एक कच्चा मकान, तीन बैल, एक भैंस और एक गाय भी है। उसे अकेले अपने के लिए यह काफ़ी है। निश्चिंत होने के कारण राँड़ का साँड़ हो रहा है। जब देखो मूँछ पर हाथ। इतना लंबा-चौड़ा जवान होकर बेचारी निर्बल लड़कियों पर आवाज़ें कसते हुए शर्म नहीं आती। मैं तो कहूँगी कि सभी पुरुष परले दर्जे के गुंडे और पाजी होते हैं। जब कभी पानी का घड़ा कुएँ से उठाकर लाती हूँ तो कैसे भद्दे स्वर से गाता है–

निक्का घड़ा चक लछिए !

तेरे लक नूँ जरब न आवे।

निक्का घड़ा चक लछिए !

(हे युवती, तू छोटा घड़ा उठाया कर। मुझे भय है कि कहीं तेरी पतली कमर में बल न आ जाए।)

'बापू का विचार है कि मैं उससे विवाह कर लूँ, मगर ऐसे लफंगे के साथ विवाह क्या करूँ ? माना कि फुम्मनसिंह की भाँति उसने कभी हाथ नहीं लगाया, मगर इस तरह नवयुवतियों को सुना-सुनाकर गाना भी तो भले आदमियों का काम नहीं।'

उस समय जीतकौर को रह-रहकर विचार आता था कि काश ! वाह गुरू अकाल पुरख उसे शांति देता, तो वह इन दिलफेंक प्रेमियों को ईंट का जवाब पत्थर से देती।

चलते-चलते वह रुक गई। सामने गन्ने के खेतों के पास ही हरा-भरा साग का खेत था। लेकिन वह खेत था तारासिंह का। उसने इधर-उधर देखा। पशुओं को बाँधने का मकान खाली मालूम होता था। रहट चल रहा था और पास ही बैल बँधा था।

उसने जब अच्छी तरह देख लिया कि कोई निकट नहीं है, तो वह चुपके से खेत में सिमट-सिमटाकर बैठ गई और जल्दी-जल्दी साग तोड़ने लगी। सहसा एक आवाज़ सुनकर सहमी और सिर ऊपर उठाया तो देखा, दूर गन्ने के खेतों से तारासिंह हाथ में फावड़ा लिए उच्च स्वर में गालियाँ देता चला आ रहा है। उसके शरीर में सनसनी-सी उत्पन्न हुई और वह साग वहीं फेंककर जल्दी-जल्दी दूसरी ओर को चल दी। इतने में तारासिंह वहाँ आ पहुँचा। उसने तोड़ा हुआ साग हाथ में उठाकर देखा और उसकी ओर लपका। इधर उसके छोटे-छोटे फटे स्लीपर हरी घास पर बार-बार फिसलते थे। यह देखकर कि तारासिंह उसको पकड़ना ही चाहता है, वह भाग खड़ी हुई। तारासिंह भी दौड़ा। थोड़ी ही दौड़ में तारासिंह ने उसे जा दबोचा और उसकी कलाई को मज़बूती से पकड़कर बोला, "क्यों री जीतो ! हमसे यह चालाकी ? रोज़ तू ही साग चुराकर ले जाती थी न ? आज मैं भी इसी ताक में बैठा था।"

जीतो रोती हुई और उसकी कड़ी पकड़ से हाथ छुड़ाने की चेष्टा करती हुई बोली, "मैं तो तेरे खेत में पहले कभी नहीं आई··· छोड़ मुझे।"

"कभी नहीं आई थी···" तारासिंह दाँत पीसते हुए बोला, "चल, आज मैं तुझे चखाता हूँ मज़ा।"

तारासिंह उसे घसीटता हुआ कच्चे मकान की ओर ले गया और दरवाज़ा खोलकर उसे ज़ोर से अंदर ढकेल दिया। वह भैंस के ऊपर गिरने से बाल-बाल बची। उसकी एक चूड़ी भी टूट गई। चूड़ी को टूटते देखकर उससे सहन न हो सका। चिल्लाकर बोली, "तूने मेरी चूड़ी तोड़ दी, मैंने कैसे चाव से मेले में ली थी।"

उसका स्वर भर्रा गया और वह टूटी हुई चूड़ी को देख-देखकर रोने लगी।

अब तारा नर्म पड गया। उसे दुख भी हुआ। सहसा उसकी दृष्टि जीतो की कलाई पर पड़ी जिसमें से चूड़ी का टुकड़ा चुभ जाने से खून बह रहा था। वह एकदम आगे बढ़ा, "ओहो ! जीतो, तुम्हारी कलाई से खून बह रहा है, लाओ ···"

"हट।" जीतो ने दो क़दम पीछे हटकर कहा—"बदमाश ··· कलमुँहा, ··· मुश्टंडा ···"

तारा ग़ालियाँ खाकर चुप हो गया। उसे यह पता नहीं था कि बात का बतंगड़ बन जाएगा। वह तो क्षण भर के लिए जीतो को परेशान करना चाहता था, क्योंकि उसे तंग करने में उसे आनंद आता था। उसका यह उद्देश्य कभी न था कि जीतो की कोई हानि हो या वह उसे कोई शारीरिक कष्ट पहुँचाए।

जीतो दीवार के पास खड़ी चुपके-चुपके रो रही थी और तारा अपनी गर्दन खुजला रहा था। उसके मन में दया के भाव उत्पन्न हो चुके थे, पर वह सहानुभूति नहीं प्रकट कर सकता था। क्षण भर के बाद वह बाहर निकल आया और द्वार बंद करके खेतों की ओर चला गया।

थोड़ी देर बाद तारा सरसों का बढ़िया साग लिए सहन में आया। जीतो ने आँख उठाकर उसकी ओर देखा। उसकी भीगी-भीगी लंबी पलकों को देखकर तारा के हृदय में हूक-सी उठी। उसे अपने किए पर बड़ा दुख हो रहा था। वह झिझकता हुआ आगे बढ़ा और साग का गट्ठा आगे बढ़ाते हुए बोला, "जीतो ! अब तुम घर जाओ, लो यह साग।"

जीतो पहले ही भरी बैठी थी। उसने झपटकर साग लिया और उलटा उसके मुँह पर दे मारा। सारा साग बिखरकर जमीन पर गिर पड़ा और दो-चार पत्ते तारा की छोटी-छोटी दाढ़ी में घुसकर रह गए। तारा मुँह से कुछ न बोला और झुककर फिर साग चुनने लगा।

जीतो जल्दी से बाहर निकल आई। तारा भी साग लिए पीछे-पीछे लपका। जीतो पानी की नाली लाँघने लगी, तो उसका पाँव ज़मीन में धँस गया, क्योंकि ज़मीन नमी के क़ारण नर्म हो रही थी। उसने पाँव बाहर खींच लिया, लेकिन

स्लीपर फँसा रह गया। तारा ने बढ़कर जल्दी से स्लीपर बाहर खींच लिया, और कहने लगा, "तुम ठहरो, मैं अभी धोए देता हूँ।"

नाली के किनारे कपड़े धोने की सिल पड़ी थी। जीतो उस पर मुँह फुलाकर बैठ गई और तारा पानी की धारा में पहले साग धोने लगा। वह अब कोई संधिवार्ता करना चाहता था। धीमे स्वर में, अपनी समझ में बहुत नर्म स्वर में उससे कहना शुरू किया, "जीतो ! यह भैंस तो अब दो कौड़ी की भी नहीं रही। तीन सेर, केवल तीन सेर दूध देती है। भला ऐसी भैंस रखने से क्या लाभ ?—एक भूरी भैंस मेरी नज़र में है, कम से कम सोलह सेर दूध देनेवाली। दाम अधिक है, मगर कुछ हर्ज नहीं। मुझे भैंस रखने का बहुत शौक है। मैंने एक सौ पचपन रुपये जमा किए हैं—बड़ी कठिनाई से। उस भैंस को अवश्य खरीदूँगा। ऐसी मरियल भैंस रखने से क्या लाभ ? ऐसी भैंस ···"

तारा को ये बातें बिल्कुल अर्थहीन-सी लग रही थीं। उसे इतना भी साहस न होता था कि दृष्टि उठाकर जीतो की ओर देख ले। उसने साग धोकर एक ओर रख दिया और अब टूटी हुई स्लीपर धोने लगा। एक और बात सूझी, बोला, "और हाँ, तुम वरयाम को तो जानती ही हो, बहुत ही खोटा आदमी है। एक दिन क्या देखता हूँ कि चन्नन के कान ऐंठ रहा है। मैंने कारण पूछा तो कुछ डर गया। कहने लगा कि इसने खेत से एक खरबूजा चुराया था। मैंने चन्नन को उसके हाथ से छुड़ाया। बेचारा चिड़िया की तरह सहमा हुआ था और फिर मैंने वरयाम की गर्दन पर धप दिए और कहा, तू इतनी-सी बात पर बच्चे को मारे डाल रहा है। खबरदार ! फिर कभी इसे हाथ लगाया तो ··· जानता नहीं चन्नन किसका भाई है ?"

यह कहकर तारा चुप हो गया और उसने कनखियों से जीतो की ओर देखा। परंतु वह अभी तक मुँह फुलाए चुपचाप अपने कबूतरों के-से सफ़ेद-सफ़ेद पैरों को ठीकरी से रगड़-रगड़कर धो रही थी। तारा उठा और स्लीपर उसके पाँवों के पास रख दिए और साग उसकी झोली में डाल दिया। वह उपेक्षा से उठी और इठलाती हुई चल दी। वह समीप के मार्ग से जल्दी से पहुँचना चाहती थी, क्योंकि अब अँधेरा हो चला था। मगर रास्ता ख़राब था; खेतों में पानी भरा था और मेंड़ बहुत कम चौड़ी थी। जीतो ने स्लीपर हाथ में लेकर बजाय मेंड़ के, पानी में से होकर जाने की ठानी। तारा जल्दी से आगे बढ़ा और उसका हाथ थामकर बोला, "तुम स्लीपर पहनकर मेंड़ पर चली चलो, क्योंकि पानी के अंदर काँटेदार झाड़ियाँ हैं ··· मैं आगे तुमको सहारा दिए रहूँगा।"

जीतो ने झटके से हाथ छुड़ा लिया और कहने लगी, "तुम लोगों को लाज नहीं आती, तुम लोग हर एक काम बुरी नीयत से करते हो। मगर मैंने अब निश्चय कर लिया है कि तुम लोगों की इस प्रकार की धृष्टता चुपके से न सहूँगी।"

यह 'बुरी नीयत' शब्द सुनकर तारा ने अपनी सफ़ाई पेश करनी चाही मगर जीतो चमककर बोली, "और आज मैं तुम्हें सावधान किए देती हूँ कि भविष्य में मुझे हाथ लगाने का साहस कभी न करना, नहीं तो हाथ तोड़ दूँगी।"

तारा ने पहले उसके नर्म और कोमल, नन्हे-मुन्ने हाथों को देखा, फिर अपने भारी-भरकम, मैले-कुचैले और खुरदुरे हाथों पर दृष्टि डाली और तब उसके होंठों पर हल्की-सी मुसकान नाच उठी।

जीतो को उसकी यह हरकत देखकर ज़हर-सा चढ़ गया और उसने आव देखा न ताव, तड़ाक से स्लीपर उसके मुँह पर दे मारा।

"जीतो !" तारा एकाएक सिंह की भाँति क्रोध में गरजा, लेकिन फिर न जाने क्या सोचकर चुप हो गया।

कुछ देर के लिए दोनों ओर सन्नाटा-सा रहा, फिर जीतो बेपरवाही से शलवार उठाकर पानी में चल दी। स्लीपर की एक कील थोड़ी बाहर निकली हुई थी जिसके कारण तारा का माथा छिल गया और खून बहने लगा। मगर वह खून की कुछ भी परवाह किए बिना जीतो के आगे-आगे चल रहा था। मार्ग में जो काँटेदार झाड़ी होती उसे अपने फावड़े के एक वार से उखाड़कर जीतो का मार्ग साफ़ कर देता। जब यह जलमार्ग समाप्त हो गया, तो तारा ने बढ़कर काँटेदार झाड़ी में से रास्ता बना दिया और स्वयं ठहर गया। जीतो ने एक क्षण के लिए उसके खून से तर कुर्ते की ओर देखा और फिर चुपचाप घर की ओर चल दी।

अँधेरे में उसने घर का द्वार खोला।

एक ओर दीया जल रहा था। बापू गँडासे से ज्वार काटने में व्यस्त था और चन्नन कैंची से काग़ज़ के फूल काट रहा था।

जीतो अंदर गई तो बापू ने एक बार सिर उठाया और फिर झुक गया। चन्नन ने एक बार कहा, "बहन आ गई।" और फिर अपने काम में लग गया।

उसने कोने में से कपास की सूखी छड़ियाँ उठाईं और उन्हें तोड़कर चूल्हे में रखा और ऊपर उपले रखकर आग जलाई। फिर मिट्टी की हँडिया में साग पकने के लिए रख दिया।

बापू धीरे से बोला, "आज नंबरदार और सिपाही फिर आए थे।"

वह सबकुछ समझ गई। उसके हाथ रुक गए। वह कल्पनालोक में विचरण करने लगी। उसे विनाश और बदनामी नाचती हुई दिखाई दे रही थी। उसने ठंडी साँस लेकर सिर झुका लिया और कुछ व्याकुलता से उठकर आटा लेकर तंदूर पर रोटी पकाने चली गई।

रोटी खाते समय बापू ने बताया कि सिपाही कहता था कि यदि परसों तक रुपये का प्रबंध न हो सका, तो घर की कुर्की करा दी जाएगी।

मनुष्य पर जब विपत्ति आती है, तो एक नहीं बल्कि सैकड़ों विपत्तियाँ बारी-बारी से आक्रमण करके उसको विवश और लाचार बना देती हैं।

आज अंतिम दिन था। सुबह से बाहर गया हुआ बापू दोपहर को घर लौटा। उसके उदास झुर्रीदार चेहरे से साफ़ प्रकट होता था कि रुपए का प्रबंध नहीं हो सका। जीतो की माँ का एक सोने का गहना बचा था जिसके कुल बाईस रुपए मिले थे। बाकी सैंतीस कहाँ से आएँगे ? घर के जानवर बेचने से कुछ रुपया मिल सकता था, मगर उन्हीं से तो रोजी थी। यदि वे बिक गए, तो दाल-रोटी से भी गए। जीतो दोपहर का कार्य समाप्त कर घर से बाहर थोड़ी देर तक खुली हवा में खड़ी रही। नंबरदार अभी तक न आया था, लेकिन उसे आना अवश्य था। और कल सारी दुनिया उनका तमाशा देखेगी।

सामने से काली घटा झूमकर उठी और आकाश पर छा गई।

जीतो गुरुद्वारे की ओर चल दी। यह छोटा-सा गुरुद्वारा गाँव से कोई दो-तीन फर्लांग पर था। इमारत पुरानी थी, दो-तीन कोठरियाँ यात्रियों के लिए बनी थीं और साथ ही एक छोटी-सी वाटिका भी थी।

गुरुद्वारे का कार्य एक पवित्रात्मा के जिम्मे था। जीतो के बापू की उनसे गाढ़ी छनती थी। यह महात्मा जीतो को सिख गुरुओं के पवित्र जीवन की घटनाएँ, उनके बलिदान और त्याग की कथाएँ सुनाया करते थे जिससे जीतो के मन को शांति मिला करती थी। जब वह वहाँ पहुँची, तो मालूम हुआ कि वह महात्मा किसी काम से दूसरे गाँव में गए हुए हैं। उसने कुएँ पर स्नान किया, पवित्र ग्रंथ साहब के आगे सिर झुकाया और बाबा नानक से रो-रोकर इस विपत्ति के टल जाने की प्रार्थना करती रही। फिर उसने चमेली के फूल चुने और चन्नन के लिए माला गूँथने लगी, क्योंकि आज सुबह ही उसने उसको माला देने का पक्का वचन दिया था। इतने में वर्षा आरंभ हो गई। खूब मूसलाधार वर्षा हुई। अंत में जब पानी बंद हुआ और वह सिख महात्मा न

आए तो जीतो ने माला अपने बालों के जूड़े से लपेटी और गाँव की ओर चल दी।

बादल अभी तक छाए हुए थे, प्रकाश धीरे-धीरे कम हो रहा था। वह अभी तक घर से काफ़ी दूर थी कि उसने देखा, एक सिपाही और गाँव का नंबरदार उनके घर से बाहर आ रहे हैं। वह जहाँ थी, वहीं खड़ी रह गई। उसके पाँव जम गए। आख़िर क्या हुआ ? कल ··· हाँ कल ढोल पिट जाएगा ··· वह आगे कुछ न सोच सकी। वह लड़खड़ाते हुए क़दमों से घर की ओर जाने के बजाय और ही किसी ओर चल दी। वह जानती थी कि इस समय उसके वृद्ध बापू की क्या दशा हो रही होगी, मगर उसे साहस न होता था कि वह घर जाए। वह विचित्र परेशानी में चलती गई। न जाने कितनी दूर तक—अंत में उसकी टाँगों ने जवाब दे दिया और वहीं खेत के किनारे बैठ गई।

हम दुख से इतना नहीं घबराते जितना दुख की कल्पना से। वह जानती थी कि इस कष्ट का सामना उसे करना ही पड़ेगा। परंतु वह चाहती थी कि अंधकार छा जाए और वह अंधकार में सबकी दृष्टि से बचकर चुपके से अपने घर में चली जाए। उसकी आँखों के सामने अपने घर का चित्र आ गया, जहाँ उसने बचपन से अब तक अपना जीवन बिताया था और अब वह घर दूसरे का होनेवाला था।

अंधकार छाने लगा। आकाश पर इक्का-दुक्का तारे झिलमिलाने लगे। पशु गाँव को लौट रहे थे। तालाब के किनारे पीले-पीले मेंढक टर्रा रहे थे। झाड़ियों में टिड्डे अपने उच्च स्वर में बोल रहे थे और गिद्ध बेरियों पर बैठे ऊँघ रहे थे।

जीतो ने सिर उठाया। सामने धुंध में तारा का कच्चा घर और रहट दिखाई पड़ रहा था। आज तारा का कुँआ देखकर जीतो पर एक नशा-सा छा गया। पिछली घटना उसकी आँखों के सामने घूम गई, जब वह साग लेने के लिए गई थी। तारा की कटुता, उसकी चूड़ी का टूटना, तारा का पछताना और साग लाकर देना, उसका स्लीपर धोना फिर हाथ लगा देना और स्लीपर खाकर भी सहन करना, उसके रास्ते से काँटे साफ़ करना और उसके माथे से खून का बहना, सब उसकी दृष्टि के सामने फिर गया। वह सोचने लगी कि तारा में लाख दोष सही, पर दिल का बुरा नहीं और आज जब कि उसका हृदय उमड़ा आता था, वह चाहती थी कि कोई उसकी व्यथा सुने। यदि सुननेवाला सहानुभूति के दो शब्द भी कह देगा तो उसके हृदय को संतोष हो जाएगा। मगर ऐसा हमदर्द था कौन ?

तारा के कुएँ की इस समय कैसी शोभा थी। उस समय रहट की रूँ-रूँ और पशुओं की घंटियों की टन्-टन् ने कैसा विचित्र समाँ बाँध रखा था। शिरींह के ऊँचे वृक्ष वायु में झूम रहे थे। हरे-भरे खेत में सफ़ेद घोड़ी घास चर रही थी, गन्नों के खेत के पास कुत्ते खेल रहे थे। वे कभी-कभी दुम हवा में उठाकर विचित्र ढंग से चलते, कभी गुर्राकर एक-दूसरे पर लपकते और फिर इकट्ठे होकर नए-नए खेल खेलने लगते।

जीतो को न जाने क्यों विश्वास होने लगा कि तारा उसका दुखड़ा अवश्य सहानुभूति के साथ सुनेगा। यह सोचकर कि इस प्रकार समय भी कट जाएगा और उसके हृदय का बोझ भी हल्का हो जाएगा, वह कुएँ की ओर चल दी। मदार के पेड़ों और काँटेदार झाड़ियों में होती हुई वह कुँए पर गई। हरी-हरी घास की सोंधी-सोंधी सुगंध आ रही थी। जीतो ने इधर-उधर तारा को देखा, मगर वह दिखाई न पड़ा। वह दरवाज़े की ओर बढ़ी, कुछ ठिठकी, ठिठककर बढ़ी और धीरे से कुंडी खटखटाई।

"कौन है ?" अंदर से तारा ने कड़े स्वर में पूछा।

जीतो चुप रही।

"अरे भई कौन है ? चले आओ। दरवाज़ा खुला है।"

जीतो ने धीरे से द्वार खोल दिया।

तारा उसे देखते ही उछल पड़ा, "आओ जीतो ! तुम कैसे रास्ता भूल पड़ीं ?"

उससे कुछ जवाब न बन पड़ा। उसने तारा की ओर दबी-दबी दृष्टि से देखा। वह पीढ़ी पर बैठा गन्ना चूस रहा था। जीतो धीरे से बोली, "यूँ ही इधर आई थी, सोचा कि माँ से मिलती जाऊँ।"

"माँ ! माँ तो कुएँ पर बहुत कम आती है। आती भी है तो दिन को। इस समय घर पर ही रहती है।"

वह जानती थी कि तारा की माँ कुएँ पर नहीं रहती, गाँव में रहती है। वह लौटने लगी, तो तारा ने डरते-डरते पीढ़ी अपने नीचे से निकालकर उसकी ओर ढकेल दी और झिझकते हुए बोला, "जीतो ! अब आई हो तो बैठो ··· अगर तुम्हें जल्दी न हो तो बैठो, साग ले जाओ, चन्नन के लिए गन्ने लेती जाना। गन्ने बहुत मीठे हैं।"

जीतो पीढ़ी लेकर अँधेरे कोने में बैठ गई।

तारा ने टाट पर बैठते हुए पूछा, "आज तो वर्षा अच्छी हो गई है। हवा मज़े की चल रही है ··· क्या तुम शर्बत पियोगी ? गुड़ बहुत बढ़िया रखा है।"

"नहीं, प्यास नहीं है इस वक़्त।"

"अच्छा, कोई हर्ज नहीं, तुम गुड़ घर ले जाना और शर्बत बनाकर देखना।"

"अच्छा।"

"मैंने चन्नन से कहा था कि गन्ने ले जाए, मगर वह आज तो आया नहीं। उसे यहीं भेज दिया करो, रास्ता जानता ही है। रस पी जाया करेगा, और यह हमारे पिछवाड़े बेर लगे हुए हैं—लाल-लाल, बहुत मीठे। मैं तो इधर-उधर के छोकरों को तोड़ने नहीं देता। मैं कहता हूँ कि चन्नन आए तो खाए। आख़िर बच्चा है न, उसे बेर बहुत भाते हैं। जब हम-तुम छोटे थे, याद है न, हम भी बेर खाने जाया करते थे।"

"क्यों तारा ! तुम्हारे गन्ने तो खूब हुए हैं अबकी।" जीतो ने बात का रुख़ बदलकर कहा।

"हाँ, सब वाह गुरू अकाल पुरख की कृपा है।"

वह चुप रही।

"कहो तो बाहर से गन्ना ला दूँ ?"

"नहीं तारा, मेरा जी नहीं चाहता।"

अब फिर कुछ देर के लिए सन्नाटा रहा। तारा उसके मौन का कारण जानना चाहता था। फिर बहुत सावधानी से कहने लगा, "जीतो, मुझे वास्तव में डर लगता है कुछ कहते हुए ··· कहीं ··· कहीं तुम बिगड़ न जाओ। आख़िर बताओ न, तुम आज इतनी चुप क्यों हो ? क्या कोई ख़ास बात है ?"

ये सहानुभूतिपूर्ण शब्द सुनकर जीतो की आँखों में आँसू आ गए, मगर अंधकार के कारण तारा उन्हें देख न सका। परंतु वह अपने भर्राए हुए स्वर को न छिपा सकी, "नहीं तारा ··· तुम्हें क्या बताऊँ ···"

तारा के चेहरे पर क्रोध के चिह्न प्रकट होने लगे, आँखें चमकने लगीं। वह कड़े स्वर में बोला, "फुम्मनसिंह ने तो कोई दुष्टता नहीं की ? बता दो जीतो, वह देख सामने कृपाण लटकी हुई है। मैंने आज ही तेज़ की है। मैं फुम्मन के विषय में थोड़ा बहुत जानता हूँ मगर अब उसकी मौत दूर नहीं। यह कृपाण उसी का खून पीने के लिए रखी है ···"

"नहीं तारा !" जीतो हाथ उठाकर बोली, "यह बात नहीं, यह बात बिलकुल नहीं ··· मैं बताती हूँ, तुमसे कुछ छिपा नहीं ··· असल बात यह है कि ···"

दरवाज़ा धीरे से खुला। तारा चीते की भाँति चौकन्ना हो गया और उसका

हाथ तुरंत ही पास पड़ी कुल्हाड़ी पर जा पड़ा। जीतो ने चौंककर दरवाज़े की ओर देखा।

"क्या मेरी बहन यहाँ है ?" चन्नन ने धीरे से दरवाज़े में से सिर निकालकर तारा से पूछा।

तारा ने इत्मीनान की साँस ली और कुल्हाड़ी पीछे की ओर सरका दी। "चाँद, आ जाओ, मैं यहाँ हूँ।"

चन्नन दौड़कर आया और अपनी बहन की गोद में चढ़ बैठा। "ढूँढ़ लिया न तुम्हें, मैं तुम्हें बड़ी देर से ढूँढ़ रहा हूँ। फिर मैंने सोचा कि बहन ज़रूर मेरे लिए बेर लेने के लिए तारा के कुएँ पर गई होगी।"

जीतो उसके माथे पर से बाल हटाते हुए बोली, "क्यों रे, तुझे डर नहीं लगा अँधेरे में ?"

"नहीं।"

तारा बोला, "वाह, भला शेरों के बच्चों को भी कभी डर लगता है।"

चन्नन ने तारा की ओर देखकर कहा, "अच्छा तुमने कहा था कि गन्ने देंगे, लाओ अब ··· मैं तो बहुत से लूँगा।"

"आओ, जितने चाहो लो।"

"अच्छा, लाओ दो।" यह कहकर वह गोदी से उतरने लगा मगर फिर रुक गया। "ज़रा ठहरो, एक बात है, तुम्हें नहीं बताएँगे।"

फिर बहन के कान में कहने लगा, "हमें एक पैसा दो, तुमने कहा था।"

"घर पर लेना।"

चन्नन कंधा पकड़कर हिलाते हुए हठ करने लगा, "अभी दो।"

"तुम बहुत अच्छे हो चन्नन।" जीतो ने चुमकारते हुए कहा, "इस वक़्त हैं नहीं।"

"तो तारा से ले दो।"

"उसके पास भी नहीं हैं।"

"हैं क्यों नहीं ··· आज जब तुम बाहर चली गई थीं, तो तारा हमारे घर आया था और बापू को उसने छन-छन करके बहुत से रुपए गिन दिए।"

"चन्नन !" जीतो आश्चर्य से बोली।

लेकिन चन्नन अपनी ही धुन में था, "मगर मैं तो कहता हूँ कि बापू ने बुरा किया। उसने शाम को सब रुपया नंबरदार को दे दिया ··· "

जीतो के आश्चर्य की सीमा न रही।

"मगर यह तुमसे किसने कहा ?"

"किसने कहा ?" चन्नन चीख़कर बोला, "मैंने खुद देखा, अच्छा अब बताओ, तारा से पैसा ले लूँ ?"

"तुमने खुद देखा !" कहकर वह चुपचाप हवा में ताकने लगी। एक बड़े तूफ़ान और आँधी के बाद मानो एकाएक बादल फट गए। वायु स्थिर हो गई और चारों ओर शांति छा गई। उसके मस्तिष्क की चिंताएँ दूर हो गईं। उसके हृदय पर से एक भार-सा हट गया। इस तल्लीनता में जीतो को पता ही न चला कि कब चन्नन ने तारा से पैसा लिया और कब वह कुएँ पर से गन्ने के लिए बाहर दौड़ गया और कब तारा अपनी जगह से उठकर भैंस के पास जा खड़ा हुआ। इस आनन्दमिश्रित तल्लीनता में जीतो को तारा का ध्यान आया। वह संसार में उसका सच्चा सहायक था। कितना सज्जन, इतनी देर तक बातें करने पर भी उसने रुपयों की किसी प्रकार की चर्चा नहीं की, न कोई संकेत ही किया। वे रुपए उसने किस-किस कठिनाई से जमा किए थे। मगर उसने अपनी निजी इच्छा पर उसकी आवश्यकता को तरजीह दी।

तारा का ध्यान आते ही उसकी सूरत उसकी आँखों के सामने आ खड़ी हुई। जब उसने तारा से कहा था कि वह प्रत्येक काम 'बुरी नीयत' से करता है। ये कैसे स्वार्थपूर्ण और अर्थहीन शब्द थे, वह उसका घायल माथा, वह बहता हुआ खून, वह उसकी सहनशीलता—जीतो चौंकी और उसकी आँखें तारा को ढूँढ़ने लगीं जो कि उसकी ओर पीठ किए भैंस के पास खड़ा था। जीतो उसके पास जाकर धीरे से बोली, "तारा !"

वह चुप रहा।

"मेरी तरफ़ देखो, तारू !"

तारा ने देखा कि जीतो की बड़ी-बड़ी आँखों में आँसू डबडबा रहे हैं।

वह अपने भारी स्वर में बोला, "रोती क्यों हो जीतो, मैं तो हर समय इसी कोशिश में रहता हूँ कि तुम्हारे किसी काम आ सकूँ। मुझे अपनी उस दिन की हरकत पर बहुत दुख है।"

जीतो ने धीरे से अपना हाथ उसके माथे पर रख दिया—जिस जगह उसके अभागे हाथों ने स्लीपर मारा था। फिर धीरे से कहने लगी, "तारू ! अब मैं जाती हूँ। मैं फिर आऊँगी, अब तुम आराम करो। हाँ, मैं आऊँगी।"

यह कहकर वह पीढ़ी के पास वापस आई और स्लीपर पहनकर लौटी, तो देखा कि तारा रास्ता रोके दरवाज़े के आगे खड़ा है। वह मुस्कुराकर अपने कड़े स्वर में बोला, "जीतो ! आज फिर मेरी नीयत खराब हो रही है, आज फिर दंड दो।"

जीतो ने झेंपकर एक उचटती हुई नज़र तारा पर डाली, और फिर शरीर चुराती हुई उसकी ओर बढ़ी। अपने जूड़े से चमेली का हार खोला और कुछ मुस्कुराकर और कुछ लजाते हुए वह हार उसके गले में डाल दिया।

तारा ने रास्ते से हटकर द्वार खोल दिया। आगे चन्नन गन्ने लिए भागा जा रहा था। जीतो ने गन्ने थाम लिए और उसे गोद में उठा लिया। गोबर और कीचड़ से पाँव बचाती हुई वह चल दी। चन्नन उसके गले में बाँहें डालकर कहने लगा, "बहन, तारा मुझे बहुत अच्छा लगता है, तुम्हें कैसा लगता है ?"

जीतो मन ही मन लजा गई। उसने इधर-उधर देखकर कि कहीं कोई सुन तो नहीं रहा, जवाब दिया, "हाँ चन्नन ! तारू मुझे भी ··· तारू बहुत अच्छा आदमी है।"

जीतो को अब भी तारा के गाने की भारी बेसुरी आवाज़ सुनाई दे रही थी—

निक्का घड़ा चक लछिए !
तेरे लक नूँ ज़रब न आवे,
निक्का घड़ा चक लछिए।

जग्गा

माझा के इलाके में भीकन एक छोटा-सा और अप्रसिद्ध गाँव था। मुश्किल से सौ घर होंगे। अधिकतर सिखों की आबादी थी। यहाँ की एक बात विचित्र थी। वह यह कि समय-समय पर यहाँ कोई असाधारण सुंदर लड़की जन्म लेती और उसके जवान होने पर उसके साथ किसी नवयुवक के प्रेम की कहानी इतनी प्रसिद्ध होती कि ससी-प्रन्नू, सोहनी-महिवाल और हीर-राँझा की कथा भी फीकी पड़ जाती थी। अबकी गुरनाम कौर की बारी थी।

गुरनाम के सौंदर्य ने आस-पास की बस्तियों के नवयुवकों में एक हलचल-सी मचा दी थी। वह बिल्कुल गुड़िया-सी थी। चाल ऐसी कोमल कि धरती पर पदचिह्न न पड़ते। मदभरी आँखें ऐसे पाप की ओर आमंत्रित करती थीं कि जिससे अच्छे पुण्य की भी कल्पना नहीं की जा सकती थी। लेकिन वह अबोध थी, जवानी आ रही थी और अभी वह नवयुवकों के इशारों का मतलब नहीं समझती थी। वह हर किसी से मुस्कुराकर बात कर लेती थी, अभी उसे अपने रूप का अभिमान न हुआ था। इसीलिए वह जिस व्यक्ति से भी मुस्कुराकर बात कर लेती थी वह यही समझता था कि गुरनाम उससे प्रेम करती है।

शृंगारासिंह ने तो एक बार एलानिया नवयुवकों के मजमे में खड़े होकर कह दिया था कि वह गुरनाम को भगा ले जाएगा। उसी समय दिलीपसिंह उधर से निकला तो दूसरों ने उसे समझाया कि देखो दिलीपसिंह भी गुरनाम के प्रेमियों में गिना जाता है, वह सुन लेगा तो स्थिति खतरनाक रूप धारण कर लेगी। इस पर शृंगारासिंह ने ज़ोर से ठट्ठा लगाया और दिलीप के पीछे खड़े होकर बकरा (किसी का मज़ाक उड़ाने के लिए मुँह पर हाथ रखकर 'भक भक' की आवाज़ निकालने को बकरा बुलाना कहते हैं) बुला दिया। इस पर दिलीप सिंह की आँखों में खून उतर आया। उसने क्रोध से शृंगारा की ओर देखा और कड़ककर बोला, "तूने बकरा क्यों बुलाया ?"

शृंगारा ने तहमद कस लिया और ताल ठोंककर मुकाबला करने आ खड़ा

हुआ। दिलीप की आँखों से आग बरस रही थी। करीब था कि दोनों नवयुवक आपस में गुत्थमगुत्था हो जाएँ कि लोगों ने बीच-बचाव कर दिया ··· लेकिन कहाँ तक ? एक दिन खूनी पुल पर दोनों का सामना हो गया। दिलीप का टखना उतर गया और दिलीप की लाठी के एक वार से शृंगारा का जबड़ा टूट गया। जान तो बच गई पर सूरत बिगड़ गई। उस दिन से सबके कान खड़े हो गए और लोगों को मालूम हो गया कि दिलीप के जीते-जी गुरनाम के प्रेम का दावा करना आसान बात नहीं।

रात भीग चुकी थी। चाँद जवानी पर था। गाँव पर एक रहस्यमय सन्नाटा छाया था। कभी-कभी कुत्तों के भौंकने की आवाज़ आ जाती या जंगली बिल्ले की म्याऊँ-म्याऊँ की, जो उस समय रहट की चर्खी के पास बैठा दुम हिलाते हुए चिल्ला रहा था।

यह रहट कूड़े के ढेर के पास गाँव के बाहर की ओर था। वहीं पर पीपल का एक बड़ा और घना वृक्ष था। चूँकि बैलों को हाँकनेवाला कोई था नहीं इसलिए जब उनका मन चाहता वे चलते और जब जी चाहता खड़े हो जाते। इस समय भी चुपचाप खड़े सींग हिला रहे थे।

इतने में एक साँडनी-सवार सिख युवक पीपल के नीचे आकर रुका। उसने साँडनी को बैठाना चाहा तो पहले वह ज़रा बिलबिलाकर मचली और फिर धम से बैठ गई। पंजाब के देहातों के लिए छः फुट ऊँचा जवान कोई असाधारण चीज़ नहीं, पर इस युवक के कंधे मामूली से अधिक चौड़े थे। हाथों और चेहरे की रगें उभरी हुईं, आँखें लाल अंगारे, नाक जैसे तोते की चोंच, रंग काला, चौड़े और मज़बूत जबड़े, सिर ऐसा दिखता था मानो गर्दन से तराशकर बनाया गया हो, जूड़े पर रंग-बिरंगी जाली, जिसमें से तीन बड़े-बड़े फुँदने निकलकर उसकी दाढ़ी के पास लटक रहे थे, कानों में बड़े-बड़े मुँदरे, काले रंग की छोटी-सी पगड़ी के दो-तीन बल सिर पर, बदन पर लंबा कुर्ता और मूँगिया रंग की धारीदार तहमद जो उसकी एड़ियों तक लटक रही थी, गले का तसमा खुला हुआ और उसकी छाती पर घने काले बाल और हाथ में एक तेज़ और चमकदार छवि (एक तेज़ टेढ़ा हथियार जो लाठी के सिरे पर चढ़ा लिया जाता है)।

आते ही उसने बैलों को दुत्कारा और वे चलने लगे। उसने जूते उतारे, तहमद को ऊपर उठाया और अपने मोटे कड़े को पीछे हटा पानी की झाल की ओर बढ़ा। पहले उसने मुँह-हाथ धोया, ज़ोर से खाँसा और फिर पानी पीने लगा।

जब वह पगड़ी के शमले से मुँह पोंछने लगा तो एक तरुणी को देखकर

ठिठक गया। लड़की ने पानी भरने के लिए घड़ा झाल के नीचे किया। उसकी गोरी कलाई पर की काली-काली चूड़ियाँ एक 'छन्न' के शब्द के साथ इकट्ठी हो गईं। गुलाबी रंग की शलवार, छींट का घुटनों तक लंबा कुर्ता, सिर पर धानी रंग की हल्की-फुल्की ओढ़नी, कानों में छोटी-छोटी बालियाँ। जब उसने अपना कोमल अधर दाँतों तले दबाया, घड़े को एक झटके के साथ उठा कूल्हे पर रखा तो उसकी कमर में एक आकर्षक-सा झुकाव पैदा होकर रह गया।

युवक ने पहले एक पाँव औलू (जहाँ पानी गिरता है) से बाहर निकाला और उसे झटककर जूता पहन लिया। तब वह अपनी छवि हाथ में लिए हुए अरुड़ी पर, जहाँ मुर्गी के बहुत से सफ़ेद पर पड़े थे, खड़ा हो गया। पास ही किसी के घर की कच्ची दीवार थी, जिस पर उपले रखे थे। जब तरुणी दीवार के निकट से निकलने लगी तो पुरुष ने छवि से एक उपला नीचे गिरा दिया जो उस युवती के पास ही जाकर गिरा। उस समय अजनबी पुरुष ने उसके पाँव देखे। ऐसे थे वे पाँव मानो सफ़ेद्र-सफ़ेद कबूतर। तलुवों की हल्की गुलाबी रंगत ऐसी मालूम होती थी मानो वे पाँव अभी गुलाब की कलियों को रौंदकर चले आ रहे हों।

लड़की ने अपनी लंबी-काली पलकें उठाकर उसकी ओर देखा, शायद उसने उसे सिर्फ़ एक पथिक समझा था, मगर उसकी डरावनी सूरत देखकर उसकी बड़ी-बड़ी सुरमा लगी आँखों में भय की छाया दिखाई पड़ने लगी। पुरुष ने भारी-भरकम और कड़े स्वर में पूछा, "तू कौन है ?"

लड़की की दृष्टि पुरुष के चेहरे पर जमी हुई थी। यह पहला अवसर था कि किसी पुरुष ने उसे इस बेमुरव्वती से संबोधित किया था। उसके लाल-लाल कोमल अधर फड़कने लगे, मानो किसी ने उन पर लाल मिर्चें छिड़क दी हों। मगर पुरुष असाधारण तौर पर भयावना था। पुरुष ने उसी स्वर में अपना सवाल दोहराया, "तू कौन है ?"

लड़की समझ न सकी कि इस बात का क्या उत्तर दे। उसने अपनी पतली और लाल-लाल उँगली उठाकर इशारा करते हुए जवाब दिया, "मैं वहाँ, उस घर में रहती हूँ।"

पुरुष ने चुभती हुई दृष्टि से उसकी ओर देखा और अपने चौड़े कंधों को हिलाते हुए बोला, "तेरा नाम क्या है ?"

लड़की की आँखें आँसू से भर गईं। बोली, "गुरनाम !"

"तू वहाँ किसके साथ रहती है ?"

"मेरी माँ है, भाई, बाप, दादा सभी रहते हैं।"

"मुझे अपने घर ले चल।" पुरुष ने उसके साथ-साथ क़दम बढ़ाते हुए कहा।

"मुझे तुमसे डर लगता है।"

पुरुष के माथे पर बहुत से बल पड़ गए। उसने अपनी दुल्हन की तरह सजी हुई साँडनी की नकेल पकड़कर अपने विचार से ज़रा नर्म स्वर में पूछा, "क्यों, क्या तुम लोग सिख नहीं हो ?"

लड़की का चेहरा कानों तक लाल हो गया, "लेकिन मुझे तुमसे डर लगता है।"

"क्यों ?" पुरुष ने उजड्डपने से आग्रह करते हुए पूछा।

लड़की ने क्षण भर के लिए उसकी चमकदार आँखों की ओर देखा, फिर बोली, "तुम हँसते क्यों नहीं ?"

"अरे यह बात !" यह कहकर अजनबी ने एक भयानक ठहाका लगाया। मानो कोई पानी से भरा मटका ज़मीन पर उँडेल दिया जाए। उसका ठहाका सुनकर कई चमगादड़ें अपना स्थान छोड़कर उड़ गईं।

गुरनाम का घर गाँव से बाहर धरेक के वृक्षों के झुंड के पास था और दूर से दिखाई देता था।

दरवाज़े के सामने पहुँचकर अजनबी रुक गया और गुरनाम ने अंदर से बापू और भाई को बाहर भेजा। उनको देखते ही अजनबी ने उच्च स्वर में कहा, "वाह गुरूजी का खालसा, श्री वाह गुरूजी की फ़तह।"

"वाह गुरूजी का खालसा, श्री वाह गुरूजी की फ़तह।"

आगंतुक निस्संकोच बोला, "मैं दूर से आ रहा हूँ। रात अधिक बीत चुकी है, मैं आज यहीं ठहरूँगा।"

बापू दराँती अपने पोते के हाथ में देकर अजनबी के मुँह की ओर देखने लगा। वह बहुत सभ्य और सुसंस्कृत व्यक्ति था परंतु आगंतुक की भयानक सूरत उसे आश्चर्य में डाले हुए थी। ख़ैर, उसने स्वीकृति प्रकट करते हुए जवाब दिया, "मैं हर तरह से सेवा के…"

इसके पहले कि वह अपना वाक्य पूरा करता, आगंतुक साँडनी लड़के को सौंपकर दरवाज़े के अंदर दाख़िल हो चुका था।

यद्यपि घर के कुल सामान पर गरीबी की छाप थी मगर गोबर से लिपी हुई कच्ची दीवारें इस बात का प्रमाण दे रही थीं कि घर की स्त्रियाँ आलसी या आरामपसंद कदापि नहीं हैं। घर के बाकी सब व्यक्ति विवाह वाले घर गए

थे, केवल चार ही सदस्य घर में उपस्थित थे।

ड्योढ़ी से निकलकर अजनबी सेहन में दाख़िल हो गया। एक बच्चा छाती से गुल्ली-डंडा चिपकाए सो रहा था। सेहन पशुओं के मल-मूत्र से अटा पड़ा था। एक ओर नाँद के पास भैंस खड़ी जुगाली कर रही थी। भूसे और खली की सानी की गंध चारों ओर फैली हुई थी। रस्सी पर मैले-कुचैले कपड़े लटक रहे थे। एक ओर खरास (बैलों से चलनेवाली चक्की), दूसरी ओर तंदूर और पास ही दीवार से टिका हुआ छकड़े का पहिया, बड़े-बड़े उपले, कोने में कपास की छड़ियाँ, चूल्हे के पास जूठे बर्तनों का ढेर। एक कमरे में सफ़ेद-सफ़ेद चमकते हुए बर्तन दिखाई दे रहे थे। साथ ही तागे में पिरोए हुए शलजम के टुकड़े सूखने के लिए लटक रहे थे।

सेहन से गुज़रकर बूढ़ा बापू अजनबी को दरवाज़े से बाहर छप्पर के नीचे ले गया। थोड़ी-सी जगह के तीनों ओर कच्ची दीवार उठा दी गई थी। सूखे हुए उपले, जो जलाने के काम आ सकते, इसी जगह रखे जाते थे। यहाँ पर एक चारपाई डाल दी गई। चारखानोंवाला एक खेस और अजनबी के दिल की तरह कठोर एक तकिया उस पर रख दिया गया।

गुरनाम ने कपास की छड़ियों का एक गट्ठा तंदूर में फेंका और स्वयं आटा गूँधने लगी। जिस समय वह तंदूर में रोटियाँ लगाने लगी तो उसकी ओढ़नी सिर से खिसक गई। उसकी लंबी चोटी के रंग-बिरंगे फुँदने उसकी पिंडलियों तक लटक रहे थे। दहकते हुए तंदूर की रोशनी उसके सुंदर मुख पर पड़ रही थी—और अजनबी चुपके-चुपके उसे देख रहा था।

शलजम की तरकारी, एक कटोरे में शक्कर और घी, डेलों का अचार, दो प्याज और आठ बड़ी-बड़ी रोटियाँ थाल में रखकर गुरनाम उसको दे आई।

जब अजनबी ने ऊँचे स्वर में तीन-चार डकारें लीं और बड़े ज़ोर-शोर के साथ मुँह में उँगली फेरकर कुल्ली की तो गुरनाम को मालूम हो गया कि वह भोजन समाप्त कर चुका है।

वह बर्तन उठाने लगी तो उसने देखा कि अजनबी कपड़े उतार रहा है। जब उसने तहमद उतारी (सिख सदा घुटनों तक लंबा जाँघिया पहनते हैं) और उसे झाड़कर तकिये के पास रखने लगा तो सोने का एक कंठा नीचे गिर पड़ा। गुरनाम ठिठककर वापस जाने लगी तो अजनबी ने धीरे से पूछा, "गुरनाम, बस जा रही हो क्या ?"

गुरनाम अपनी आदत के अनुसार भोलेपन से मुस्कुराई और ओढ़नी सँभालती हुई आगे झुककर धीरे से बोली, "सब लोग सो जाएँगे तो मैं आऊँगी।"

अजनबी दूर खेतों की ओर देख रहा था। शिरींह और बबूल के वृक्ष काले दैत्यों की भाँति चुप खड़े थे। लुंड-मुंड बेरियों पर बयों के घोंसले लटक रहे थे।

ऐसे सुनसान समय में, तारों भरे आकाश के नीचे किसी दूर पर चलते हुए रहट से किसी नवयुवक के गाने की हल्की-हल्की आवाज़ आ रही थी—

बागे विच केला ई।
निकलके मिल बालो।
साडे वंजने दा वेला ई।
नी निकलके मिल बालो।

अर्थात् प्रेमी प्रेमिका से कहता है कि अब तू घर से बाहर निकल, मुलाकात कर ले, मेरे जाने का समय हो गया है।

इतने में गुरनाम दबे पाँव, शलवार के पाँयचे उठाए, निचला होंठ दाँतों तले दबाए, चुपके-चुपके आई।

थोड़ी देर बाद दोनों में घुल-मिलकर बातें होने लगीं।

अजनबी ने बहुत से सोने के गहने और मोतियों के हार निकाले। आश्चर्य के कारण गुरनाम के मुँह से एक चीख़ निकलनेवाली ही थी लेकिन अजनबी ने होंठों पर उँगली रखकर चुप रहने का इशारा किया।

गुरनाम बड़ी देर तक मैना की तरह चहकती रही, इधर-उधर की बातें करती रही मगर उसका ध्यान गहनों ही की ओर था। अंत में उसने अपनी बातों से आप ही उकताकर एक गहरी साँस ली और थके हुए स्वर में बोली, "क्यों, तुम ये गहने कहाँ से लाए हो—मेरे विचार में तुम जेबकतरे तो नहीं हो, मुझे जेबकतरों और डाकुओं से बहुत डर लगता है। वे झट से गला दबाकर आदमी को मार डालते हैं।"

यह कहकर गुरनाम अपनी बड़ी-बड़ी आँखों से अँधेरे की ओर घूरने लगी मानो कोई सचमुच का डाकू उसका गला दबाने आ रहा हो।

"मत घबराओ, तुम भी कैसी बच्चों की-सी बातें करती हो ! भला मेरे होते हुए तुमको किस बात का डर। उठो, यहाँ मेरे पास चारपाई पर बैठ जाओ।"

गुरनाम उठकर उसके पास बैठ गई। उसने अजनबी के चौड़े कंधों को देखा और फिर अपना इत्मीनान कर कहने लगी, "तुम बहुत अच्छे हो—ये गहने तुम अपनी पत्नी के लिए लाए होंगे, हैं न ?"

"हाँ।"

गुरनाम ने अपनी हथेली पर अपने गाल रखते हुए बड़े चाव से पूछा, "तुम्हारी पत्नी कैसी है ?"

"मगर मेरी तो अभी शादी ही नहीं हुई।"

"अच्छा, तो होनेवाली पत्नी के लिए लाए हो ?"

अजनबी ने दाढ़ी के खुरदुरे बालों पर हाथ फेरते हुए कहा, "अभी तो मुझे यह भी नहीं मालूम कि मेरी पत्नी कौन बनेगी, बनेगी भी या नहीं ?"

गुरनाम ने अपनी दोनों हथेलियों पर ठुड्डी रखकर अपनी आँखों को जल्दी-जल्दी झपकाते हुए, नाक ज़रा सिकोड़कर भोलेपन से कहा, "हाँ, तुम काले हो ज़रा।"

अजनबी की छाती में जैसे किसी ने घूँसा मार दिया। मगर गुरनाम बड़ी गंभीरता से किसी गहरी चिंता में डूब चुकी थी। शायद वह अजनबी के लिए पत्नी प्राप्त करने का उपाय सोच रही थी।

"ये गहने तुम ले लो।"

गुरनाम ने चौंककर अजनबी की ओर देखा। फिर बोली, "तुम अपनी पत्नी को क्या दोगे ?"

अजनबी को कुछ जवाब न सूझा। लड़खड़ाते हुए स्वर में बोला, "फिर मैं तुमसे ले लूँगा।"

गुरनाम की आँखें चमकने लगीं। उसकी बाछें खिल गईं, ताली बजाकर बोली, "मैं इनको उपलों में छिपा दूँगी—कभी-कभी रात को अच्छे-अच्छे गहने पहनकर खेतों में जाया करूँगी।"

कुछ देर चुप रहने के बाद अजनबी ने कहा, "तुम भी तो मुझको कुछ दो न।"

गुरनाम ने दोनों हाथों से मुँह छिपा लिया, "मेरे पास क्या है !"

"कुछ भी हो।"

गुरनाम चेहरे से हाथ हटाकर कुछ देर सोचती रही। फिर उसने अपने गले से कौड़ियों और खरबूजे के रंग-बिरंगे बीजों का हार उतारकर अजनबी की ओर बढ़ा दिया। वह अपनी इस तुच्छ भेंट को देखकर कुछ झेंप-सी गई और उसके गाल दहकने लगे।

थोड़ी देर बाद गुरनाम ने एक अँगूठी उठाकर कहा, "यह मेरी उँगली में पहना दो। देखूँ, कैसी लगती है ?"

अजनबी ने अपने काले-काले मैले-कुचैले लंबे हाथों में गुरनाम का कमल-सा हाथ ले लिया। गुरनाम आँखें झुकाए, बच्चों की-सी सादगी और

दिलचस्पी के साथ अँगूठी की ओर देख रही थी। उसके केशों ने उसके कपोलों का एक बड़ा भाग छिपा रखा था। अजनबी तन्मयता से उसके सुंदर सीपियों जैसे पपोटों पर नज़रें गाड़े हुए था। जब वह उसकी उँगली में अँगूठी पहनाने लगा तो उसकी अपनी उँगलियाँ काँपने लगीं और उसे ऐसा अनुभव होने लगा मानो उसकी चार-चार अंगुल चौड़ी कलाइयों की शक्ति छिनी जा रही है।

गुरनाम चौंकी और सहमी हुई हिरनी की तरह उठ खड़ी हुई।

"माँ खाँस रही हैं—अब मैं जाती हूँ।"

अजनबी अपने स्वप्न से चौंका।

गुरनाम ने आगे झुककर रुपहले स्वर में पूछा, "जाऊँ क्या ?"

अजनबी की आज्ञा लेकर वह गहनों की पोटली बंगल में दबाए झट से अंदर चली गई।

प्रातःकाल गाँव के पशु रात भर की गर्मी से घबराकर तालाब में घुस पड़े।

अजनबी जाने के लिए तैयार बैठा था। गुरनाम ने उसे एक बासी रोटी पर मक्खन और लस्सी का बड़ा कटोरा दिया। और जब अजनबी कपड़े पहनकर तैयार हुआ तो गुरनाम रोने लगी।

अजनबी ने धीरे से कहा, "रोती क्यों हो ? मैं फिर आऊँगा।"

बापू को आते देखकर उसने आँसू पोंछ डाले।

बापू अजनबी को विदा करने के लिए कुछ दूर तक उसके साथ गया। उन्होंने अजनबी से पूछा, "क्या मैं अपने आदरणीय अतिथि का नाम पूछ सकता हूँ ?"

"हाँ।" अजनबी ने अपनी तीव्र दृष्टि उसके चेहरे पर गाड़कर जवाब दिया। फिर उसने धूप में चमकनेवाली छवि की ओर गर्व से देखते हुए कहा, "और तुमको यह भी मालूम होना चाहिए कि अगर मेरे नाम की चर्चा अपने या पराए किसी से भी की तो तुम्हारे खानदान के सब लोगों के खून से मुझे अपने हाथ रँगने पड़ेंगे।"

बूढ़े का चेहरा फक् हो गया।

अजनबी साँडनी पर सवार हो गया और महार को झटका देकर भारी स्वर में बोला, "आज रात जग्गा डाकू तुम्हारा मेहमान था।"

जग्गा डाकू, असली नाम सरदार जगतसिंह, ऐसा भयानक व्यक्ति था जिसका

नाम सुनकर बड़े-बड़े बहादुरों के छक्के छूट जाते थे। लूट-मार, हत्या और उपद्रव उसका नित्य का काम था। बचपन और जवानी खून की होली खेलने में ही बीत गई। बहुत-सी ज़मीन का मालिक था। बड़ों-बड़ों पर हाथ साफ़ करता था। गरीब खुश थे। उसके विरुद्ध गवाही देने का कोई व्यक्ति साहस न कर सकता था। तीस वर्ष से ऊपर आयु थी। मौत के साथ खेलता हुआ सो जाता और मौत की दिल्लगी उड़ाता हुआ जाग उठता। सौंदर्य, प्रेम, दया और सज्जनता आदि का उसके लिए कोई भी अर्थ न था। दूर-दूर तक उसकी धूम थी। पूरा इलाका उससे थर्राता था। उसका हृदय पत्थर, भुजाएँ लोहा, क्रोध प्रलय और जीभ आग की लपट—वह क़हर था।

लोगों ने उसके नाम पर कई गाने बना लिए थे। नवयुवक झूम-झूमकर गाया करते थे। एक घटना पर यह गाना बना था—

> "पक्के पुल ते लड़ाइयाँ होइयाँ,
> पक्के पुल ते।
> पक्के पुल ते लड़ाइयाँ होइयाँ,
> ते छवियाँ दे किल टुट गए ⋯ जगिया !
> जग्गे मार्‌या लायलपुर डाका,
> ते तारों खड़क गयिआँ।

अर्थात्, पक्के पुल पर इतनी भीषण लड़ाई हुई कि छवियों के कील ही टूट गए।

या फिर लायलपुर में उसने एक बहुत बड़ा डाका डाला था और बचकर वापस भी आ गया था। उसका वर्णन इस प्रकार होता था—

जब जग्गे ने लायलपुर में डाका डाला तो हर तरफ़ बिजली के तारों द्वारा इस बात की सूचना दे दी गई।

उसकी दीर्घ, अँधियारी और भयानक जीवन-रात्रि में एक तारा उदित हुआ जिसने उसकी आँखों को चकाचौंध कर दिया और वह तारा थी—गुरनाम।

गुरनाम बेचारी नादान छोकरी। उसे सुंदरता और प्रेम का पता ही न था। उसे लोग कनखियों से देखते, वह हँस देती। वह भोली-भाली, सरल स्वभाव की छोकरी यह जानती ही नहीं थी कि वह बाज़, जिसको घायल करने के लिए पंजाब के शक्तिशाली नवयुवकों के धनुष टूट चुके थे, और जिस पर जो भी तीर फेंका जाता था वह उसे छूकर ज़मीन पर गिर पड़ता था, वही बाज़ उसके वार का शिकार होकर पैरों के पास घायल पड़ा था और वह तीर प्रकृति ने उसकी पलकों में गुप्त रख रखा था।

रात्रि के अंधकार में जग्गा उनके यहाँ आता और प्रातः के प्रकाश से

पूर्व ही विदा हो जाता। उसने स्वयं को एक धनी ज़मींदार प्रकट किया। बापू के अतिरिक्त घर के सभी लोग उसको धर्मसिंह के नाम से जानते थे। गुरनाम का आकर्षण उसे खींच लाता था। उसके हृदय में खटक-सी रहती थी कि वह इस देवी को अपनाने के पहले स्वयं को कैसे उसके योग्य बनाए। उसने कभी उससे प्रेम प्रकट करने की कोशिश नहीं की। वह नहीं जानता था कि वह इसका आरंभ कैसे करे। वह सोचता था कि न जाने उसके प्रेम प्रकट करने पर गुरनाम क्या रूप धारण करे। वह उसके पास बैठी चहकती रहती थी और वह भौंचक्का-सा बैठा सुनता रहता था। कभी-कभी उसे अपने से घृणा होने लगती थी। वह कुरूप तो पहले ही से था मगर उसका आचरण ऐसा था कि उसे देख शैतान भी लजा जाता। गुरनाम ही थी कि उसने कभी उससे घृणा प्रकट नहीं की। वह बड़े प्रेम के साथ उससे पेश आती थी। यदि वह उसे अपने निकट बैठने के लिए कहता तो वह उसके पास बैठ जाती, यद्यपि उसने आज तक उसको स्पर्श करने का साहस नहीं किया था। गुरनाम का देवियों जैसा सरल स्वभाव उसके मन में धड़का पैदा कर देता था। उसका दैवी सौंदर्य उसका सिर नीचा कर देता था। उसके मन की व्याकुलता और पश्चात्ताप का भाव बहुत बढ़ गया। यहाँ तक कि लोगों ने बड़े आश्चर्य से सुना कि जग्गे ने डाके डालना छोड़ दिया।

डेढ़ वर्ष का समय पलक झपकते बीत गया।

जग्गा सुबह-शाम पाठ करता, गरीबों को खिलाता-पिलाता, दान करता, गुरुद्वारे में जाकर सेवा करता और हर एक के साथ नर्मी और सादगी से बातचीत करता।

उसने बापू की खुशामद की कि गुरनाम का विवाह उसके साथ कर दिया जाए। उसने डाके डालना छोड़ दिया है। और जो कुछ उसने लूटा है, वह सब बड़ी तोंदवालों का था। ग़रीबों की कमाई का एक पैसा भी उसके पास न था। वह अपनी बहुत-सी ज़मीन और रुपया उनको देने को तैयार था और बापू को हमेशा पूज्य समझकर उसकी सेवा करेगा लेकिन गुरनाम को यह न मालूम होने पाए कि वह जग्गा डाकू है। और न उसे अभी यह मालूम हो कि उसका विवाह किससे होनेवाला है, क्योंकि उसको विश्वास था कि वह उसको चाहती थी और जब वह अपने प्रियतम को पति के रूप में देखेगी तो उसके आश्चर्य का ठिकाना न रहेगा। बापू ने सबकुछ स्वीकार कर लिया।

जग्गा भीकन से चौबीस कोस दूर रहता था। उसके आने-जाने की किसी को कानों-कान ख़बर न होती थी। लोगों ने उस अजनबी को कभी-कभी उनके घर से निकलते देखा था मगर किसी ने विशेष ध्यान नहीं दिया। पहले तो वह आता ही कभी-कभार था और दूसरे वह रातो-रात वापस भी चला जाता था। वह हमेशा अपनी अत्यधिक व्यस्तता का बहाना कर देता था। जग्गे को दुनिया जानती थी मगर उसको कोई पहचानता नहीं था।

जग्गे को विवाह की स्वीकृति मिल ही चुकी थी। अब वह चाहता था कि गुरनाम के मुँह से भी अपने प्रेम की स्वीकृति ले ले, चाहे उसे यह न बताए कि उसका होनेवाला पति वही है।

एक दिन सूर्यास्त हो चुकने के बाद वह भीकन में दाख़िल हुआ। घर पहुँचने के बाद पता चला कि गुरनाम पासवाले गाँव में जुलाहों को सूत देने गई है।

जग्गे ने आईने में अपनी सूरत देखी। पगड़ी को ज़रा टेढ़ा किया, शमले को ज़रा और ऊँचा किया और फिर उसने सबकी नज़रें बचाकर चिराग़ में से थोड़ा-सा सरसों का तेल हथेली पर उलट लिया और अपनी घनी और खुरदरे बालोंवाली धूल जमी दाढ़ी पर खूब अच्छी तरह मल लिया। फिर वह मूँछों को बल देता हुआ घर से बाहर निकला और धीरे-धीरे टहलता हुआ पाँच-छः फर्लांग तक चला गया।

चारों ओर धुंध-सी छाई हुई थी। चंद्रमा की हल्की धुँधली रोशनी में वह एक भूत की तरह दिखाई देता था।

दूर से एक सूरत दिखाई दी। उसने गौर से टकटकी बाँधकर देखा। कोई स्त्री थी, और वह अवश्य ही गुरनाम थी।

जग्गा मुर्गे की तरह तनकर खड़ा हो गया।

गुरनाम निकट आते ही मुस्कुरा दी। लेकिन मुस्कान में कुछ गंभीरता झलकती थी। सिर पर एक गठरी थी। बोली, "मेरी तो गर्दन टूट गई।"

"इस गठरी में क्या भर लाई हो ?" यह कहते हुए जग्गे ने एक हाथ से मन-भर का बोझ इस प्रकार उठा लिया जैसे कोई दो वर्ष के बच्चे को पकड़कर उठा दे।

"उपले—और क्या होता ?" गुरनाम ने अपनी छोटी और पतली-सी नाक सिकोड़कर कहा, "आ रही थी, रास्ते में उपले चुनने लगी, यहाँ तक कि इसी में शाम हो गई।"

दोनों खेत की मेंड़ पर बैठकर बातें करने लगे।

आज जग्गे ने गुरनाम की ओर देखा तो उसके मन में अजीब-अजीब ख़याल पैदा होने लगे। यह अपनी भावी पत्नी की ओर बड़े ध्यान से देख रहा था। उसके हाथ की पकी हुई रोटी और साग की कल्पना उसे बेचैन किए डाल रही थी। कभी तो उसके मन में आता कि सारा भेद खोल दे और कभी सोचता कि अभी न बताए। अंत में उससे न रहा गया, क्योंकि गुरनाम कुछ उदास-सी हो रही थी। वह बोला, "गुरनाम !" यह कहते-कहते लार उसकी दाढ़ी पर टपक पड़ी। उसने आस्तीन से मुँह पोंछा और फिर कहने लगा, "गुरनाम, तुमको एक सुख-संवाद सुनाना चाहता हूँ।"

गुरनाम ने कोई उत्तर नहीं दिया। वह अपने पाँव के अँगूठे से ज़मीन कुरेदने में लगी थी और गहरी चिंता में थी। यद्यपि वह पहली-सी चंचल और अल्हड़ न रही थी, परंतु चूँकि जग्गे से काफ़ी हिली-मिली थी इसलिए उससे अधिक शर्माती भी नहीं थी। जग्गे को कुछ उलझन-सी होने लगी। उसने उसका कंधा हिलाकर पूछा, "क्यों गुरनाम, किस सोच में हो ?"

गुरनाम पहले तो चौंकी, फिर उसने धीरे से कहा, "मैं बहुत परेशान हूँ, मैं बहुत दिल से चाहती थी कि तुमको सब हाल सुनाऊँ लेकिन ···"

"लेकिन क्या ?"

"शर्म आती थी।" गुरनाम ने झेंपकर जवाब दिया।

जग्गा कुछ-कुछ ताड़ गया। मूँछों के नीचे मुस्कुराया, "अरे मुझसे कैसी शर्म ?"

गुरनाम चुप रही।

जग्गा खिसककर उसके करीब हो गया। उसके बार-बार आग्रह करने पर गुरनाम ने बताया, "वे मेरा विवाह करना चाहते हैं।"

"तो इसमें परेशानी की क्या बात है ? विवाह तो सबका होता है।"

गुरनाम की आँखों में आँसू भर आए। भर्राए हुए स्वर में बोली, "वे किसी रुपए-पैसेवाले से मेरा विवाह करना चाहते हैं, जिसे मैंने देखा भी नहीं, मगर मैं किसी और से ···" यह कहकर वह रो पड़ी।

जग्गे ने अपने ऊपर की ओर उठे हुए शमले को छूकर देखा कि वह नीचे तो नहीं झुक गया, फिर उसने छाती फुलाकर कहा, "नहीं गुरनाम, नहीं, जिससे तुम चाहोगी उसी से तुम्हारा विवाह होगा। मैं बापू को खुद समझाऊँगा ··· हाँ तो ··· मगर वह है कौन ?"

जग्गे की आँखें खुशी से चमक रही थीं।

गुरनाम ने उसकी छाती पर सिर रख दिया और फूट-फूटकर रोने लगी।

आज उसे उसके चौड़े कंधों और संदूक जैसी छाती को छूकर कुछ तसल्ली हो रही थी।

जग्गा घबरा गया। उसने उसको चुमकारा और दिलासा दिया। और फिर उस व्यक्ति का नाम पूछा।

गुरनाम ने कुछ कहना चाहा, फिर रुक गई··· और ज़ोर-ज़ोर से रोने लगी। जग्गे ने तसल्ली दी तो वह बोली, "तुम ज़रूर मेरी सहायता करोगे। इन सबके हाथों मैं बहुत तंग हूँ। तुम बहुत अच्छे हो, उसका नाम···"

जग्गे का मन बल्लियों उछलने लगा, "क्या नाम है ?"

"उसका नाम है दिलीप··· दिलीपसिंह।"

जग्गे को मानो साँप ने डस लिया। उसका चेहरा एकाएक भयानक हो गया।

"दिलीपसिंह उसका नाम है !" गुरनाम ने दोहराया।

जग्गे की मूँछें फड़कने लगीं। उसके माथे पर बल पड़ गए। शरीर के रोंगटे काँटों की तरह खड़े हो गए। आँखों से चिंगारियाँ निकलने लगीं। गर्दन की रगें फूल गईं–गुरनाम ने आश्चर्य से उसकी ओर देखा।

"घर जाओ।" जग्गे ने भारी स्वर में कहा।

यह कहकर वह उठ खड़ा हुआ।

"तुम भी चलो," गुरनाम बोली।

"तुम तुरंत वापस घर जाओ।" उसने गरजकर कहा।

गुरनाम चुपचाप आश्चर्य के साथ उठी और गठरी सिर पर रखकर घर की ओर चल दी। जग्गा उसी तरह खड़ा रहा था। उसका चेहरा प्रतिक्षण भयानक होता जा रहा था। बाज़ की चोंच जैसी नाक लाल हो गई। आँखें खून होकर रह गईं और चेहरे से बर्बरता टपकने लगी–सहसा उसने खंजर निकाला और उसे मज़बूती से हाथ में पकड़ लिया। दाँत पीसते हुए धीरे से बोला, 'दिलीपसिंह ?'

मौत दिलीपसिंह के सिर पर मँडराने लगी।

खूनी पुल इलाके-भर में मशहूर था।

यह पुल एक छोटी-सी नहर पर स्थित था। नहर के दोनों किनारों पर शीशम के बहुत घने पेड़ थे। वहाँ न सूर्य की धूप पहुँच सकती थी और न चाँद की चाँदनी। पुल बड़े-बड़े और भद्दे पत्थरों से बनाया गया था। उसके

नीचे सिर्फ़ एक कोठी थी और पानी दो भागों में विभाजित होकर बहता था। रात्रि के समय ये बड़े-बड़े मुँह ऐसे दिखाई पड़ते थे जैसे दो मुँहवाला कोई दैत्य मनुष्यों को हड़प कर लेने के लिए मुँह खोले बैठा हो। या जैसे किसी मुर्दे की दो बड़ी-बड़ी आँखें हों, जिनकी पुतलियाँ कौवे नोच-नोचकर खा गए हों।

पास ही एक कब्रिस्तान था और कुछ दूर पर मरघट। रात के समय कोई घर से निकलने का साहस न कर सकता था क्योंकि उस पुल पर इतनी हत्याएँ हो चुकी थीं कि उस पुल का नाम ही 'खूनी पुल' रख दिया गया था। नौजवान लड़कियाँ और बच्चे तो दिन के समय भी अकेले उधर न आते थे। मशहूर था कि वहीं एक सिर-कटा सैयद रहता था। कभी-कभी उसका सिर पुल के नीचे भयानक स्वर में चिल्लाया भी करता और वह स्वयं बिना सिर के बड़े इत्मीनान के साथ कब्रिस्तान में टहला करता था।

आधी रात बीत चुकी थी।

दिलीपसिंह शहर से लौट रहा था। छोटे से गधे पर दो बोरियों में सामान था। वह सुनार का काम भी करता था और पंसारी की दूकान भी। उसकी अपनी तैयार की हुई गुलकंद खूब बिकती थी।

वह नवयुवक था। सुंदर सजीला था। मसें अभी भीग रही थीं, गालों तथा ठुड्डी पर बिलकुल छोटे-छोटे बाल जैसे केसर। आँखें मानो शर्बत से भरे कटोरे हों। सिर पर उस समय लुंगी बाँधे हुए था, उसका एक छोटा-सा शमला नीचे की ओर लटकता हुआ और दूसरा ऊपर की ओर उठा हुआ। अलगोज़े खूब बजाता था। जब राँझा हीर के विवाह के बाद उसके यहाँ भीख माँगने के लिए जाता है, इस घटना को वारिस की 'हीर' से बड़े करुण स्वर में गाया करता था। बल्कि इसमें तो दूर-दूर तक अपना जवाब न रखता था।

दिलीप शक्तिशाली और साहसी युवक था। मगर खूनी पुल का दृश्य और फिर उससे संबंधित कथाएँ उस स्थान को और भी भयानक बना रही थीं। रात्रि के अंधकार में शीशम के घने वृक्षों के नीचे नहर क सिसक-सिसककर बहनेवाले पानी का शब्द सुनकर उसका मन घबराने-सा लगा। उसने उच्च स्वर में छई (पंजाब का एक प्रसिद्ध गीत) गाना शुरू कर दिया। अंधकार और निस्तब्धता में अपनी आवाज़ सुनकर उसे कुछ संतोष हुआ।

उसका गधा पुल पर से पार हो चुका था। वह स्वयं पुल के बीच में था। मन में प्रसन्न था कि कोई दुर्घटना नहीं हुई। सहसा उसे पीछे से अपनी गर्दन में किसी तेज़ चीज़ की चुभन महसूस हुई और ऐसा लगा मानो कोई उसके कुर्ते को पकड़े पीछे की ओर खींच रहा हो। उसने घूमकर देखा। एक ऊँचा

व्यक्ति पुल की दीवार पर से उचका हुआ था। उसने अपनी छवि पीछे से उसकी कमीज़ में अड़ा दी थी। उसकी आँखें अंगारे की तरह दहक रही थीं। दिलीप ने साहस करके उच्च स्वर में पूछा, "तुम कौन हो ?"

"इधर आ !" भारी और हाकिमाना स्वर में उससे कहा गया।

दिलीप उसकी ओर बढ़ा। एकाएक उसने अजनबी को पहचान लिया। बोला, "मुझे ऐसा लगता है कि मैंने तुमको कहीं देखा अवश्य है। क्या तुम वही व्यक्ति तो नहीं जिसने चंद आदमियों से लड़ते समय मेरा साथ दिया था ··· हाँ। शायद वह ननकाना साहब का मेला था। तभी की बात है ··· और तुमने दो आदमियों को जान से भी मार डाला था।"

"बेशक मैं वही हूँ, लेकिन मैं नहीं जानता था कि तेरा नाम दिलीपसिंह है। मैं तुझे एक अजनबी और छोटी उम्र का छोकरा समझकर तेरा सहायक बना—और हत्याएँ तो मैंने बहुत की हैं। इस पुल पर ग्यारह आदमियों को जान से मार चुका हूँ··· और आज मुझे बारहवीं हत्या करनी है।"

दिलीप को उसके उजड्डपने पर आश्चर्य हुआ। बोला, "मैं नहीं जानता कि तुम्हें मुझसे क्या बैर है, तुमने तो मेरे साथ उपकार किया है।"

"तू गुरनाम से प्रेम करता है जो केवल मेरी है। मुझको यह भी मालूम हुआ है कि तूने शृंगारासिंह को इसी पुल पर बहुत घायल किया था—आज मेरा-तेरा फ़ैसला होगा।"

यह कहकर अजनबी ने छवि हाथ से रख दी और उसकी ओर बढ़ा, "और मैं चाहता हूँ कि तू एक मर्द की तरह मेरे सामने आ जा।"

दिलीप संकोच कर रहा था। उसने कहा, "मैं अपने उपकार करनेवाले से लड़ना पसंद नहीं करता।"

अजनबी ने गरजकर कहा, "तू कायर है। यह स्त्रियों की तरह गले में रेशमी रूमाल लपेटकर घूमना और बात हैं और किसी मर्द के साथ पंजा लड़ाना दूसरी बात है। यदि तू वास्तव में अपने बाप का बेटा है तो मेरे सामने आ !" यह कहकर उसने दिलीप के मुँह पर थूक दिया।

दिलीप को क्रोध आ गया। वह सिंह की भाँति बिफर गया। और जो डंडा गधे को हाँकने के लिए था, वह उसने अजनबी के मुँह पर दे मारा। लेकिन अजनबी ने वार रोकने की चेष्टा नहीं की। दिलीप ने दूसरा वार उसके कान पर किया। डंडा टूट गया। उसके माथे और कान से खून बहने लगा। दिलीप जोश में था, उसने पूरे ज़ोर के साथ एक मुक्का उसके मुँह पर मारा जिससे उसका जबड़ा अपनी जगह से हट गया और मुँह बिगड़ गया ··· मगर अजनबी

शांत खड़ा रहा।

उस समय उसके माथे से रक्त बहकर उसकी दाढ़ी को तर कर रहा था। एक कान का ऊपरवाला भाग टूटकर लटक रहा था और उसमें से खून की धार छूट रही थी। मुँह टेढ़ा हो जाने के कारण उसकी सूरत और भी भयानक हो रही थी—मगर वह आश्चर्यजनक ढंग से शांत था।

फिर उसने दिलीप की आँखों में आँखें डालकर अपने गहरे और भारी स्वर में कहा, "इस तरह नहीं दिलीप ! तुम अभी बिलकुल बच्चे हो। लेकिन जग्गा कोई बच्चों का-सा काम नहीं करना चाहता।"

यह कहकर उसने अपने मुँह पर एक घूँसा दिया और उसका जबड़ा ठीक जगह पर आ गया तब वह लौटा—दिलीप जग्गे का नाम सुनकर कुछ भयभीत-सा हो गया।

अजनबी अपनी छवि पकड़कर बोला, "तेरे पास छवि है ?"

"नहीं।"

"तलवार है ?"

"नहीं।"

"सफाजंग ?"

"नहीं।"

"मगर लाठी तो है, वह तेरे गधे की पीठ पर बोरी में ठुँसी हुई है।"

दिलीप आश्चर्य के मारे चुपचाप खड़ा रहा।

अजनबी ने पुकारकर कहा, "जा ! लाठी ले आ—मैंने सुना है कि तू इलाके भर में सबसे अधिक तेज़ दौड़नेवाला जवान है। लेकिन मैं आशा करता हूँ कि तेरा स्वाभिमान तुझे एक कायर की मौत कभी न मरने देगा।"

दिलीप वीर था मगर इस प्रकार के आदमी से आज तक उसका पाला न पड़ा था।

जग्गे ने छवि उतारकर अलग रख दी और केवल लाठी उठा ली। वे दोनों एक-दूसरे को ललकारते हुए मैदान में कूद पड़े।

उनकी ललकार की आवाज़ सुनकर पक्षी घोंसलों में फड़फड़ाने लगे। गीदड़ों ने 'हुआ-हुआ' का शोर मचाना शुरू किया। चारों ओर गर्द ही गर्द दिखाई पड़ने लगी।

लाठी से लाठी बज रही थी। दिलीप हल्का-फुल्का, चुस्त, चालाक नौजवान छोकरा था, बिजली के समान फुर्तीला, जोड़-जोड़ में पारा ! जग्गा भारी-भरकम, कद्दावर, सिद्धहस्त देव के समान, अब भी जिस समय सरक लगाता था तो

ऐसा जान पड़ता था जैसे पानी की सतह पर टोकरी फिसलती चली जा रही हो। दिलीप ने ज़ोर लगाकर पहला वार किया। जग्गा उसे खाली देकर चिल्लाया—"एक !"

दिलीप ने फिर वार किया। जग्गा उसे बचाकर गरजा, "दो !"

दिलीप ने तीसरा वार किया। जग्गे ने उसे भी रोका और कड़का, "तीन !"

यह कहकर वह आगे की ओर लपका। बोला, "ले सँभल बे छोकरे, अब जग्गा वार करता है।"

पसीने के कारण दिलीप के हाथ से लाठी छूट गई। वह तुरंत छुरा लेकर झपटा। जग्गे ने एक लात उसके पेट में रसीद की और वह लड़खड़ाता हुआ पुल की दीवार से टकराकर गिर पड़ा।

अब जग्गे के होंठों पर एक कुटिल मुस्कान पैदा हुई। उसने एक पागल भेड़िए की तरह गले से एक भयानक शब्द निकाला और फिर दोनों एड़ियाँ उठा, आगे की ओर उचककर भरपूर वार किया। दिलीप ने छुरा सँभाला और तड़पकर हवा में कूद गया। मगर सिद्धहस्त उस्ताद का वार अपना काम कर गया। शायद पहली सूरत में यह वार उसके सिर को तोड़ देता और लाठी उसके सीने तक पहुँच जाती मगर अब भी लाठी काफ़ी ज़ोर के साथ सिर पर पड़ी। सिर फट गया और वह तड़पकर बारहसिंघे की तरह नहर के किनारे पर जा गिरा ··· कुछ देर तड़पता रहा। और फिर ठंडा पड़ गया।

गरम-गरम खून बह-बहकर नहर के पानी में मिलने लगा। नहर के पानी का कल-कल नाद ऐसा जान पड़ता था मानो खूनी पुल ठट्ठे लगा रहा हो।

कब्रिस्तान में पुरानी कब्रों के छेदों से हवा सिसकियाँ लेती हुई बह रही थी।

पीला चाँद बदली में से निकल आया मगर उसकी किरणें शीशम के बने पत्तों में उलझकर रह गईं।

जग्गे ने बड़े इत्मीनान के साथ अपने रक्त-भरे माथे को साफ़ किया। मुँह-हाथ धोया। कान पर पगड़ी फाड़कर पट्टी बाँधी। उसने दिलीप की छाती पर हाथ रखकर हृदय की गति सुनने की कोशिश की। फिर उसने छवि उठाई और दिलीप को पीठ पर लाद खेतों की ओर चल दिया।

इस घटना के पच्चीस दिन बाद।

गाँव में संध्या होते ही शांति छा जाती है। विशेषकर जाड़ों में तो लोग

तुरंत अपने घरों में घुस बैठते हैं।

गुरनाम के घर सभी लोग अपने-अपने कामों से छुट्टी पाकर बड़े कमरे में बैठे थे। स्त्रियाँ चरखा कात रही थीं, बड़े-बूढ़े बातों में लगे थे और बच्चे शरारतों में।

इतने में जग्गा अंदर दाख़िल हुआ।

शायद डेढ़ वर्ष के बाद आज फिर उसके बलिष्ठ हाथ में छवि चमक रही थी। सबने उसको देखकर प्रसन्नता प्रकट की।

गुरनाम आश्चर्य से उसकी ओर देखने लगी। माँ ने उसे बैठने के लिए कहा मगर उसने बतलाया कि उसकी साँडनी बाहर खड़ी है और उसे जल्दी ही वापस जाना है।

चंद मिनट के लिए वह रुका, फिर उसने संक्षेप में और निर्णायक की तरह कहा, "मैं आप लोगों से सिर्फ़ इतनी बात कहने के लिए आया हूँ कि आप गुरनाम का विवाह जिस व्यक्ति से करना चाहते हैं वह कभी भी नहीं हो सकता--बल्कि उसका विवाह उस व्यक्ति से होगा जिससे मैं चाहूँगा।"

सब लोग चकित थे, क्योंकि वे जानते थे कि गुरनाम का भावी पति स्वयं वही था। मगर चूँकि उन्हें यह भेद गुप्त रखने की विशेष ताकीद की गई थी, इसलिए वे चुप रहे।

"···और वह व्यक्ति यह है।" यह कहकर उसने दरवाज़े की ओर देखा—और दिलीप अंदर दाख़िल हुआ।

हर व्यक्ति आश्चर्यचकित रह गया।

गुरनाम न जाने किस दुनिया में पहुँच गई। उसको लजा जाना चाहिए था मगर वह उठकर उसके पास आ गई।

जग्गे ने दिलीप के कान में कहा, "अगर गुरनाम को मुझसे प्रेम होता तो तुम आज जीवित न दिखाई पड़ते। दिलीप तुम मर्द हो, मैंने तुम्हारी अच्छी तरह परीक्षा ले ली है, मैं चाहता तो तुम्हारी हत्या कर डालता, मगर मर्दों से मुझे प्रेम है। अब, जबकि तुम्हारी गुरनाम तुमको सौंप रहा हूँ, मैं आशा करता हूँ तुम मेरा भेद प्रकट न करोगे।"

दिलीप ने कृतज्ञतापूर्ण दृष्टि से जग्गे को देखा।

जग्गा उच्च स्वर में बोला, "बापू, माँ, चाचा, मैं इनके विवाह के लिए ज़रूरत से भी कहीं अधिक रुपया दूँगा ! और इनको बहुत-सी ज़मीन दूँगा।"

बापू असल बात भाँप गया। लेकिन सबको अधिक आश्चर्य इस बात पर था कि दिलीप जीवित कैसे हो गया क्योंकि मशहूर हो चुका था कि दिलीप

को डाकुओं ने खूनी पुल पर मार डाला था।

दिलीप ने किस्सा गढ़कर सुना दिया कि खूनी पुल पर डाकुओं ने उसे घेर लिया। इस लड़ाई में वह बहुत अधिक घायल हुआ और डाकुओं के हाथों मरने ही वाला था कि सरदार धर्मसिंह वहाँ पहुँच गए और इस तेज़ी से लड़े कि डाकुओं के छक्के छूट गए और उनको भागते ही बना। फिर वे उसे अपने घर ले गए और उसकी सेवा करते रहे।

जग्गे की मूँछों के नीचे उसके होंठों पर एक कटु मुस्कान पैदा हुई।

गुरनाम की आँखों में आँसू आ गए। वह आत्मविस्मृत-सी हो आगे बढ़ी। उसने जग्गे का भद्दा हाथ अपने कमल जैसे हाथों में ले लिया। पहले उसने जग्गे के ऊँचे सीने और उसके असाधारण चौड़े कंधों को देखा और फिर जैसे इत्मीनान करके भर्राए हुए स्वर में बोली, "तुम कितने अच्छे हो ··· तुम यहीं हमारे पास ही रहा करो।"

करीब था कि जग्गा चीखें मार-मारकर रो पड़े, मगर वह जल्दी से पगड़ी के शमले में मुँह छिपाकर बवंडर की तरह दरवाज़े में से बाहर निकल गया।

विवाह हो गया !

कुछ दिनों के बाद रात के समय गुरनाम बापू के साथ घर से बाहर करेले की बेल के पास खड़ी थी। एकाएक दूर से गर्द उठी। कुछ साँडनी सवार दिखाई पड़े। उनकी सजी-सजाई साँडनियाँ, मर्दाना और देव जैसी सूरतें, चमकती हुई छवियाँ—विचित्र दृश्य उपस्थित कर रही थीं। उनका सरदार तो असाधारण तौर पर चौड़ा-चकला व्यक्ति था। गुरनाम उसे देखते ही चिल्ला उठी, "बापू, वे लोग कौन हैं ?—यह सबसे आगेवाला आदमी तो धर्मसिंह मालूम पड़ता है।"

"नहीं बेटी नहीं, वह धर्मसिंह नहीं है।" यह कहकर उसने अपनी पोती का सिर अपनी छाती से लगा लिया। और फिर बबूल के वृक्षों के झुंड में ग़ायब होते हुए साँडनी-सवारों की ओर स्वप्निल दृष्टि से देखते हुए बड़बड़ाया—'आज जग्गा डाकू डाका डालने के लिए जा रहा है।'

●●●